NIE ZWEIMAL IN DENSELBEN FLUSS

NIE ZWEIMAL IN DENSELBEN FLUSS

BJÖRN HÖCKE IM GESPRÄCH MIT SEBASTIAN HENNIG

Mit einem Vorwort von
Frank Böckelmann

POLITISCHE BÜHNE. ORIGINALTON

MANUSCRIPTUM

Politische Bühne. Originalton

Lüdinghausen
8. Auflage 2024

ISBN 978-3-944872-72-8
www.manuscriptum.de

INHALT

Es gilt der Heimat, auch wenn wir nur zu spielen scheinen.

Theoderich der Große

VORWORT VON FRANK BÖCKELMANN

Falls die AfD bei der nächsten oder übernächsten Bundestagswahl 30 oder 35 Prozent der Wählerstimmen erhält (im europäischen Vergleich nichts Ungewöhnliches und noch immer fernab einer Regierungsbeteiligung), wird in den Talkshows und Lifestyle-Foren ein anstekkendes gekränktes Jammern einsetzen: »Müssen wir jetzt Asyl in Neuseeland oder Südafrika beantragen? Wird jetzt der voreheliche Beischlaf verboten? Sollten wir schon mal üben, ›Heil Höcke!‹ zu sagen?«

Nazi-Hysterie und Anrufung »europäischer Werte« ersetzen bei den Meinungsführern in Deutschland heute weitgehend die politische Orientierung. Das Zeitalter der Digitalisierung ist zugleich das der moralischen Lauffeuer. Ein Begriffsnetz wird über das Weltgeschehen geworfen, und dieses hat gefälligst zu parieren. Die Macht hat, wer die Sprache regelt und die Themen ausruft. Setzen sich die Themen selbst, schwillt das Tremolo der Sprachregler zu einem schrillen Diskant an. Seit dem Beginn der Massenzuwanderung im Sommer 2015 überrascht nicht nur die Aufkündigung des Gehorsams im Volk, sondern auch die Mobilisierung der Gutgläubigen. Letztere sehen ihre moralische Alleinherrschaft in Frage gestellt – da muss das alte Böse am Werk sein!

Den Namen »Björn Höcke« verbinden die tonangebenden Moderatoren und ihre dienstbaren Experten und auch einige Parteifreunde gewohnheitsmäßig mit den Attributen »rechtsextrem«, »völkisch-nationalistisch«, »biologistisch-rassistisch« oder »apokalyptisch«. Doch am liebsten würden sie Björn Höcke einfach nur »Nazi« nennen. Zwar räumen sie ein, daß Höcke die Doktrin von Hitler und Goebbels nicht ausdrücklich propagiere – doch berufen sie sich auf Politikwissenschaftler, die Höcke ein rechtsextremes Weltbild attestieren. Er verrate schreibend und sprechend häufig »eine übergroße Nähe zum Nationalsozialismus« (so der AfD-Bundesvorstand im Januar 2017), nehme entsprechende »rhetorische Rückgriffe« vor, transportiere »antisemitische Bedeutungsinhalte«, äußere sich mit einem »für Rechtsextreme typischen Duktus« – »ähnlich« wie die Identitären, zeige keine »Berührungsängste mit dem rechten Rand«, distanziere sich jedenfalls nicht von ihm. Wenn er es aber tue, dann offenbar aus taktischen Gründen.

Der vorliegende Gesprächsband bietet Gelegenheit, aus erster Hand zu erfahren, wie Björn Höcke den Nationalsozialismus versteht und bewertet, und zu prüfen, ob diese Einschätzung glaubwürdig ist. Selbstverständlich achtet der Politiker Höcke im Gespräch mit Sebastian Hennig immer auch auf mögliche Effekte seiner Äußerungen in einer Öffentlichkeit, die ihm feindlich gesinnt ist, und auf den Leumund des von ihm repräsentierten »Flügels« in der AfD. Überzeugen können seine Aussagen aber nur, wenn sie zusammenpassen und eine bündige, eigenständig gewonnene Auffassung von der deutschen Geschichte im 20. Jahrhundert erkennen lassen – wenn sie nicht abstrakt, vom Interesse an Selbstrechtfertigung, zusammengesucht worden sind. Sie müssen einen belastbaren, annähernd widerspruchsfreien, auch künftig präsentierbaren Zusammenhang herstellen.

Stellen wir unter diesem Gesichtspunkt einige Thesen Höckes nebeneinander (und nehmen wir einen ersten Lektüre-Befund vorweg, nämlich den Eindruck, daß Höckes Freude an der Selbstdarstellung den Gesprächsverlauf weitaus stärker bestimmt als die Absicht, sich von Vorwürfen reinzuwaschen).

Höcke beruft sich auf den »patriotischen Widerstand gegen Hitler«, namentlich auf Stauffenberg und Dietrich Bonhoeffer. Er beklagt, daß der »aufrichtige Wille« der Deutschen, »die Verfehlungen und Verbrechen des Dritten Reiches zu verarbeiten«, von den Siegermächten missbraucht worden sei. (S. 65) Er lehnt die Unterstellung einer Kollektivschuld ab, vertritt aber eine Art von Kollektivschamthese: Auch als nachgeborener Deutscher könne man sich »nicht einfach mit der Bemerkung aus der Verantwortung stehlen, das ginge mich gar nichts an«, denn eine solche Haltung fördere wiederum ein »atomistisches« Selbstverständnis. (S. 70) Im »ständigen Verweis auf die einzigartige, fabrikmäßige, durchorganisierte Tötung« schimmert nach Höckes Empfinden jedoch »bisweilen ein perverses Identitätsbild von uns Deutschen durch: Keiner mordet so perfekt, der Tod kann nur ein ›Meister aus Deutschland‹ sein.« (S. 71) Höckes Fazit: »Der Nationalsozialismus und Faschismus sowie der Kommunismus versuchten Anfang des 20. Jahrhunderts mit brachialen Mitteln und Methoden die Krisen der Moderne in den Griff zu bekommen, scheiterten aber dramatisch und hinterließen Trümmerfelder, auf denen sich der zersetzende Materialismus noch ungezügelter ausbreiten konnte.« (S. 261)

Sebastian Hennig hat in diesem Gespräch einfühlsam und doch hartnäckig Regie geführt. Mit lebensgeschichtlichen und weltanschaulichen Themen beginnend und dann die aktuelle politische Problematik ansprechend, folgen seine Fragen den Assoziationen Björn Höckes, ohne ihnen völlig freien Lauf zu lassen. Wiederholt regt er den Gesprächspartner dazu an, auf die bekannten öffentlichen Anwürfe gegen seine Auftritte einzugehen. Doch Höcke meidet sowohl das Lamento der Selbstrechtfertigung als auch die Unschuldsmiene. Er zeigt auf diese Weise, daß die Anwürfe nicht (zu)treffen. Wer Höcke durch die Medienberichterstattung zu kennen glaubt, wird im vorliegenden Buch viel Neues und Unerwartetes finden, vorausgesetzt, er hat seine Zweifel am Tenor der Berichterstattung und ist neugierig auf diesen vielgeschmähten Mann mit dem freundlichen, aber zurückhaltenden, eher einladenden und abwartenden als zielstrebigen Gesicht, einen Mann, der sich zu provozierendem Auftreten jeweils erst *durchzuringen* scheint. Wer dem Medienurteil vertraut, wird nicht neugierig sein; es zu überprüfen, scheint sich zu erübrigen. Die Auseinandersetzung wird gleichsam für beendet erklärt. Und eben darauf zielt die Diffamierung ab: den Gegner zum Verstummen zu bringen. Der »Rechtsextreme« kann fortan sagen, was er will. Man weiß ja schon Bescheid. Entweder bestätigt er seinen üblen Leumund, oder er will sich herausreden.

Indem Sie diesen Gesprächsband aufschlagen, lassen Sie den unbekannten Björn Höcke zu Wort kommen. Dieser zeigt sich skeptisch gegenüber Vorstellungen, die man bei einem Konservativen erwartet: »Orthodoxe

Konservative«, die »keine Alternative zum Bestehenden sehen«, lehnt er ab: denn »das Bestehende (...) beginnt vor unseren Augen zu zerfallen«. (S. 59) Zugleich, erklärt Höcke, sei das Vergangene immer »auch im Heute präsent und damit real« (S. 25). Es sei aber vergebliche Liebesmühe, »vergangene Zustände wiederholen zu wollen« (S. 24). Daher dürfe und könne es keine »Rolle rückwärts« geben. Höckes Standpunkt: »Es geht nicht um die Restauration alter Strukturen, um ein ›neues Mittelalter‹, sondern darum, an die schöpferischen Stränge der Neuzeit wieder anzuknüpfen«, anders gesagt, die »sinnstiftenden Traditionsstränge« *erweitert* fortzuführen. (S. 264) Doch Höcke bekundet, ihm fehle »die feste Glaubensgewißheit«. Als überzeugten Christen könne er sich nicht bezeichnen. (S. 50) Autorität und Hierarchie akzeptiere er nicht als Selbstzweck, sondern nur in einer »dienenden Funktion«. (S. 47) Auch hänge er keinem »völkischen Reinheitsideal« an. Die Deutschen selbst seien ein »Mischvolk«. »Bei der Ethnogenese der Deutschen zwischen 800 und 1200 n. Chr. waren neben der germanischen Grundsubstanz auch bedeutende keltische, romanische und auch slawische Anteile dabei.« (S. 129) Und Höcke erwähnt – man höre! – die »Grenzen und Gefahren des Populismus«: Wer könne schon im Namen des Volkes sprechen? »Wir sind als Volk bereits stark fragmentiert und bringen im Grunde keinen einheitlichen Volkswillen mehr hervor, sondern eher eine dissonante Kakaphonie.« (S. 235) Nationalem Hochmut begegnet Höcke mit einer anthropologischen Erkenntnis: »Über alle kulturellen und ethnischen Grenzen hinweg« teilten die Menschen einen »tragischen Riß«, die Erfahrung der Unvereinbarkeit von himmelstürmenden Ideen und eigener Schwäche und Endlichkeit. Aus dieser Demuts-Erfahrung, so Höcke, speise sich sein »tief verankerter Humanismus«. (S. 63) Im Übrigen rate er dringend dazu, »den Unmut niemals pauschal gegen die hier lebenden Ausländer zu richten (…), sondern ausschließlich gegen die für die Misere verantwortlichen Politiker«. (S. 218)

Auf kluge Weise geht Höcke auf die Kritik am Begriff des Volkes ein: »Für uns Menschen ist alle Wirklichkeit Konstruktion, eine bestimmte Vorstellung von der Welt.« Alles real Greifbare sei »einmal entstanden, also auch ›konstruiert‹ worden. Die Feststellung, daß Völker Konstruktionen sind, ist also banal.« Und: »Allein aus der Tatsache, daß etwas ›konstruiert‹ ist, leitet sich noch kein Imperativ zur Dekonstruktion ab. Dann müßte man ja beispielsweise alle Gebäude der Welt abreißen. Vielleicht sind aber etliche gute, schöne Konstruktionen dabei, die erhaltenswert sind.« (S. 126)

Hier spricht kein Missetäter, der am Pranger steht und nach Ausflüchten sucht, sondern ein Intellektueller, der die Debatte um den Volksbegriff souverän durchdacht hat – eine Rarität im politischen Schlagabtausch. Die erwähnten eigenwilligen Ansichten sind Höcke-typisch und zeugen von der Spannkraft eines ebenso nachdenklichen wie ruhelosen Charakters. Wie erklärt sich dann die Diskrepanz zwischen dem Selbstverständnis des Politikers und den Attesten von »Rechtsextremismus-Experten« wie Hajo Funke und von Moderatoren, die sich ihrer bedienen? Ist Höcke ein Demagoge, der im persönlichen Gespräch den selbstkritischen Denker mimt?

Denken wir an die skandalisierte Dresdner Rede vom 17. Januar 2017. Die zentrale Aussage dieser Rede, sagt Höcke, sei eine Warnung an seine Parteifreunde gewesen: »sich von den lockenden Futtertrögen der Parlamentsmandate nicht korrumpieren zu lassen«. (S. 227) Dann aber gab er eine Steilvorlage zu einem böswilligen Missverständnis und zur »skandalösen Falschmeldung der dpa«. Er nannte das Holocaust-Mahnmal in der Nähe des Reichstags ein »Denkmal der Schande«, übernahm dabei eine Formulierung des Intendanten des Humboldt-Forums, Neil McGregor. Gemeint war eindeutig: Wer sonst außer uns Deutschen stellt seine eigene Schande in den Mittelpunkt des nationalen Gedenkens? In vielleicht vorbewusst ungezähmter Erbostheit jedoch – er unterließ es, vom »Denkmal der deutschen Schande« zu sprechen – riskierte Höcke die Fehldeutung, er habe das Mahnmal selbst ein Schandmal genannt. Seine Richtigstellung folgte auf dem Fuß. Sie wurde in den Medien wiedergegeben *und als solche nie angezweifelt.* Vielmehr wurde und wird sie meist einfach ignoriert. Die Wendung vom »Denkmal der Schande« wird zitiert, als verstehe sie sich von selbst und bedürfe es keines weiteren Belegs für Höckes Schlechtigkeit. Manchen Journalisten dürfte die Fehldeutung durchaus bewusst sein. Doch weil sie Höcke schädigt, erscheint sie als Nachrede für einen höheren guten Zweck.

Niemand, der Höcke je aufmerksam zugehört hat, kann ihn für einen Rassisten oder Antisemiten halten, und das Gespräch mit Sebastian Hennig bestätigt dies ein weiteres Mal. Dennoch wird ihm weiterhin unterstellt, er habe sich mit diesem Satz entlarvt. Denn ihm darf alles zugetraut werden. Er hat die herrschende Phraseologie von »Toleranz und Weltoffenheit« und das staatstragende Ritual deutscher Selbstverachtung aufgekündigt und sich damit die erbitterte Feindschaft derer zugezogen, die sich daran gewöhnt haben, edel und gut zu sein, wenn sie die Formeln des humanitären Universalismus aufsagen. Da sie aber nicht viel mehr haben als die Überzeugung, ein für alle Mal bei den Siegern der Geschichte zu stehen, verleumden sie den Zweifler als Ketzer.

Gewöhnen wir uns daran, daß jedes Beharren auf kulturellen und ethnischen Unterschieden und nationalem Eigensinn heute als »rechtsextrem« gescholten werden darf. Björn Höcke hat die extreme Feindseligkeit gegen seine Person selbst zu erklären versucht: »Und ich glaube, die polit-mediale Klasse hat – mehr unbewußt als bewußt – erkannt, daß ich nicht ›einfangbar‹ bin im Sinne einer ›Hegemonie durch Neutralisierung‹, wie sie der marxistische Intellektuelle Antonio Gramsci beschrieben hat. (…) Ein wie auch immer geartetes Arrangement wird es mit mir nicht geben.« (S. 221) Den Hass auf die AfD insgesamt erklärt er an gleicher Stelle mit der Angst der Machthaber, »von ihren etablierten Positionen verdrängt zu werden und die angesammelten Pfründe zu verlieren«. (S. 221) Und weil er beobachtet hat, daß sich in der politischen Szene Deutschlands »notorische Realitätsverweigerer, Hysteriker, Schizophrene, Autoaggressive und auch Psychopathen« tummeln (S. 91), rät er seinen Mitstreitern: »Je hysterischer die herrschende Kaste reagiert, (…) desto ruhiger sollten wir werden (…). Jeden Anflug von Rechtfertigung sollten wir unterdrükken.« (S. 222)

Indirekt immerhin antwortet Höcke auf Diffamierungen, die ihn im Raum des regierungsamtlich beglaubigten Vorurteils wie der eigene Schatten begleiten. Faschismus? Für Höcke »eine geschichtlich und räumlich begrenzte Erscheinung«, die »heute in Deutschland nur als bizarrer Fremdkörper existieren (könnte)«. (S. 141) »Rechtsextremistisch«? Ein vom politischen Gegner aufgeklebtes Etikett, ein reiner Kampfbegriff. Höcke lehnt jede Art von Extremismus als »Vereinseitigung, ein Ausblenden von Wirklichkeit« ab, und jede Ideologie als »Verabsolutierung von Einzelaspekten«. (S. 146) »Biologistisch«? Höcke bestreitet, »Anhänger eines biologischen Reduktionismus« zu sein, sieht vielmehr »den Menschen mit Arnold Gehlen vor allem als Kulturwesen«, hält aber die Vorstellung von »einer Kosmopolis mit ethnisch-indifferenten Weltmenschen« weder für realisierbar noch für wünschenswert. (S. 129) »Völkisch«? Nirgendwo gebe es »phänotypische Einheitlichkeit«, und alle Völker seien »rassische Legierungen«, aber eben nicht beliebig und in wenigen Jahren entstandene, sondern jeweils Resultate einer langen Geschichte, einschließlich der »Tropfeneinwanderung« kulturell kompatibler Personen. Den Begriff völkisch« hält Höcke für unglücklich; die Bezeichnungen »volksverbunden« und »volksfreundlich« zieht er vor. (S. 133)

Björn Höcke kennt sich im Zeitgeist, im »ichsüchtigen Kollektivismus«, gut aus und ist ihm gründlich abgeneigt. Ihn einen »bürgerlichen Konservativen« zu nennen, trifft ins Schwarze, wenn man den Akzent auf »bürgerlich« legt. Sein Welt- und Menschenbild ist von »synthetisch-harmonisierenden Denkfiguren« bevölkert, um mit Panajotis Kondylis zu sprechen. Er hält einem Bildungsbürgertum die Treue, das von der Massendemokratie längst überwältigt, aber von keiner anderen, keiner *orientierenden* Ordnungsvorstellung abgelöst worden ist. »Ordnung« ist ein wichtiges Stichwort. Höcke orientiert sich staatspolitisch am »klassischen Maß«, das er dem Preußentum zuspricht, und denkt vom Ausgleich, vom Gleichgewicht der großen Daseinsmächte her: dem zwischen Dauer und Veränderung, Wiederkehr und Fortschritt, Vernunft und Körperlichkeit, Natur und Geschichte (sich durchdringend in der Landschaft, was Höcke angeht, in der mittelrheinischen Kulturlandschaft). Höckes Volksbegriff enthält die Idee von Entelechie, einer eigentümlichen »Selbstentfaltung« im Zusammenwirken schöpferischer Individuen, die sehr unterschiedlich disponiert, einander aber doch eng verbunden sind. Wenn sich Höcke im Rahmen dieses Weltbilds mit deutlich pädagogischen, auch studienrätlichen Zügen selbst einen »tief verankerten Humanismus« zuspricht, so ist dies keine Schutzbehauptung.

Ist die Massenzuwanderung aus Vorderasien und Afrika nach Zentraleuropa Folge und Ausdruck einer humanistischen Haltung (wie die Allianz der Altparteien nicht müde wird zu beteuern)? Björn Höcke erkennt in ihr gerade das Gegenteil. Aus der »massenhaften Einwanderung von Glücksrittern und Menschen, die sich einfach ein besseres Leben in Europa und Deutschland versprechen« (S. 40), resultieren Chaos, Rechtlosigkeit und Willkür und langfristig »die brutale Verdrängung der Deutschen aus ihrem angestammten Siedlungsgebiet« zugunsten einer brisanten Koexistenz von Bevölkerungsteilen, die kaum integrierbar sind und sich in Parallelgesellschaften gegeneinander abkapseln. Zugleich werden »die wirklichen Flüchtlinge« praktisch unsichtbar – jene, »die nicht nur auf unsere Hilfe berechtigten Anspruch erheben können, sondern denen wir um unserer selbst willen helfen müssen, damit wir keinen Schaden an unserer Seele erleiden«. (S. 188) Wer wünscht sich eigentlich die Massenansiedlung von Orientalen und Afrikanern nebst fortschreitender Islamisierung? Die Deutschen werden nicht gefragt, und für das Schicksal ihrer Nachkommen fühlt kein Regierender Verantwortung. Hinter »der weichen humanitären Phraseologie unserer herrschenden Klassen« verbirgt sich Höcke zufolge »ein hartes politisches Programm« (S. 201). Dieses musste indessen nicht eigens vereinbart und ausformuliert werden, sondern ist schlicht »die logische Folge des Globalkapitalismus mit seiner Forderung nach weltweit freier Bewegung von Gütern, Kapital und eben auch Menschen« (S. 244). Um diese Einsicht vom Geruch der Verschwörungstheorie zu befreien und ihr Plausibilität zu geben, »reicht schon die Kenntnis des UN-Berichts ›Replacement Migration‹ von 2001, der die Öffnung Deutschlands für über 11 Millionen fremde Zuwanderer verlangt, angeblich, um ›demographische Lücken‹ zu füllen« (S. 205). Den vertrauensseligen Wählern der Altparteien wird diese globalpolitische, transatlantische Weichenstellung als Barmherzigkeit gegenüber menschlichen Einzelschicksalen nahegebracht, und als Gelegenheit für reuevolle Deutsche, sich weltoffen zu zeigen.

Um diesen unaufhaltsam erscheinenden Erdrutsch aufzuhalten, ist die Rückkehr des Politischen vonnöten –

in Höckes Worten »der Ausstieg aus der internationalen ›Anti-Islam-Koalition‹ und die konstruktive Zusammenarbeit mit muslimischen Ländern – je nach nationaler Interessenlage« und eine »konsequente Verhinderung der drohenden Islamisierung Deutschlands und Europas« durch »Stopp der unkontrollierten Masseneinwanderung« und »Durchsetzung unserer Rechts- und Werteordnung« (S. 195). Darüber hinaus regt Höcke an, »man sollte darüber nachdenken, die Zahl der hier lebenden Muslime zu verringern« (S. 197), wohl im Gegensatz zu anderen Flügeln der AfD, die vor allem auf konsensfähige Überzeugungsarbeit im Rahmen des großmedial betreuten Diskurses setzen. »Entscheidend ist der Wille zum Schutz unserer Außengrenzen …« (S. 202)

Die entscheidende, die genuin *politische* Frage für Gegner der Massenzuwanderung ist, ob man im Wesentlichen auf ein Arrangement unter den politischen Kräften in ihrer gegenwärtigen Konstellation hofft oder der Realität, der absehbaren Entwicklung, die bessere Überzeugungsarbeit zutraut. Für Björn Höcke stellt uns die Lage vor eine letztlich unausweichliche Alternative: Selbstbehauptung der Völker oder Untergang. Die Altparteien, die in Ansehung der Schicksalsfrage als Block auftreten, klammern sich, um ihre Haut zu retten, an die Formel: Kosmopolitismus oder Untergang. Den Untergang sehen sie durch die Machenschaften der »Rechten«, »Rechtspopulisten«, »Völkischen« heraufdämmern – von außen kann er nicht kommen, denn ein Außen darf es nicht mehr geben. Deshalb dürfen Debattenbeiträge von AfD-Abgeordneten im Block grundsätzlich nicht beklatscht werden. Um an jene Formel weiterhin glauben zu können, muss der Block den großen weißen Elefanten ignorieren: die Gefahr einer muslimischen Mehrheitsbevölkerung in den Großstädten und, ein wenig später, landesweit. Um gegen den Populismus, die »vermeintlich einfachen Lösungen«, Widerstand zu leisten, ist der Block nun in ein wahrhaft populistisches Dilemma geraten. Er ist gezwungen, darauf zu wetten, daß der Islam tolerant und selbstkritisch ist oder in Europa tolerant und selbstkritisch werden wird oder durch Entwicklungshilfe in Afrika zu einem verkraftbaren Immigrationsrinnsal kanalisiert werden kann. Wenn der weiße Elefant weiterhin im Raum steht, und vor den Toren Europas eine ganze weiße Elefantenherde, die AfD somit weiter wächst, bleibt den Altparteien nur ein einziger Ausweg: Um die populistische Gefahr zu bannen, müssen sie selbst das Programm der AfD in die Tat umsetzen (dies aber als Notmaßnahme gegen den Populismus deuten).

Björn Höcke wäre dann einer von jenen Männern und Frauen, die Recht behalten, indem sie die Rolle von Sündenböcken übernehmen.

FRÜHE JAHRE

Herr Höcke, der Begriff »Heimat« ist zentral in all ihren politischen Auftritten und, wie ich annehme, in Ihrem Selbstverständnis überhaupt. Nun ist ja Ihr Leben, bevor Sie in Bornhagen ansässig wurden, von vielen Ortswechseln geprägt, schon als Kind mußten Sie zweimal umziehen, und als Politiker sind Sie dauernd unterwegs. Ist die Heimat so etwas wie die spröde Geliebte, ein treibendes Ideal, das gerade jener hochhält, der es entbehrt?

Ich entstamme einer Vertriebenenfamilie aus Ostpreußen. Den Erzählungen meiner Großeltern habe ich ausgiebig gelauscht und ihre Erfahrung des Heimatverlustes nachempfunden. Heimat ist aber auch eine reelle Kindheitserfahrung. An meinen Geburtsort Lünen an der Lippe bin ich oft zurückgekehrt, weil meine Großeltern dort eine Gärtnerei unterhielten. Ich wollte sogar lange Zeit Gärtner werden. Daß mein Vater als Sonderschullehrer eine Stelle in Neuwied am Mittelrhein fand, war für mich kein Heimatverlust. Im Gegenteil, der Rhein hat dem Heimatbegriff nur eine größere Dimension verliehen. Nirgendwo sonst in Deutschland, Harz und Kyffhäuser vielleicht ausgenommen, ist die lokale Sagenwelt, die sichtbare Mythologie so dicht wie dort anzutreffen – denken Sie an die Lorelei, an Lohengrin oder das Nibelungenlied. Am Rhein trafen die Römer auf die Germanen, mit diesem Konflikt wurde die Grundlage für das Entstehen unseres Volkes gelegt, und so kommen Dichter, Maler und Komponisten immer wieder auf den Rhein zurück.

Ich habe gelesen, daß Sie in Neuwied in einem Hochhaus leben mußten und sehnsuchtsvoll aus dem Fenster auf einen Waldstreifen am Horizont sahen. Sie werden verstehen, daß sich der Verdacht aufdrängt, Ihr Loblied des Rheins sei eine Bildungsfrucht und keine kindliche Erfahrung.
Nein, mich verbinden durchaus konkrete Kindheitserlebnisse. Mein Vater unternahm mit mir viele Fahrten zu bekannten Burgen und Ruinen an Rhein und Mosel wie Rheinfels, Marksburg, Eltz oder Cochem. Das hat mich als kleinen Jungen natürlich sehr fasziniert. Die magische Welt der Ritter und Burgen, das Mittelalter oder auch die Römerzeit, auf die man am Rhein ja zwangsläufig stößt – all das beflügelte meine kindliche Phantasie und legte wahrscheinlich auch die Grundlage für mein späteres Interesse an der Geschichte. Ich hatte damals natürlich noch keinen systematisch-sachlichen Zugang dazu. Die mit den alten Bauwerken verbundenen Erzählungen und Sagen wurden vielmehr Teil meiner realen Lebenswelt.

Hat Ihr Vater damit den Grundstein für eine romantische Weltauffassung gelegt?
Das wäre zu kurz geschlossen. Mein Vater hat nicht nur meine Phantasie angeregt, sondern auch mein kritisches Denken. Weil wir gerade beim Rhein sind, im Anblick des majestätischen Stroms hat er mir zwei ganz wesentliche Einsichten vermittelt: Zum einen den heraklitischen Spruch, daß man nicht zweimal in denselben Fluß steigen könne und es also ein unmögliches Unterfangen darstelle, vergangene Zustände zu wiederholen, zum anderen die Stetigkeit des fließenden Wassers, die durch

Menschenkraft nicht aufzuhalten ist, weshalb ein propagiertes »Ende der Geschichte« nur ein Zeugnis menschlicher Hybris darstellen kann. Diese Einsichten haben mich in der Politik vor einem naiven Machbarkeitsglauben bewahrt, ohne jedoch in einen lähmenden Fatalismus abzugleiten. Wir Menschen sind in dieser Welt nicht allmächtig, aber auch nicht ohnmächtig.

Diese philosophischen Einsichten allein sind noch nicht geeignet, einer romantisierenden Weltflucht zu entgehen.
Ich glaube, es handelt sich nicht um Weltflucht, sondern eher um eine besondere Form der Weltzuwendung, wie sie für Kinder und Jugendliche nicht ungewöhnlich ist. Viele Jahre später, während meines Studiums, stieß ich auf den Begriff der »Geschichtsimagination«. Das »ausschmückende Erkennen« bildet bei diesem geschichtsdidaktischen Ansatz eine Säule des menschlichen Geschichtsbewußtseins. Aus meiner kindlichen Vorstellungswelt ist dann irgendwann die Erkenntnis entstanden, daß das Vergangene auch im Heute präsent und damit real ist.

Sie meinen als kollektive Erinnerung an gemeinsame Wurzeln?
Nicht nur als Erinnerung, in die Gegenwart ragt stets ein konkret greifbares Erbe aus der Vergangenheit hinein: Bauwerke, Siedlungsformen, soziale Strukturen. Sie sind »historische Konstanten«, wobei Konstanz bezogen auf den ewigen Fluß der Zeit immer nur relativ zu verstehen ist. Für den Menschen haben sie eine stabilisierende, identitätsstiftende Funktion. Dauer und Wiederkehr

sind aber nur die eine Seite der Geschichte: Veränderung und Fortschritt gehören ebenso zu ihr und rhythmisieren ihren Lauf. Ludwig Klages hat einmal das Phänomen des Rhythmus als die »Grunderscheinung des Lebens« bezeichnet. In der Geschichte ist er mal schneller, mal langsamer, mal beschwingt, mal behäbig – bisweilen macht er Sprünge und es ändert sich die ganze Taktart. Momentan erleben wir nach meinem Empfinden gerade eine historische Beschleunigung.

Wie berühren uns diese komplexen Zusammenhänge? Werden sie auch ganz konkret in unseren Alltagserfahrungen wahrnehmbar?
Ja, natürlich, die Gegenwart des Vergangenen erleben wir nicht nur in den baulichen Zeugnissen früherer Epochen, sondern auch bei den Menschen: Es werden nicht nur Kinder geboren, in alle übrigen Altersabschnitte rücken ebenfalls immer wieder andere nach. So werden gleichsam auch Jünglinge, Männer und Greise neugeboren. Darin liegt etwas Tröstliches.

Ein englischer Pianist hat einmal erzählt, wie er zu Beginn seiner Konzerttätigkeit im Publikum lauter weiße Haare hat wehen sehen. Er war sich sicher, diese Tätigkeit vielleicht noch zehn, höchstens zwanzig Jahre ausüben zu können, denn spätestens dann wären alle Liebhaber des romantischen Kunstliedes ins Grab gesunken. Doch nach weiteren dreißig Jahren Praxis saßen da immer noch weißhaarige Häupter vor ihm. Die waren einfach nachgewachsen.
Es ist für ein Gemeinwesen auch zuträglich, wenn sich jugendlicher Überschwang in reife Erfahrung wandelt.

Beide Temperamente sind in einem vitalen Volk nötig. Für den Einzelnen ist es erfreulich, wenn der unabwendbare körperliche Verfall von einer Zunahme an Wissen und Duldungsfähigkeit begleitet wird und die Leistungsfähigkeit dadurch zumindest konstant gehalten werden kann. Oft ändern sich ja in einem Menschenleben die entscheidenden Mißstände im Land nicht wesentlich und dennoch arbeiten viele an einer Verbesserung der Verhältnisse, ohne daß sie die Früchte ihrer nur scheinbar fruchtlosen Aussaat einmal selbst ernten können.

Hat die menschliche Geschichte für Sie einen Sinn?
Das ist eine schwierige Frage. Es könnte sein, daß die ganze Entwicklung letztlich nur auf einen kurzen Augenblick der Vollkommenheit ausgerichtet ist, der sofort wieder vergehen muß. Dieser Gedanke verfolgt mich seit einigen Jahren. Aber für uns Menschen ist nicht erkennbar, worauf das ganze Geschehen am Ende hinausläuft. Würden wir es irgendwann erkennen, hätten wir unsere Stellung zwischen Tier und Gott und damit unseren menschlichen Wesenskern verloren. Alles, was bisher darüber an Gedanken und Theorien geäußert wurde, bleibt letztlich Spekulation. Ich sehe aber unterhalb der Ebene dieser teleologischen und metaphysischen Fragen einen ganz praktischen, konkreten Sinn in der Geschichte: Als Gestaltungs- und Bewährungsfeld für uns Menschen. Wir drücken der Welt unseren Stempel auf – im Guten wie im Schlechten – und in dem sinnigen bis irrsinnigen Spiel des Lebens wächst und reift unsere Seele.

Versagen und Unsinn gehören also auch zum Sinn der Geschichte?

Ja, wir Menschen experimentieren gerne herum, nicht nur technisch und künstlerisch, sondern auch politisch-gesellschaftlich. Das geht immer wieder auch schief. Aber wir haben nun einmal ein »exploratives Wesen«, wie die Ethologen sagen und wovon die vielen unterschiedlichen politisch-sozialen Ordnungen der menschlichen Geschichte zeugen. Nicht nur mit Blick auf die immer wieder mißglückten Versuche, sondern auch bezogen auf unsere innere Entwicklung bleibt das eine gefährliche Gratwanderung. Das Matthäusevangelium mahnt mit der Frage: »Was hülfe es dem Menschen, wenn er die ganze Welt gewönne und nähme doch Schaden an seiner Seele?« Die Unersättlichkeit nach Lust, Anerkennung und Gütern läßt sich ohnehin nicht stillen. Zuletzt ist jeder mit seinen Taten allein. So bedeutet das Leben für uns eine Bewährung, und solange es währt, sind wir in der Lage, ihm Bedeutung zu verleihen oder Bedeutung aus ihm zu ziehen. Die letzten Zusammenhänge dieses merkwürdigen Spiels entziehen sich jedoch unserem Wissen und Wollen.

Kann man aus der Geschichte lernen?

Ja, aber mit Einschränkungen, weil sich Geschichte nur strukturell wiederholt und diese Strukturen selbst nicht objektiv zutage treten. Der Zugewinn übertragbarer Erkenntnisse steht aber im Konjunktiv. In der Lebenswirklichkeit gleicht Geschichte weniger einem Zuwachs an Weisheit und klugem Handeln, sondern eher einer »endlosen Kette von Dummheiten, die immer wieder begangen wurden«, wie Edgar Jung feststellte.

Für jede geschichtsmächtige Kraft geht es primär darum, die Wirklichkeit nach ihren Vorstellungen zu verändern und zu formen.

Dahinter steckt jedoch nicht nur der Wunsch nach Veränderung, sondern auch nach Bewahrung. Es gibt heute zum Beispiel Bestrebungen, das deutsche Volk oder gar die Völker überhaupt zugunsten einer ökonomisch brauchbareren Species abzuschaffen – wir kennen die bekannte Formel »Deutschland verändert sich«. Vom Wahnsinn eines solchen Experiments und der Tatsache, daß Deutschland verändert *wird,* einmal abgesehen, versuchen auch solche Betrebungen, etwas zu bewahren, in diesem Falle nämlich das endlose Wachstum und die magische 80-Millionen-Einwohnerzahl als angebliche Voraussetzung des deutschen Wohlstandes. Wieder andere halten Emanzipation für den eigentlichen Sinn des Menschenwesens, egal, was auch immer dabei auf der Strecke bleibt. Ich will damit sagen, daß es nicht um die Alternative »verändern oder bewahren« geht, sondern um die ausgewogene Bewertung, welche Dinge bewahrenswert sind und welche nicht. Diese Frage stellt sich heute viel dringlicher, weil die technischen Mittel dem natürlichen Wandel eine Dynamik verliehen haben, der geschichtlich einmalig ist. Man kann heute nicht getrost abwarten, daß sich eine Irrlehre selbst widerlegt – zu groß sind die Folgeschäden utopischer Experimente. Allzumenschlich ist es, wenn die meisten Menschen die Konsequenzen eines Weiter-so nicht wahrhaben wollen, unverantwortlich aber, wenn ihnen bewußt Schlafsand in die Augen gestreut wird, wie es unsere politische Klasse tut.

Die in den letzten Jahrzehnten immer stärker um sich greifende Vereinzelung der Deutschen läßt sich freilich kaum allein mit »Schlafsand« erklären. Auch um die deutsche Kultur ist es nicht besser bestellt. Einst waren die Deutschen dafür bekannt, daß sie gemeinsam singen. Mittlerweile haben sie Stöpsel in den Ohren. Der Begriff »Baukunst« hat keinen Inhalt mehr, das gilt für Sakral- und Zweckbauten ebenso wie für das Eigenheim. Das Theater ist schon lange kein Bildungsort mehr, man meint dem Publikum keine langen Texte mehr zumuten zu können und zerstreut mit Jahrmarktspossen und Obszönität. Wenn ich mir heute die Bestsellerliste anschaue, finde ich nichts Bewahrenswertes. Es fiele mir leicht, wie Luther auf 95 Thesen zu kommen.

Das stimmt. Die Anzahl von uns Deutschen ist im Schwinden und unsere kulturellen Quellen sind verschüttet. Aber wenn ich mit dem Zyklischen im Geschichtslauf rechne, folgt auf einen noch so langen Winter irgendwann ein Frühling. Ob es ein deutscher Frühling wird, wird sich zeigen. Dazu ist ein Punkt aus meiner Kindheit interessant: im Gegensatz zu meinen Schwestern bewegten mich die Ruinen der Rheinlandschaft sehr viel mehr als die erhaltenen oder wiederaufgebauten Burgen. Diese Anblicke erzeugten schon als Kind bei mir eine Wehmut über das vergangene menschliche Leben, dessen Spuren im Lauf der Zeit verwischen. Im dahingleitenden Geschichtsstrom – der Rhein! – verschwinden die menschlichen Werke nach und nach – die Burgruinen! Einerseits ragen sie stolz empor, dann auch wieder zeigen sie die Hinfälligkeit aller großen Pläne an. Ihr bloßes sichtbares Dasein hat aber auch etwas Stärkendes: Was uns heute so romantisch vorkommt, das sind oft gerade jene Züge der kriegerischen

Behauptung des Eigenen. Diese Tugend – heute mehr zivil als militärisch – scheint den Deutschen und Europäern abhandengekommen zu sein.

Aber wirkt nicht allein die Erkenntnis der Vergänglichkeit, wie sie sich in den Burgruinen symbolisch ausdrückt, niederschlagend auf uns?

Nur, wenn die Welt sich ausschließlich um unser kleines Ich dreht, wenn man sich lediglich als vereinzeltes »Atom« versteht. Bescheidenheit ist ja auch eine Sonderform des Stolzes – in diesem Fall eben das Bewußtsein, Teil eines größeren Ganzen zu sein. Als Teil einer Gemeinschaft, wie etwa als Angehöriger eines Volkes, kann jeder einzelne zu einem wichtigen Glied einer langen historischen Kette werden. Wie bei einem Staffellauf, bei dem der Staffelstab von Generation zu Generation weitergereicht wird, jeweils versehen mit einem ganz bestimmten historischen Auftrag. Das tröstet über die individuelle Vergänglichkeit hinweg und läßt einen zuversichtlich an dem gemeinsamen Werk weiterarbeiten. Natürlich nur, wenn man diese Verantwortung – den Staffelstab – annimmt. Damit haben ja so manche Landsleute heute ein Problem …

Weil sie sich mehr als einzigartige Individuen denn als Gemeinschaftswesen verstehen.

Hier liegt schon ein eklatanter Denkfehler vor: Der heutige Ego-Wahn hat nichts mit Individualität zu tun! Betrachten wir einen gestandenen preußischen Offizier aus dem sogenannten Obrigkeitsstaat Friedrich des Großen: er war im Ideal ein unabhängiger Geist mit Ecken und Kanten, eine eigenwillige Persönlichkeit – und gleichzeitig ein treuer Diener des Staates und seiner Bürger.

Der preußische General Johann Friedrich Adolf von der Marwitz verweigerte im Siebenjährigen Krieg den Befehl des preußischen Königs zur Plünderung des sächsischen Schlosses Hubertusburg und wählte selbstbestimmt »Ungnade, wo Gehorsam nicht Ehre brachte«, wie es auf seiner Grabplatte geschrieben steht.

Dieses Beispiel zeigt einmal mehr, daß Befehl und Gehorsam, anders als es uns das zeitgeistdeformierte Narrativ vom preußischen Untertanengeist suggerieren möchte, kein Selbstzweck waren. In den heutigen westlichen Gesellschaften scheint eine Mehrheit ganz von der Sorge um das eigene Wohlergehen eingenommen. Die Verantwortung für das Ganze gerät dabei immer mehr aus dem Blick. Die konservative Schelte gegen den verderblichen »Individualismus« geht fehl: Individuation ist ein wichtiger Teil im Prozeß der Selbstwerdung. Sie ist aber immer auch eingebettet in einen sozialen Zusammenhang. Kurzum: Es ist das fruchtbare Wechselspiel zwischen Individuum und Gemeinschaft, das ein Gemeinwesen erst lebendig macht. Gegenwärtig haben wir eine Tendenz zum ichsüchtigen Kollektivismus, der sich auf der Grundlage eines eigenartigen Konformitätsdruckes ausbildet. Ich finde, diese Zeittendenz ziemt uns Europäern nicht.

Wir haben uns etwas vom Thema Ihrer Kindheit entfernt. In den Westerwald, den sie vom Hochhausfenster bewunderten, sind Sie schließlich doch gelangt?

Zu der Heimat, die mir mein Vater wies, mußte natürlich die kommen, die ich selbst eroberte. Ich betrachte es als großes Glück, daß ich meine Kindheit und Jugend in einem Dorf verbringen konnte, einem ganz kleinen Dorf im Westerwald, Anhausen heißt das. Es wird Sie wundern, daß ich später Lehrer wurde, obwohl ich die Schule in Kindertagen als nebensächlich betrachtete und sie stets mit minimalem Aufwand betrieb. Wenn ich sehe, wie heute viele Kinder rundum betreut und verwaltet werden, schauderts mich. Ich habe mich, wenn es nur irgend ging, im Wald, auf Wiesen und Feldern, in den Scheunen und Stallungen der Bauernhöfe herumgetrieben und all den Unfug angestellt, der kleinen Jungs so Spaß macht. Und in dieser Ländlichkeit, wo die Welt noch groß und der Tag noch lang ist, liegt meine eigentliche Heimat, und dort wird sie auch bleiben.

Entspricht das heute nicht einer unrealistischen Verklärung des Landlebens, wie es recht einkömmlich von Magazinen wie Landlust *betrieben wird? Ist so etwas jenseits dieser medial konfektionierten Storys überhaupt noch lebensfähig?*
Es geht hier gar nicht um eine wie auch immer verklärte Idylle, sondern um einen produktiven Lebensrahmen: Es gibt pädagogisch nichts Wertvolleres, als das Aufwachsen auf dem freien Land, mit Tieren, mit Abenteuern und mit der Möglichkeit, unter überschaubaren Gefahren die eigenen Grenzen zu lernen. Wenn Sie sich die Biographien der deutschen Dichter und Denker anschauen, werden Sie feststellen, daß nahezu alle auf dem Land oder in kleinen Ortschaften aufwuchsen, auch wenn später ihre Namen mit großen Städten verbunden wurden. Leider

drängen heute immer noch die meisten Leute in die Großstädte, und viele Dörfer, nicht nur in den neuen Bundesländern, veröden. Gerade um der Kinder willen ist hier eine Trendwende sehr zu wünschen.

Welche Kindheitserinnerungen sind Ihnen besonders lieb und teuer?

Ich erwähnte bereits eingangs meine Großeltern und ihre Gärtnerei in Lünen. Oft denke ich an das große leuchtende Rosenfeld, das mich im Sommer – mehr noch als durch seine Farbenpracht – mit seinem einzigartigen Duft verzauberte. Ich kann die Tausenden von Freilandrosen heute noch riechen. Das Geruchsgedächtnis gilt bekanntlich als das stabilste des Menschen. Und zugleich mit dem Geruch treten dann auch ihre Gesichter und ihre äußere Gestalt wieder ins Bewußtsein. Mein Großvater verkaufte seine Erzeugnisse bevorzugt auf den Wochenmärkten im nahen Dortmund. Damals gab es drei große Wochenmärkte, an die ich mich erinnere. Ich liebte es, in den Ferien früh mit meinem Großvater aufzustehen und zu den Märkten zu fahren, nachdem Oma die Brote geschmiert und die Kanne Tee gekocht hatte. Der Tee war besonders in der kalten Jahreszeit wichtig, wenn die Sonne bis in die späten Vormittagstunden brauchte, um über die hohen Häuser zu steigen. Gegen die aufsteigende Kälte halfen auf Dauer weder die drei Paar Socken noch das Rumgehopse auf der Stelle. Man konnte immer sehr genau beobachten, wie sich die Laune der Verkäufer an den Marktständen besserte, wenn die Sonne es dann endlich über die Häuser geschafft hatte. Ich glaube, ich war der jüngste Verkäufer dort und erfreute wohl die Herzen gerade der älteren Damen. Für das Sommergeschäft waren die Freilandrosen das wichtigste wirtschaftliche Standbein. Heute würde man sagen, mein Großvater hatte hier ein Alleinstellungsmerkmal und eine größere Stammkundschaft. Im Sommer verbrachte er die meiste Zeit auf dem Rosenfeld. Welke Blüten wurden abgeschnitten, damit die Pflanze mehr Wuchskraft für die Knospen hatte. Mein Großvater war völlig unempfindlich gegen die robusten Stacheln seiner Rosen, er schnitt sie meistens ohne Handschuhe! Im Winter verkaufte er übrigens Weihnachtsbäume, die er bei einem Bauern im Sauerland holte. Auch die stachlige Blaufichte bewegte er ohne jeden Handschutz. Das hat mir damals imponiert und wirkte sehr männlich auf mich. Mein Großvater hatte hornhautgefeite Malocherhände.

Man sagt, Heranwachsende müssen sich gegen die Eltern durchsetzen und wählen deshalb oft die Großeltern als ihre natürlichen Verbündeten. In Ihrem Falle scheint deren Vorbildwirkung besonders ausgeprägt gewesen zu sein?
Großmutter war die Herrin des Hauses und Großvater der Herr des Feldes. Die Urgroßmutter, die unverheiratete Schwester meiner Großmutter und ein Onkel lebten auch noch in dem Haus. Wenn wir dann in den Ferien einfielen, war das ein richtiges Großfamilienleben, voller Trubel und Hektik – aber genau das gefiel mir als Kind besonders gut, es war einfach immer etwas los! Die Frauen standen oft in der Küche. Ohne seine Bratkartoffeln ging Opa nicht ins Bett. Und meine Großmutter machte wirklich die besten Bratkartoffeln, die man sich denken kann. Einmal in den Ferien gab es »Kielkes mit Spirkel«, ein

ostpreußisches Kartoffelkloßrezept. Dazu mußten rohe Kartoffeln in Küchentüchern ausgedrückt werden, das war richtig aufwendig. Aber wir Kinder liebten Kielkes und die Erwachsenen wertschätzten die handarbeitliche Mühe der Köchinnen. Sie hatten nach dem Krieg aus Ostpreußen flüchten müssen und erzählten mir viel von ihrer alten Heimat. »Preußisch« war auch der Lebensstil: Als Angehörige der Aufbaugeneration standen die Arbeit und die bekannten Sekundärtugenden im Vordergrund. Damit wurde Preußen für mich als »Rheinländer« ein wichtiger Bezugspunkt, geschichtlich wie politisch.

Die antipreußischen Affekte der Rheinländer werden immer wieder gerne herausgestrichen.

Ja, das ist ähnlich bei den Bayern. Gegenüber den Preußen fühlen sie sich als die älteren Deutschen. Man muß ihnen diesen Stolz lassen. Nur selten hat er den Zusammenhalt des Landes gefährdet. Da geistern auch viele Legenden herum: Konrad Adenauer beispielsweise wurden schon vor dem Krieg separatistische Bestrebungen nachgesagt. Er war dagegen ein stolzer preußischer Beamter – 1917 in seiner Eigenschaft als Kölner Oberbürgermeister zum preußischen Staatsrat gewählt – und vertrat im Preußischen Herrenhaus an der Leipziger Straße, wo heute wieder mit dem Bundesrat eine ganz ähnliche Institution tagt, die Provinzen des Freistaates. Wenn er in dieser Eigenschaft oft auch Beschlüsse des Ministerpräsidenten Otto Braun blokkierte, ist das wiederum nicht viel anders als heutzutage. Es waren Ehrenmänner, deren entschiedene Haltung den grundsätzlichen Zusammenhalt nicht in Frage stellte. Das passierte dann erst 1933, als beide Staatmänner auf ihre Weise ins Exil gehen mußten. Die spätere Polemik gegen Adenauer als einen »Rheinbündler« in Anlehnung an das Napoleonische Protektorat war ja weniger ein Plädoyer für die nationale Einheit als eine Invektive gegen den Parteipolitiker Adenauer. Der hat im Einvernehmen mit de Gaulle eine politische Kunst des Möglichen betrieben, die zum raschen politischen und wirtschaftlichen Aufstieg der Bundesrepublik geführt hat. Das ist seine große Leistung.

Dennoch ist vor allem in rechten Kreisen die Person Adenauer nicht gut gelitten. Ihm wird sein Kontrahent Kurt Schumacher als leuchtendes Beispiel eines national gesinnten Sozialisten entgegengehalten.
Von Schumacher stammt ja auch die berühmte Verunglimpfung Adenauers als »Kanzler der Alliierten«. So sehr ich Schumachers patriotischer Grundhaltung als Sozialdemokrat alten Schlages Respekt zolle, so wenig sollten wir heute bemäkeln, was Adenauer damals tat. Wichtiger wäre es vierzig Jahre später gewesen, das, was dieser zu Zeiten des heraufziehenden Kalten Krieges nicht tun konnte, unter weit günstigeren Bedingungen nach dem Zusammenbruch des Ostblocks in Angriff zu nehmen: Eine eigenständige nationale Position in der Mitte Europas zu entwickeln. Dazu hätte es nach dem Ende des Status quo 1990 einer fähigen und willigen politischen Führung bedurft, wie sie unter Adenauer noch vorhanden war. Zu diesem Zeitpunkt hatte die passive Politikverwaltung aber bereits Oberhand über die aktive Politikgestaltung gewonnen.

Aber Adenauer betrieb doch einseitig die Westbindung der noch jungen Bundesrepublik?
Dazu gab es einfach keine Alternative. Im aufkommenden Ost-West-Konflikt konnte Deutschland keine neutrale Position einnehmen. Auch die Schweiz und Österreich hatten bei wesentlich besseren Voraussetzungen keine echte Neutralität, sie gehörten natürlich zum Westen. Ein Zusammengehen mit der Sowjetmacht war nach den schrecklichen Begleiterscheinungen des russischen Einmarsches in Ostdeutschland im Volk nicht vermittelbar. Adenauer leiteten strategische Überlegungen. Er hatte das Ziel, das geschlagene Deutschland unter dem Schutzmantel der USA wieder aufzurichten. Daß seine Nachfolger instinktlos Abhängigkeiten schufen und vertieften, liegt nicht in seiner Verantwortung.

Wie stark hat auf Sie das Vertreibungsschicksal der Großeltern gewirkt?
Besonders meine Großmutter litt an dem Verlust ihrer alten Heimat. Mein Großvater war dagegen eher ein Machertyp, bei dem das »Tamen« dominierte, also das klaglose Anpacken und Weitermachen. Dieser persönlich-familiäre Bezug führte zu einem tieferen Verständnis des damaligen Geschehens. Was wir heute über das Schicksal der Vertriebenen wissen, ist oft nicht mehr als eine Ansammlung von nüchternen Zahlen und Fakten. Was es aber für die Familien bedeutet, zu Hunderttausenden schon im Ersten Weltkrieg vor den Kampfhandlungen aus der Heimat zu fliehen, zurückzukehren und sogleich die Wintersaat ausbringen, in kürzester Zeit die verwüsteten Städte und Ortschaften

wieder aufbauen, nur um dann zusehen zu müssen, wie das Heimatland von französischen, englischen, polnischen und italienischen Soldaten okkupiert wird, Teile davon ohne jede Volksbefragung den Nachbarstaaten zugeschlagen werden – wer vermag das heute noch ernsthaft nachzuempfinden? Das alles passierte ja schon bis 1920 lange vor dem, was wir heute mit Vertreibung meinen. Zudem ist eine problematische Trennung zwischen Schicksalen entstanden, die allenfalls etwas bepflegt werden, damit Gras darüber wächst – denken Sie neben der Massenvertreibung aus Ostdeutschland auch an die hunderttausenden Alten, Frauen und Kinder, die im Inferno des anglo-amerikanischen Bombenterrors umkamen – und anderen, bei denen eine umfassende Erinnungsbewirtschaftung etabliert ist. Hier wird mit zweierlei Maß gemessen. Dabei wird uns doch die Dimension des Grauens vor allem dort am deutlichsten bewußt, wo uns unmittelbar Nahestehende davon ergriffen werden. Die Erzählungen meiner Großeltern ließen mir die menschliche Tragik im Krieg, während der Flucht und Vertreibung sowie die elementare Bedeutung von Heimat bewußt werden.

Ihre Kritiker beanstanden, daß Sie diese Empathie in der heutigen Flüchtlingsfrage eher vermissen lassen.

Das ist ein Teil des öffentlichen Zerrbildes, das von mir angefertigt wurde. Bei den wirklichen Flüchtlingen habe ich volles Verständnis für ihre Not. Flüchtlinge sind Menschen, die einer konkreten Gefahr entkommen wollen und um Schutz ersuchen. Ihnen im Rahmen unserer Möglichkeiten zu helfen, ist unsere selbstverständliche humanitäre Verantwortung. Etwas ganz anderes ist die massenhafte Einwanderung von Glücksrittern und Menschen, die sich einfach ein besseres Leben in Europa und Deutschland versprechen. Selbst wenn man ihre materiellen Beweggründe noch nachvollziehen kann, so sehe ich keinerlei Pflicht, die von uns Deutschen über Generationen hart erarbeiteten volkswirtschaftlichen Werte einfach an den ärmeren Rest der Welt zu verteilen – und dabei neben der Plünderung unserer Sozialsysteme noch die Zerstörung unseres Gemeinwesens in Kauf zu nehmen. Das menschliche Einzelschicksal, das mit einer Flucht zusammenhängt, bewegt mich natürlich, aber ebenso empört mich die ziemlich dreiste Anspruchshaltung vieler Migranten, die hierhergekommen sind. Bei den deutschen Vertriebenen war die Lage nun völlig anders. Im Gegenteil: Im Nachhinein erscheint mir an den Großeltern besonders bemerkenswert, wie bescheiden diese Menschen waren, eine tätige Selbstverleugnung kultivierten und sich trotz des Verlustes der Heimat das Gefühl für die Schönheit und Bedeutsamkeit des Lebens bewahrten. Wer überleben wollte, der hatte damals nicht nur keine Gelegenheit zum Klagen, der dachte auch über lange Zeit nicht einmal ernsthaft darüber nach, was ihm widerfahren war. Zumal von »Willkommenskultur« gegenüber den vertriebenen Ostdeutschen in der Nachkriegszeit auf dem Lande keine Rede sein konnte. Die städtischen Königsberger, Reichenberger oder Preßburger, die sich beispielsweise in der im Verhältnis zu ihrer Heimat rückständigen oberbayerischen oder fränkischen Provinz wiederfanden, hatten sich rasch mit einfachsten Arbeiten nützlich zu machen, um nicht als unnütze Fresser zur Last zu fallen. Keiner hat dabei die zwanzigjährigen Mütter, die kaum mehr als ihres und ihrer Kinder nacktes Leben gerettet haben, gefragt, welche Traumata sie erlitten haben. Heute dagegen ist eine Konkurrenz um die grausigste Verfolgungsgeschichte entstanden, ein lukrativer Markt, auf dem das Gewicht des eigenen Leids die Waagschale nach unten drückt. Das lockt dann natürlich auch die Falschmünzer an.

Bleiben wir noch bei ihrer Kindheit und Jugend. Sie sprachen von den »Geschichten«, die die Geschichte einem liefert. Muß man sich das so vorstellen, daß sich der junge Björn Höcke, beindruckt von den Burgruinen des Mittelrheins, beispielsweise in Gerhard Aicks Deutsche Rittersagen des Mittelalters *vertieft oder andere Jugendbücher über Ritter und Burgen verschlungen hat?*

Nein, ich war als Junge kein Bücherwurm und wenn dann nur sehr unfreiwillig Stubenhocker. Als wir noch im Neuwieder Stadtteil Torney lebten, brachte mich die Mutter in den Kindergarten, der fußläufig gelegen war. Dort gab es im Sommer immer »Bandenkriege«, wo die Jungs der unterschiedlichen Gruppen auf dem weitläufigen Außengelände mit Plastikschippen gegeneinander kämpften. Die Schippen waren länglich und spitz zulaufend geformt, mit etwas Phantasie konnte man in so einer eine Kurzwaffe erkennen. Und diese Phantasie hatten wir Jungs natürlich. Später schaffte der Kindergarten dann »pazifizierte«, breite Schippen an. Ich war meistens Bandenführer, bei den Keilereien oft ganz vorne mit dabei. Und so verbrachte ich viele Stunden meiner Kindergartenzeit nicht nur im Kampf, sondern auch auf einem Stuhl in der Ecke des Gruppenraumes, der männlichen »Draufgängern« vorbehalten war. Meine Mutter erzählte mir später, daß meine Kindergartentante, sie hieß »Tante Gerti«, den Lausbuben trotzdem – oder gerade deswegen – sehr ins Herz geschlossen hatte. Sie muß meiner Mutter oft Gelassenheit vermittelt haben, wenn sie betonte, daß der Björn seinen Weg machen werde. Der Kindergarten war eine Halbtagseinrichtung. Die andere Tageshälfte verbrachte ich dann oft in der Wohnung. Ich habe das gehaßt. Von meinem Zimmer konnte ich nach Osten schauen. Dort liegt die bewaldete erste Hügelkette des Westerwaldes. Ich spüre noch heute, wie ich mich als Kind in diesen Wald und seine Geheimnissse hineinträumte.

Schließlich ist es nicht nur bei diesen Träumen geblieben.
Ja, meine Eltern kauften später ein Haus in Anhausen. Ich kann mich noch sehr gut an diese Zeit erinnern: Schon am Tag des Umzugs stand ein schüchterner blonder Nachbarsjunge am Zaun und fragte, wer ich sei. Jens hieß er, war damals fünf Jahre alt. Er und Jörg wurden meine besten Freunde und Spielkameraden. Wir drei machten das Dorf unsicher, bauten Hütten in den Wäldern, sammelten im Herbst Kastanien, um sie den Wildtieren zu bringen, trieben uns auf den noch zahlreichen Bauernhöfen herum, spielten Fußball auf dem Bolzplatz, der damals vor unserer Grundschule lag, bevor er einer neuen Turnhalle weichen mußte.

Nun besteht ja das Leben auf dem Lande nicht nur aus kindlichem Spiel und Abenteuer, sondern auch aus harter Arbeit. Haben Sie noch Erinnerungen an das Wirken der Bauern im Ort?
Ich bin regelmäßig mit Ihnen aufs Feld zum Melken gefahren. Es waren alles kleine Landwirte. Sie fuhren mit ein, zwei verzinkten Milchkannen auf dem Traktor abends raus, wo das Milchvieh außer im Winter stand. Ein Bauer hat seine Lieblingskuh mit der Hand gemolken und uns dabei die warme Milch immer wieder in die offenen Münder gespritzt. Natürlich sind wir auch manchmal heimlich auf Kühen geritten, wurden aber schnell abgeworfen. Solche Episoden könnte ich noch viele erzählen. Als Kinder hatten wir noch keine richtige Vorstellung von den Problemen und Mühen des Landlebens. Für uns war es eher wie ein Paradies. Wer das Glück hatte, in ähnlich günstiger Lage heranzuwachsen – Feld und Wald unmittelbar hinter dem Haus –, der wird das kennen: den Taumel der langen Sommertage nach der Schule, die erst mit dem elterlichen Ruf zum Abendessen enden. Ich wollte raus aus dem durchorganisierten Alltag, wollte etwas erleben und mit Freunden unter einem freien Himmel spielen. Meinen Einsatz für die Schule betrieb ich daher, wie ich schon anführte, streng ökonomisch nach dem Minimalprinzip. Wichtiger als Hausaufgaben und Pauken war für mich alles, was man mit den Spielkameraden erleben und anstellen konnte.

Ein Einzelgänger waren Sie also nicht?
Nein. Obwohl, zeitweise wurde ich es doch, als ich mit vierzehn Jahren meine Leidenschaft für den

Ausdauersport entdeckte und unzählige Stunden mit Dauerlauf in den umliegenden Wäldern verbrachte. Meine Freunde Jens und Jörg besuchten dann die Hauptschule, ich ging aufs Gymnasium, und allmählich entwickelten wir uns auseinander.

Das Stromern durchs Unterholz, während sich die vertraute nahe Gegend bereitwillig in jede lockende Ferne verwandelt – das hat Goethe in seinem Jugendgedicht »Der neue Amadis« in Verse gebracht. Anfang zwanzig schaute er mit Ironie auf die Knaben zurück. Später, als sich der Abstand dazu verlängert hatte, wurde ihm das eine ernste, fast heilige Sache, wie wir den Schilderungen in Dichtung und Wahrheit *entnehmen können. Diese süße Wehmut ist heute vielen fremd.*

Oft frage ich mich auch, ob bei den Leuten, die gegen unsere ureigensten menschlichen Grundlagen wüten, nicht einiges schief gelaufen ist in ihrer Kindheit. Für eine gesunde Entwicklung in jungen Jahren sind möglichst viele Naturkontakte und -erlebnisse förderlich, gerade in unserer urbanisierten, künstlichen und überzivilisierten Lebenswelt. Man bekommt auf diese Weise schon früh ein Empfinden für die Größe und Schönheit der Schöpfung und ein besseres Verständnis für die elementaren Zusammenhänge der Natur. Kein Schulbuch und auch keine noch so tolle Computeranimation kann das ersetzen. Die in der Natur direkt erlebbaren labilen Gleichgewichte und Grenzen des Wachstums immunisieren außerdem gegen einen allzu naiven Ressourcenverbrauch und ökonomischen Wachstumswahn.

Der DDR-Bürgerrechtler, Biologe und Umweltaktivist Michael Beleites spricht von einer besonderen »Umweltresonanz«, die nur wirken kann, wenn man sich im Naturraum aufhält. Man sei dann »biologisch bei sich« und entwickele eine »lebenskräftige Konstitution«.

Dem stimme ich grundsätzlich zu. Man darf allerdings nicht vergessen: »Natur« ist in Deutschland überwiegend vom Menschen gemachte Kulturlandschaft. Das macht sie nicht weniger schön, aber Wildnis ist sie kaum mehr. Ich glaube dennoch, daß die genannte »Umweltresonanz« uns Menschen auch in kultivierter Natur erreicht, vom Biosphärenreservat bis zum Stadtpark. Ich bin froh, daß ich eine halbwegs naturnahe Lebensweise auch meinen Kindern ermöglichen kann, am Rande des thüringischen Eichsfeld, wo wir in einem vor fünfhundert Jahren erbauten Pfarrhaus leben, in dessen Mauern viele Generationen geboren wurden und gestorben sind. Die alten Apfelbäume stehen seit je auf dem Grundstück und am Hang daneben grasen die Schafe.

Mich interessiert aus Ihrer Kindheit noch: Wie gingen Ihre Eltern mit dem unbändigen Drang nach Freiheit und Abenteuer um?

Sie ließen mir hier großen Freiraum und akzeptierten auch die damit oft verbundene Disziplinlosigkeit. Im Rückblick wünschte ich mir, meine Eltern hätten mir hier und da nachdrücklicher Grenzen aufgezeigt, denn manches Versäumnis aus der Kindheit und Jugend läßt sich später kaum noch korrigieren. So habe ich etwa das Angebot, ein Musikinstrument zu erlernen, nicht aufgegriffen. Das verband ich zu sehr mit ständigem Üben und einer entsprechenden Disziplin und das war mir damals lästig. Heute bereue ich es sehr, daß ich seinerzeit kein Instrument erlernt habe – aber meine Eltern zwangen mich nicht, etwas zu tun, was ich nicht wollte. Sie vertrauten vielmehr meinen Selbstentfaltungskräften.

Würden Sie Ihr Elternhaus als »liberal« charakterisieren?
Politisch waren meine Eltern eher konservativ, in der Erziehung aber in dem Sinne »liberal«, daß sie meine Schwestern und mich nicht immer bevormunden und steuern wollten. In jedem Falle war sie freier als die Lebenswelten vieler Kinder heute, die nicht selten in einer von überengagierten Eltern straff organisierten und überbetreuten Umwelt aufwachsen. Die Sorge, daß die eigenen Kinder zu spät oder zu kurz kommen, war in den 1970/80er Jahren noch nicht so ausgeprägt. Ich hatte daher eine recht freie Kindheit, wenn sie auch nicht ganz unbeschwert war.

Haben nicht auch die Schattenseiten des Lebens ihre Bedeutung für die Entwicklung des Einzelnen?
Ja, da kann auch etwas Unerfreuliches sich mittelfristig bereichernd auswirken. Wenn unabänderlicher Ärger auszuhalten ist, so stärkt das nebenbei die Frustrationstoleranz. Und vielleicht waren solche Erfahrungen auch ein Auslöser meiner frühen Beschäftigung mit philosophischen Fragen. Wie schon gesagt, es liegt einfach nicht in meinem Naturell, mit Problemen zu hausieren oder eine Entschuldigung aus ihnen abzuleiten. Denn wenn ich an meine Kindertage zurück-

denke, dann erfaßt mich ein Gefühl von Freiheit und Abenteuer.

Ihre Kindheit trug also überwiegend »anarchische« Züge?
So könnte man es sagen. Autoritäre Verhältnisse waren mir damals zuwider. Daran hat sich übrigens gar nicht viel geändert: Auch heute akzeptiere ich Autorität und Hierarchie nicht als Selbstzweck, sondern nur dort, wo sie eine dienende Funktion für ein Höheres haben.

Seltsamerweise läßt sich beobachten, daß gerade Menschen, die eigener Verantwortung gern aus dem Weg gehen, umso lieber die anderen bevormunden.

Gut möglich, daß die vormundschaftlichen Züge im Denken mancher »Gutmenschen« in der Erfahrung einer bleiernen und abtötenden Fürsorge ihre Ursache haben. Wer sich die Knie blutig stürzen durfte oder einmal mit einer Platzwunde am Kopf nach Hause kam, der wird die entspannte Jovialität ins spätere Leben mitnehmen, mit der ihm bei diesen kleinen Mißgeschicken seitens der Eltern begegnet wurde. Einmal ganz zu schweigen von den Dingen, welche die Eltern besser gar nicht erfahren sollten, aber ganz gewiß erahnten, ohne darin sogleich gefährliche Kontrollverluste zu wittern. Für mich gibt es kein größeres Glücksgefühl als der Anblick selbstverloren spielender Kinder. Ich glaube, daß das Spiel eine Einübung in das Leben ist. Und es ist ein wesentlicher Unterschied, ob man es mit dem Ernst eines Bogenschützen, Kletterers und Stockfechters angeht, oder mit einem virtuellen Videospiel; ob einen die Baumkronen umrauschen oder eine Tastatur klappert;

ob man an einem Bachufer sitzt oder vor dem Bildschirm; ob man sich Waffen aus Stöcken schnitzt oder vorgefertigte Teile aus Kunststoff ineinander klickt.

Was bedeutet für Sie eigentlich »Glück«? Goethe meinte, den meisten Menschen fehle es am Mut, glücklich zu sein.
»Glück« ist ein vieldeutiger Begriff. Der Lebenskunstphilosoph Wolfgang Schmid unterscheidet zwischen Zufallsglück, Wohlfühlglück und dem Glück der Fülle, wozu auch ein zeitweises Unglücklichsein gehört. Alle drei Formen haben für mich eine Bedeutung, wobei ich die dritte für die wichtigste halte, weil hier alle Facetten des Lebens – neben den schönen auch die weniger angenehmen – als Momente eines Ganzen anerkannt werden. Das ist dann das »geglückte« Leben der antiken *eudaimonía*, die vor allem eine innere Haltung zum Leben darstellt. Unsere ganze Gesellschaft ist ja heute auf der Jagd nach Glück, insbesondere in Form der Wohlfühl-Variante. So sehr ich auch den sinnlichen Genuß schätze, der sich beispielsweise auf körperlicher Ebene oder im Abgang eines guten Single Malt erleben läßt, so ist es hier wie mit dem scheuen Reh: je verbissener man ihm nachjagt, desto mehr verscheucht man es. Schmid hat auch auf den für mich entscheidenden Aspekt hingewiesen: Wichtiger als jedes Glück ist der Sinn, den wir im Leben finden. Und zum Sinn des Lebens gehören Zusammenhänge und Aufgaben, die über das eigene Ich hinausweisen.

Hatten Sie als junger Mensch bereits weiter ausgreifende Ideen und Ziele?

Zunächst wollte ich mich als Junge beweisen, mich ausprobieren und meine Grenzen kennenlernen. Aber früh kam der Wunsch auf, an etwas Großem teilzuhaben und ihm zu dienen, am liebsten in der Gemeinschaft mit anderen.

Verspürten Sie einen Antrieb zu einem ganz bestimmten Ziel?
Es war mehr eine diffuse Sehnsucht, ein Suchen nach etwas Bedeutendem. Konkreter wurde es erst in meiner Konfirmationszeit. Obwohl meine Mutter katholisch ist, wurde ich – hier setzte sich mein Vater durch – eher protestantisch erzogen, mit Gebeten zu den Mahlzeiten, der Rede von der christlichen Erlösung und einem Leben nach dem Tod. Dennoch blieb mir das, was ich zuhause und im Religionsunterricht hörte, irgendwie fremd. Die biblischen Geschichten waren für mich Begebenheiten aus einer zu fernen Welt – es gab da zu viel Wüste und zu wenig Wald.

Sie konnten sie nicht in Ihre Lebenswirklichkeit »übersetzen«.
Genau. In der Vorbereitungszeit auf die Konfirmation bemühte ich mich dann noch einmal ganz bewußt darum, ein innigeres Verhältnis zum christlichen Glauben zu erreichen und wollte gar »das Große« im religiösen Bekenntnis finden. Aber es gelang mir nicht. Glauben kann man nicht erzwingen.

So wurden Sie zum Nichtchristen oder Atheisten?
Soweit würde ich nicht gehen. Ich glaube schon, daß eine letztlich unerklärliche, göttliche Macht die Welt durch-

waltet und die Schöpfung einen – uns Menschen verborgenen – Sinn hat und sei es nur der von mir bereits angedeutete kurze Zustand einer annähernden Vollkommenheit. Ich schätze das Christentum in seiner Lehre von der Nächstenliebe, Demut und Gnade. Der christliche Glaube kann Trost spenden angesichts des nicht selten so empfundenen »irdischen Jammertals« und Hoffnung geben am Ende unseres Lebens. Ohne überwölbende christlich-römische Kirche wäre die Bildung unseres Volkes aus den urtümlichen germanischen Stämmen wohl nicht gelungen. Es hätte kein Heiliges Römisches Reich deutscher Nation gegeben und wahrscheinlich auch keine europäischen Kulturschätze wie die Buchmalerei, die Gotik und die Musik Bachs, um nur einige wenige Beispiele zu nennen. Das schätze ich alles sehr und das christlich-abendländische Ideal einer freien Persönlichkeit als Ebenbild Gottes hat für mich in der Politik eine zentrale Bedeutung. Dennoch fehlt mir die feste Glaubensgewißheit, um mich als überzeugten »Christen« im konfessionellen Sinne bezeichnen zu können.

Dann stehen Sie dem Agnostizismus eines Friedrich II. von Preußen sehr nahe.

Seine verstreuten Reflexionen zu Religion und Christentum habe ich jedenfalls mit viel Gewinn gelesen. Agnostizismus wird ja oft als laue Mittelposition zwischen Glaube und Atheismus bekrittelt, obwohl die Agnosie – das Nichtwissen – seit Sokrates den Ausgangspunkt des europäischen Denkens markiert. Am besten trifft wohl folgende schöne Beschreibung einer agnostischen Grundhaltung mein eigenes religiöses Empfinden:

Als Demut vor den Rätseln der Welt. Was allerdings trotz aller Skepsis bestehen bleibt, ist der Respekt vor den großen Symbolen der Religionen und ihren Rückbindungsversuchen, sowie die Achtung vor den Leuten, denen es geglückt ist, diese Einheit persönlich zu leben.

Ist es nicht die Erfahrung der eigenen Endlichkeit und Beschränktheit, die uns erst auf das Unendliche und Unbeschränkte hinweist?

Wenn man entsprechende Antennen dafür hat, begegnet einem das Numinose täglich, alltäglich. Doch sehe ich keinen für mich anschlußfähigen Ausdruck, sich dazu in ein genau definiertes, vorgebenes Verhältnis zu setzen, wie es Glaubensgemeinschaften und Konfessionen tun. Wenn man beispielsweise die Spanne zwischen der evangelikalen Freikirche und der Evangelischen Kirche in Deutschland betrachtet, geschieht mir das auf der einen Seite zu naiv und bruchlos, auf der anderen Seite zu indifferent und beziehungslos. Beides wirkt auf mich nicht besonders überzeugend und das trifft in dieser Form auch auf die anderen Glaubensformationen zu. Wenn es um Religion im praktischen Sinne geht, stößt man meist entweder auf pathologische Überspitzung oder demente Auflösung aller Wertbezüge. Ich vermisse die selbstverständliche Empfindung einer Rückbindung – also »religio« im eigentlichen Sinne, die häufig durch menschlich-institutionelle Vermittlung Schaden nimmt.

Sie sprachen davon, daß Sie in ihrer Kindheit und Jugend Autoritäten distanziert bis ablehnend gegenüberstanden.

Später dienten Sie bei der Bundeswehr. Hatten Sie dort Probleme?
Tatsächlich habe ich meine Zeit als Wehrpflichtiger Anfang der 1990er Jahre als im Grunde vergeudete Zeit angesehen. Der Kommiß mit seiner Hierarchie lag mir nicht sehr. Ich habe mich damit so gut es ging arrangiert, aber geliebt habe ich es nicht.

Empfanden Sie den Militärdienst als überflüssig?
Nein, überhaupt nicht. Neben dem öffentlichen Nutzen der Landesverteidigung ist der Wehrdienst meiner Ansicht nach auch eine Chance für die persönliche Entwicklung junger Männer – in Form einer »männlichen Initiation«. Der Archetypus des »Kriegers« driftet so nicht in die destruktive Welt der Jugendgangs ab, sondern kann sich zum Wohle der Gemeinschaft entfalten. Es waren auch weniger die unumgänglichen militärischen Autoritätsstrukturen, die mich deprimierten, sondern die unbeantwortete Frage nach dem eigentlichen Auftrag der Bundeswehr. Wir Rekruten hatten damals mehrheitlich den Eindruck, daß diese Armee gar nicht genau weiß, wozu sie da ist. Sicher gab es in der Umbruchzeit nach dem Ende des Ost-West-Konflikts eine Orientierungskrise. Es zeigte sich, daß das Selbstverständnis der Bundeswehr so sehr auf die NATO verengt war, daß sie nach dem Wegfall des »östlichen Feindes« keine eigenständige, nationale Perspektive entwickeln konnte. Wie abhängig die bundesdeutsche Armee von fremden Mächten war, zeigte sich allein schon daran, daß wir noch Anfang der 1990er Jahre den ausrangierten Stahlhelm der US-Army tragen mußten.

Zu einer Zeit also, als die Amerikaner schon auf ein modernes Kevlar-Modell umgestellt hatten, das in seiner Form eine starke Anlehnung an den alten deutschen Wehrmachtshelm nahm und wohl nicht umsonst »Fritz« getauft wurde.

War das aber nicht eher ein nebensächliches Detail, mit dem Sie Ihre negative Einschätzung der Bundeswehr begründen?
Die Fremdbestimmung wurde zurecht immer der NVA vorgeworfen, aber bei einem objektiven Blick auf die Entstehung und Entwicklung der Bundeswehr kommt man zu dem ernüchternden Ergebnis: sie war nie eine genuin deutsche Armee, die an die großen nationalen Militärtraditionen anknüpfen wollte, sondern bewußt diesen Bruch forcierte und stets im Dienste fremder Mächte stand. Der jüngste Bildersturm gegen Wehrmachtsüberbleibsel in den Kasernen soll nun den letzten Rest Erinnerung an unbotmäßige soldatische Tugenden tilgen und macht – in hanebüchener historischer Unwissenheit oder bewußter Ignoranz – selbst vor anerkannten NS-Widerständlern nicht halt. Die Demoralisierung der Truppe schreitet so weiter voran. Aber vielleicht ist ja gerade das die Intention? Nach der Aussetzung der Wehrpflicht ist die Bundeswehr ohnehin keine wirkliche Bürgerarmee mehr, die im ganzen Volk verankert ist. Im Gegenteil nimmt sie mehr und mehr das Gepräge einer Söldnertruppe an – deren internationale Einsätze kaum noch im Interesse des Landes zu erfolgen scheinen. Der aktuelle Marketing-Dreiklang »Wir. Dienen.Deutschland.« ist eine Farce.

Aber es wird doch auch in Ihrer Partei nicht wenige Mitglieder und Anhänger geben, die in der Bundeswehr waren oder sind und ihren Dienst nicht als sinnlos ansehen?
Das mag sein. Aber hier wurde und wird guter Wille und Einsatzbereitschaft schlicht mißbraucht. In der Zeit des »Kalten Krieges« mag der Militärdienst noch eine Begründung gehabt haben. Heute hilft man als Bundeswehrsoldat, fremde Großmachtstrategien durchzusetzen. Das könnte sich nach dem Rückzug der Amerikaner aus Europa und einer möglichen Auflösung oder Neuausrichtung der NATO ändern. Aber bis dahin gilt: Wer nur einen Job sucht, sollte sich bei der Bundeswehr umsehen. Wer seinem Land wirklich mit der Waffe dienen will, sollte sich überlegen, ob er nicht auf andere, bessere Zeiten warten möchte.

Wäre es dann aber nicht sinnvoller, gerade auch in der Bundeswehr diese »anderen, besseren Zeiten« zu erwarten und konkret vor Ort mit kleinen Zeichen im Bereich des Möglichen darauf hinzuwirken, daß sich etwas ändert?
Das wäre auch eine Option, allerdings ist der Spielraum dafür durch die politischen Interventionen und die personellen Bereinigungen immer kleiner geworden. Man macht sich gerne über die übertriebene Loyalität des Offizierskorps vergangener Tage gegenüber ihren politischen Weisungsinstanzen lustig, aber blendet zugleich einen weit verbreiteten und an Opportunitätserwägungen ausgerichteten, übereifrigen Gehorsam der heutigen Generalität aus.

Ein Oberstleutnant sprach vor einiger Zeit auf einem Truppenlehrgang von der Option eines Putsches – halb scherzend, halb ernst.

Auch wenn er sich in dieser Aussage sicherlich vergriffen hat, belegt sie den wachsenden Frust vieler Soldaten in der Bundeswehr. Die kritischen Stimmen bis in höchste Offiziersebenen mehren sich und sind auch deutlich lauter als noch vor wenigen Jahren. Es bleibt abzuwarten, ob das auch irgendwelche positiven Folgen haben wird, denn wirklich ketzerische Positionen kennt man bislang nur, und das ist ja auch bezeichnend, von pensionierten Generälen. Ich fürchte daher: nein.

Im Militär fanden Sie also auch nicht »das Große«, in dessen Dienst Sie sich stellen wollten.

Im Gegenteil, ich war froh, als diese Zeit vorüber war. Bezeichnenderweise tanzte ich auch als sogenannter »Abgänger« zum Ende der Bundeswehrzeit aus der Reihe: zusammen mit einem Freund verweigerten wir das als spießig wahrgenommene Einheitsmotiv des Jahrgangs und konzipierten unser eigenes Kleidungsstück. Es war ein weißes T-Shirt, das als Schattenbild einen Soldaten zeigte, der am Grab eines gefallenen Kameraden kniet – dabei durfte das »Anarchie-Logo« natürlich nicht fehlen. Auch wenn ich das aus heutiger Sicht einigermaßen daneben finde, wollten wir damals zum Abschluß des Wehrdienstes der Bundeswehr noch einmal den Spiegel vorhalten: als Armee ohne Ernsthaftigkeit und Ernstfall.

Nach der Bundeswehr studierten Sie zwei Semester Jura und wechselten dann auf Lehramt Sport und Geschichte. Über

den Bezug zur Geschichte haben wir bereits gesprochen. Was führte Sie zum Sport?
Da ich als Kind viel im Freien unterwegs war und umherstreifte, gab es schon früh eine Affinität zu Bewegung und körperlicher Anstrengung. Mit etwa dreizehn Jahren verstärkte sich das – ich trat in meine »Kokonzeit« ein und begann mit dem Langstreckenlaufen. Oft war ich allein unterwegs, fand Befriedigung in der Bewegung und ihrem fast meditativen Rhythmus. Meine sinnliche Wahrnehmung veränderte sich: Stille, Geruch und Feuchtigkeit in der Natur sowie die optischen Eindrücke der Landschaft im wunderbaren Wechsel der Jahreszeiten – all das nahm ich bei meinen einsamen Läufen intensiv wahr und hatte meine Freude daran, ebenso wie an der Erfahrung körperlicher Leistung. In dieser Zeit begann ich auch, mich intensiver mit mir selbst zu beschäftigen.

Dann wurden Sie also doch noch zum abseitigen Grübler?
Nein, ich war weiterhin mehr an Aktivitäten interessiert, war lebensbejahend und voller Tatendrang. Die Korrespondenz mit der Welt verlief hauptsächlich über meinen Körper. Es war das jugendlich-heidnische »Speere-werfen-und-die-Götter-ehren«, wie es Schiller im »Hektorlied« einmal nannte. In diese Stimmung paßte dann die Lektüre eines gelben, zerlesenen Reclam-Büchleins, das ich als Siebzehnjähriger zufällig aus dem Bücherschrank meiner älteren Schwester gezogen hatte. Es war Friedrich Nietzsches *Genealogie der Moral.*

Konstruieren Sie diesen »Zufall« jetzt nicht in einer gerichteten Rückschau?

Ich kann nicht ausschließen, daß mir Nietzsche bereits vorher einmal untergekommen war. Mit dem »Zufall« tue ich mich ohnehin umso schwerer, je älter ich werde. Im Sturm und Drang der Jugend glaubt man nicht nur Bäume ausreißen, sondern mit seinem Willen auch die Welt aus den Angeln heben zu können. In der Mitte des Lebens ist man zumeist schon in einige Sackgassen hineingelaufen, hat das Scheitern in der Liebe erfahren und Menschen durch Tod für immer verloren. Und: die ungelebten Leben werden zahlreicher! Aber unabhängig davon hat mich immer die Frage beschäftigt: sind die Vorgänge in der Welt – und damit unsere eigenen Taten – determiniert oder nicht? Das berührt die alte Frage nach der menschlichen Willensfreiheit. Meine Großmutter behauptete felsenfest, daß alles vorherbestimmt ist. Die Nornen hätten demnach unsere Schicksalsfäden längst gesponnen, wenn wir unseren Weltengang antreten. Karl Raimund Popper gab in dieser Frage seiner Zerrissenheit Ausdruck, als er im Einzelnen nur Zufälle am Werke sah, im Großen aber eine Höherentwicklung konstatierte.

Zufall oder nicht: Als erste philosophische Lektüre war dieses Buch sicherlich ein Paukenschlag!

Mich beeindruckte, wie Nietzsche in dem Text alles gnadenlos hinterfragte: die Moral, die Tradition, die Philosophiegeschichte. In seinem Voluntarismus fand ich meinen eigenen Tatendrang und Optimismus wieder, ebenso die Verachtung gegenüber dem Erstarrten und Verkrusteten.

Es überrascht, solche Sätze von einem bekennenden »Konservativen« zu hören.

Ich bin nicht ausschließlich konservativ – es ist lediglich *eine* Facette meines politischen Selbstverständnisses. Zudem möchte ich nur Dinge bewahren, deren Erhaltung sich lohnt. Gestatten Sie mir das an einem Beispiel zu veranschaulichen, das vor dem Hintergrund des Ämtergeschachers bei den schwarzroten Koalitionsverhandlungen Anfang 2018 wieder aktuell geworden ist: Als die Bundesrepublik Deutschland 1959 als erstes europäisches Land die staatliche Parteienfinanzierung einführte, ahnte kaum jemand, daß hier die Grundlage eines neuen, unproduktiven und sich zum Selbstzweck entwickelnden Wirtschaftszweiges gelegt würde. Heute fließen 1,2 Milliarden Euro Steuergeld jährlich in etwas, das ich »Politikwirtschaft« nenne. Allein die Bundestagsfraktionen haben ihr Staatsgeld von 1968 bis 2015 auf das Fünfunddreißigfache angehoben, nämlich von 4,9 Millionen DM auf 83,8 Millionen Euro. Hunderte Millionen Euro werden jährlich ohne einschlägige gesetzliche Grundlagen an die parteinahen Stiftungen überwiesen, die damit im In- und Ausland u. a. einen umfangreichen Immobilienbesitz aufgebaut haben. Der bedrohlich ausgewucherte Parteienstaat nährt heute tausende Funktionäre, die vor allen Dingen eines wollen, nämlich, daß es für sie solange wie möglich so bleibt, wie es ist. Aus purem Eigeninteresse sind nicht wenige von ihnen auch bereit, reformatorische, demokratische Prozesse auszubremsen oder ganz auszuschalten. Der Souverän scheint nicht nur entmündigt, er *ist* es weitestgehend. Dieser Zustand ist ganz eindeutig beklagenswert und nicht bewahrenswert! Hier erkenne ich mit Parteikritikern wie Hans Herbert von Arnim einen grundsätzlichen Erneuerungsbedarf. Die orthodoxen Konservativen im schlechten Sinne sind heute jene, die keine Alternative zum Bestehenden sehen. Das Bestehende ist aber oftmals dysfunktional geworden, diskreditiert sich zunehmend sachlich wie moralisch und beginnt vor unseren Augen zu zerfallen.

Vielleicht ist ja der erkennbare Verfall nur eine »List der Geschichte«, um neuen, aufbauenden Kräften das Terrain zu bereiten?
Ich glaube an keinen einfachen Automatismus: Nietzsche erinnert uns nicht nur an die Tatsache, daß die Welt im Fluß bleibt, sondern auch daran, daß der Mensch für seine Ideen kämpfen muß, wenn er einen neuen Zustand, eine neue Ordnung etablieren will. Und er selbst wächst am Widerstand, der ihm auf seinem Weg begegnet.

Und scheitert dann am Ende doch?
Wie ich vorhin schon angedeutet habe, glaube ich an den historischen Vorbehalt der Kontingenz: es *kann* so kommen, aber auch anders. Unabhängig von seinen Erfolgsaussichten bleibt der Mensch ein strebendes Wesen, weil er mit der Geburt zum sterbenden Wesen geworden ist. Wie Heidegger sagt, ist er gerichtet zum Tod. Aber gerade diese erschütternde Erkenntnis kann ihm zum Humus des Lebens werden, ihn zu großen Taten antreiben.

Das allgegenwärtige Verhängnis des eigenen Todes ist also eine Art »Lehrmeister« für das Leben?
So kann man es sagen. Erst das Bewußtsein von Endlichkeit und Vergänglichkeit speist den menschlichen Elan vital. Daß man dabei mit seinen Projekten und Ideen oft scheitert, ist kein Argument dagegen: alles Leben ist letztlich fragmentarisch. Dietrich Bonhoeffer hat während seiner Inhaftierung im Dritten Reich in einem »Brief aus dem Gefängnis« die geistige Existenz als Torso bezeichnet. Das bleibe dem menschlichen Leben wesenhaft. Er meinte aber auch, es gebe zwei Arten von Fragmenten: die einen, die auf den Kehrichthaufen der Geschichte gehörten und die anderen, bei denen man auch im Unvollendeten das Ganze in seiner Größe erkennen könne. Der Weg der Geschichte ist gepflastert mit beiden Varianten.

An welcher Art von Fragment er selber baut, davon kann der politisch Handelnde kaum je Gewißheit erlangen. Da bleibt ihm wohl nichts als die Hoffnung?
Ja, vorausgesetzt, diese Feststellung dient nicht als Ausrede für unverantwortliches Handeln, nach dem Motto: Öffnen wir einfach unsere Grenzen, wer kann schon wissen, was noch Gutes daraus erwächst. So geschehen im Spätsommer 2015, in dem sich die Kanzlerin als Schutzmadonna für alle Mühseligen und Beladenen dieser Welt aufspielte und zur Wanderung nach Deutschland ermunterte. Ein innerer Kompaß für das rechte Handeln sollte schon vorausgesetzt werden, nach der Kantschen Formel: »Über meinem Haupt der bestirnte Himmel und in meiner Brust das sittliche Gesetz«.

Zu diesem Gesetz gehört in dieser politischen Funktion auch die Verantwortung gegenüber dem eigenen Volk, an dessen Schicksal man allein per Eid gebunden ist, auch wenn man eine Deutschlandfahne angewidert von sich weist. Natürlich bleibt man als Politiker viel zu sehr in die aktuellen Ereignisse verstrickt und kann auch nicht alle Folgen des eigenen Handelns abschätzen. Die langfristigen Ergebnisse politisch-geschichtlicher Prozesse liegen letztlich außerhalb der durch Menschen planbaren Abschnitte. Aber das ist kein Plädoyer für Inaktivität, im Gegenteil: Es kommt darauf an, daß man tut, was man kann und für rechtens erkennt und sich nicht von Anfang an mit der Schwierigkeit und Komplexität der Aufgabe herausredet. Es wird zum Schluß immer auf einen Kompromiß hinauslaufen. Hier steckt aber auch eine Gefahr: Wer als Politiker von vornherein seine ballistische Bahn auf den Kompromiß hin auslegt, der wird sich letztlich ins eigene Bein schießen. Eine gewisse Unbedingtheit, Kühnheit und Wirklichkeitsverachtung gehören dazu, wenn man mehr will, als nur das Vorhandene zu reproduzieren. Der eigene Wille und die innere Festigkeit spielen bei größeren Vorhaben eine entscheidende Rolle. Das sollte man nicht als Egomanie abtun. Oft fühlt man sich lediglich als Medium, als Bewegter und Bewegender zugleich.

Wirklich große Taten weisen stets über den Tod derjenigen hinaus, die sie einst angestoßen haben. Die Kathedralen, deren Bauzeit sich oft über Jahrhunderte erstreckte, die Landschaftsparks, die ihre Gestalt erst nach mehreren Generationen ausprägten oder das Eisenbahn- und

Straßennetz. Immer hat das Neue auch einen Teil des Alten zerstört, oft unbewußt und völlig absichtslos.
Aber es ist doch ein Unterschied, wenn man wie unsere Vorfahren einen Dom oder einen Deich baut, ohne genaue Messungen der Belastbarkeit anstellen zu können – sozusagen mit Gottes Hilfe –, oder ob man eine Grenze niederreißt und zuschaut, wie sich eine Flut ergießt und dazu einfach beschwörend sagt: »Wir schaffen das.« Und mit »Wir« auch noch andere meint, nämlich unsere Kinder und Enkel, die diese Suppe zwangsläufig auslöffeln müssen ohne daß ihnen die Frage weiterhälfe, wer sie ihnen eingebrockt hat. Denn in den Hirngespinsten über diese angeblich uns geschenkten neuen Bürger verbirgt sich eine Hybris ohne jede Demut vor der eigenen Endlichkeit und der Verantwortung für die Nachkommen.

Diese von Ihnen immer wieder erwähnte Demut ist doch ein eher christliches Motiv in ihrem Denken?
Ob man das christlich nennen kann, weiß ich nicht. Zumindest halte ich ein »frisch-fröhliches Heidentum« für zu kurz: In der irdischen Welt sind Licht und Schatten wild miteinander verwirbelt. Durch alles – also auch durch uns selbst – geht ein »tragischer Riß«. Das weiß man allein aus eigener Lebenserfahrung. Die »Tränen Vergils« haften irgendwie jedem Ding auf dieser Welt an.

Davon berichten überreichlich Shakespeares Dramen und früher schon die griechische Tragödie. Leid, Schmerz und Niederlagen lassen sich im Leben wohl kaum verhindern. Theodor Fontane nannte übrigens zwischen Hochmut und

Demut noch ein Drittes, dem das eigentliche Leben gehört: den Mut.
Ein schöner Hinweis. Nicht nur, weil er dem Slogan »Mut zu Deutschland« entspricht, sondern weil er auch zeigt, daß Demut allein zu Passivität und Unterwürfigkeit abgleiten kann. Mut muß man heute als Patriot in einem anti-nationalem Regime tatsächlich haben, sonst würde man schnell verzagen.

Aber was bedeuten die »Tränen Vergils« für Ihr politisches Selbstverständnis?
Daß wir den »tragischen Riß« mit allen Menschen teilen, führt zu einer Verbundenheit auf höherer Ebene über alle kulturellen und ethnischen Grenzen hinweg. Aus dem Wissen und dem Gefühl über dieses gemeinsame Schicksal speist sich mein tief verankerter Humanismus. Diese Einheit des Menschseins in Anbetracht der inneren Wunde ist elementar. Die Frage ist nun, wie gehen wir damit um? Carl Gustav Jung hat einmal gesagt: »Da, wo wir stolpern, finden wir reines Gold.«

Wir sprachen schon über die Bedeutung, die auch in der Bedrängnis für die Entwicklung einer Persönlichkeit liegen kann. Das menschliche Leben wäre also eine Initiationsgeschichte?
Richtig. Und das gilt nicht nur für Individuen und die Menschheit als Ganzes, sondern auch für Völker. Wir Deutschen haben in unserer wechselvollen Geschichte mehrfach schwere Prüfungen und elementare Reifungsschübe erfahren. Wenn wir zum Beispiel auf die katastrophale Niederlage von 1945 blicken, kann man sagen:

Es gibt neben all dem Elend und Schrecken auch einen »Vorsprung der Besiegten«, wie ihn der luzide Titel eines Buches von Baal Müller nahelegt.

Es fällt nicht leicht, angesichts der Millionen Toten und der gigantischen Zerstörungen einen »Vorsprung« zu erkennen.
So widersinnig diese Feststellung angesichts des Zusammenbruchs erscheinen mag, ist der Sieger ebenso anfällig für Selbsttäuschungen wie der Verlierer verzweifelt ist. Er glaubt, alles richtig gemacht zu haben und ist überzeugt, daß sein »System« das bessere, wahre, erfolgreichere sei. In einem vulgärdarwinistischen Sinne hat er ja auch recht: Sein »System« war das stärkere und hat sich durchgesetzt. Aber das macht ihn hochmütig und kritikunfähig gegenüber den eigenen Fehlern und Defiziten. Der Verlierer ist erst einmal in einer Sinnkrise und hadert mit sich selbst. Er hat allerdings einen gewaltigen Vorteil gegenüber dem Sieger: Er ist durch die Umstände genötigt, sich Fragen zu stellen: Wie konnte das geschehen? Wo lief man fehl? Was kann man daraus für Lehren ziehen? Geschichte mag also für eine gewisse Zeit von Siegern geschrieben und dominiert werden, langfristig hat der Besiegte einen Vorsprung durch seinen Erkenntnisgewinn.

Das ist jetzt die idealtypische Beschreibung eines Vorgangs, der sicherlich nicht zwangsläufig geschieht.
Ja, diese Chance muß natürlich auch ergriffen werden. Inwieweit das in Deutschland nach 1945 gelungen ist, wäre einer eingehenden Betrachtung wert. Der heiße Krieg war kaum verloschen, da sahen sich die Deutschen

in den kalten Krieg hineingerissen. Ein weit verbreiteter aufrichtiger Wille, die Verfehlungen und Verbrechen des Dritten Reiches zu verarbeiten, wurde überlagert von den Interessen der Siegermächte. Das hat eine wirkliche Katharsis erschwert, wenn nicht gar vereitelt.

Eine Katharsis im Geiste Stauffenbergs, wie der politische Philosoph Bernhard Willms bemerkte?
Vielleicht. Das Problem war, daß die Widerständler um Stauffenberg aus einem aristokratisch-patriotischen Geist heraus handelten. Somit konnten sie keine Referenzgruppe sein, um die Deutschen umzuprägen, standen sie doch aus Sicht der Briten und Amerikaner für den verhaßten und zu überwindenden »preußischen Militarismus«. Auch die politischen Ordnungsideen dieses Widerstandes waren nicht vereinbar mit den jeweiligen Vorstellungen der Siegermächte in Ost und West, denn sie wären auf ein präsidial-republikanisches System hinausgelaufen. Eine Stärkung unserer nationalen Substanz lag ohnehin nicht im Interesse der Alliierten. Diese waren vielmehr gewillt, uns als Völkerrechtssubjekt vollständig auszuschalten. Nur der Kalte Krieg mit seinen atomaren Vernichtungskapazitäten hat uns Deutsche davor bewahrt – in der damaligen weltpolitischen Lage konnte man letztlich nicht auf einen starken Bündnispartner in der Mitte Europas verzichten. In welchem Umfang gegen diesen Außendruck dennoch eine Erneuerung Deutschlands durchgesetzt werden konnte, bleibt immerhin erstaunlich. Doch der vorhandene moralische Impuls wurde dann geschickt in die einsetzende »Vergangenheitsbewältigung« überführt –

zum Zwecke politischer Gängelung und Paralyse unserer nationalen Identität. Reifung geschieht aber durch die produktive Verarbeitung von Wunden und nicht durch Neurotisierung.

Wären denn die Deutschen damals zu solch einer »Läuterung« überhaupt in der Lage gewesen?
Natürlich waren die allermeisten in den Nachkriegsjahren mit dem nackten Überleben beschäftigt und hatten zigfache Existenzprobleme zu bewältigen. Nachdem der erste Schock aufgrund des Zusammenbruchs überwunden war und die Lebensverhältnisse sich langsam normalisierten, wären jedoch noch genug Antriebe vorhanden gewesen. Diese erlahmten dann aber nach und nach in der aufkommenden Wohlstandgesellschaft mit ihren vielfältigen Verheißungen und Ablenkungen. Ich glaube, daß wir heute deutlich schlechtere Bedingungen für eine produktive Verarbeitung der Ereignisse haben, denn das setzt eine einigermaßen gefestigte Identität mit einer natürlichen Selbstbejahung voraus. Und diese speist sich in der kollektiven Erinnerung primär aus positiven geschichtlichen Ereignissen.

Mit Ihrer Dresdner Rede zum Jahresbeginn 2017 haben Sie dieses Thema etwas plakativ angerissen und sofort großen Widerspruch – auch in den Reihen der eigenen Partei – geerntet. Sie sprachen in diesem Zusammenhang von der Notwendigkeit einer geschichtspolitischen Wende um 180°. Können Sie das damals von Ihnen Gemeinte kurz erläutern?
Mir wurde das von meinen Gegnern so ausgelegt, als würde ich an Stelle der offiziellen Verdammung des

Dritten Reiches nun seine Verherrlichung fordern. Das ist natürlich falsch. Selbstverständlich dürfen wir unsere Augen nicht vor den Fehlern und Verbrechen der NS-Zeit verschließen. Aber kein Mensch und kein Volk kann sein Selbstbewußtsein nur auf negativen Bezügen aufbauen. Die Lichtseiten der Geschichte bilden den Kern der Identität, ohne die ebenso vorhandenen Schattenseiten zu leugnen.

Es ging Ihnen also nicht um das Umkehren des Bewertungsmaßstabes?
Nein, auch wenn mir das immer wieder böswillig unterstellt wurde. Ich habe lediglich dafür plädiert,den Ansatz unserer Selbstbegegnung als Volk und Nation zu überprüfen. Anstatt uns allein von den belastenden, auf Dauer krankmachenden Zügen beherrschen zu lassen, sollten wir uns den heilsamen Aspekten unserer Geschichte mindestens ebenso verpflichtet fühlen – vor allem aber nicht diese ständig durch jene diskreditieren. Das hat vor allem mit Selbstachtung zu tun, ohne die man keinen Respekt von dritter Seite erwarten kann. Wie soll man einem Menschen verdenken, wenn er seine Achtung gegenüber jemanden verliert, der sich auf Dauer selbst unter seinen allgemein empfundenen Wert erniedrigt?

Als Symbol einer solchen ausschließlichen Bestimmung durch das Verwerfliche haben Sie in der Dresdner Rede das Holocaust-Mahnmal in Berlin genannt.
Ja, und dabei habe ich die Bezeichnung des Intendanten des Berliner Humboldt-Forums, Neil McGregor, als

»Denkmal der Schande« verwendet. Damit sollte das furchtbare Leid und die vielen Opfer der Juden während der NS-Zeit nicht in Frage gestellt oder verharmlost werden, sondern nur unsere Art des Umgangs mit diesem factum brutum. Mein Parteifreund Alexander Gauland, der mir in dem sich anschließenden Entrüstungssturm beistand, erwiderte einem empörten Journalisten, ob er denn den Holocaust nicht als eine Schande bezeichnen würde? Die ganze Sache beruhte auf einer Fehlmeldung der dpa, deren Redakteure anscheinend der deutschen Grammatik nicht mächtig waren – oder nicht sein wollten...

Interessanterweise hat der Architekt des Mahnmals, Peter Eisenmann, gesagt, es solle gar keine ständige Mahnung an die Verbrechen der Vorfahren sein, es ginge ihm auch nicht um Schuld, er wolle den Deutschen vielmehr helfen, sich wieder mit ihrer Geschichte und ihrer Identität zu versöhnen.

Das ist erstaunlich und steht im Gegensatz zu den Absichten der Initiatoren, die ja mit dem Mahnmal vor allem ein Symbol der deutschen Schuld und Schande verbunden haben. Aber selbst, wenn man deren Intention folgt, wurde schon in der Entstehungsphase äußerst kontrovers diskutiert, ob das in *dieser* Form sinnvoll ist – wobei sich beispielsweise der damalige Kulturbeauftragte der SPD-geführten Bundesregierung, Michael Naumann, der *Spiegel*-Herausgeber Rudolf Augstein, höchste Kirchenvertreter und jüdische Persönlichkeiten wie Julius Schoeps und Henryk Broder gegen das Projekt aussprachen.

Sie sind also nicht grundsätzlich gegen eine »Vergangenheitsbewältigung«?
Im Gegenteil: wir brauchen sogar eine erneute Beschäftigung mit unserer Geschichte, aber eben eine ganz andere als die wir heute erleben. Dieses übereifrige Abhaken von gut und böse zeugt eher von einer Bequemlichkeit, die einem tiefergehenden, auch schmerzlichen Nachdenken über die eigene Vergangenheit ausweichen will. Es geht nicht um das »Weißwaschen« anstelle eines »Braunfärbens«. Die Wirklichkeit ist immer viel komplexer und widersprüchlicher, als es die allzu simplen politischen und moralischen Schubladen erfassen können. Schon wer den Begriff »Vergangenheitsbewältigung« für die heutige Art und Weise der Geschichtsverarbeitung verwendet, unterliegt einem semantischen Irrtum: Bewältigt werden soll hier gar nichts – das wäre ja innere Reifung und Stärkung –, sondern nur unser nationales Selbstwertgefühl unterminiert werden. Tatsächlich ist dessen Erosion schon weit fortgeschritten und wir laufen deshalb Gefahr, unsere Zukunft zu ruinieren. Das sieht man auch in der aktuellen Einwanderungskrise: Die Legitimität jeglichen Widerstands gegen eine wahnwitzige Politik wird uns Deutschen mit dem Verweis auf unsere historische Schuld abgesprochen. Der niederländische Schriftsteller Leon de Winter, der aus einer orthodoxen jüdischen Familie stammt, sieht in der irrationalen »Willkommenskultur« ein Zeichen deutscher Scham und Reue. Nichts gegen ein ausgeprägtes Verantwortungsgefühl gegenüber der eigenen Geschichte, aber es ist mittlerweile zu einem Wunsch nach Selbstabschaffung ausgeartet.

Es wird ja von Kritikern des Schuldkultes oft darauf hingewiesen, daß es ohnehin nur eine individuelle Schuld gebe und damit die Kollektivschuldthese hinfällig sei.
Rein strafrechtlich betrachtet ist das richtig. Sonst gäbe es ja eine Art nationaler Sippenhaft und das wäre ein Zivilisationsbruch. Davon aber abgesehen, halte ich eine solche Sicht für problematisch: Wenn man unter einem Volk eine Gemeinschaft versteht, deren Angehörige in einer schicksalshaften, generationsübergreifenden Verbindung stehen, dann kann ich mich als Deutscher nicht einfach mit der Bemerkung aus der Verantwortung stehlen, das ginge mich gar nichts an, weil ich erst nach den Ereignissen geboren wurde. Damit würde ich ja wieder in ein »atomistisches« Selbstverständnis zurückfallen, das ich vorhin bereits bemängelt habe.

Wenn in meiner Familie ein enger Verwandter etwas Schlimmes getan hat, dann fühle ich mich zwar nicht direkt schuldig, verspüre aber eine gewisse Scham, daß diese Person zu meiner Familie gehört? Der Apfel pflegt ja nicht weit vom Stamm zu fallen.
Genau. Wenn man den Begriff »Volk« im Sinne Edmund Burkes als ideelle Gemeinschaft der Toten, Lebenden und noch nicht Geborenen ernstnimmt, muß man auch die damit verbundenen Komplikationen akzeptieren. Es kann einem dann nicht egal sein, was die eigenen Vorfahren an Gutem und Bösem getan haben. Die Annahme einer kollektiven Verantwortung heißt aber nicht, daß diese auf selbstzerstörerische Weise geschehen muß.

Interessant ist in diesem Zusammenhang, daß diejenigen, die die Existenz von Völkern für reine Hirngespinste halten, von einer Haftungsgemeinschaft reden, die sehr wohl ethnisch definiert ist. Man verlangt ja von den hier lebenden Türken keine Buße wegen Auschwitz, oder jedenfalls noch nicht.

Vorsicht, es gibt bereits von der Berliner Staatssekretärin Sawsan Chebli die Forderung nach einem KZ-Besuch für »alle in Deutschland Lebenden«, also einschließlich der zugewanderten Muslime. Aber es stimmt, bis jetzt ist der offizielle Erinnerungszwang weitestgehend ethnisch exklusiv. Hier besteht ein eklatanter Widerspruch zur ebenfalls offiziellen Negierung alles Volkhaften. Aber soll ich das nun bedauern? Es könnte ja sein, daß genau in diesem Widerspruch noch ein kleines Fünklein nationalen Selbstbewußtseins zu finden ist. Das kann allerdings bizarre Züge annehmen, wenn man sich den ständigen Verweis auf die einzigartige, fabrikmäßige, durchorganisierte Tötung vergegenwärtigt. Selbst im Grauen schimmert hier bisweilen ein perverses Identitätsbild von uns Deutschen durch: Keiner mordet so perfekt, der Tod kann nur ein »Meister aus Deutschland« sein.

Ohne etwas zu relativieren, müssen wir uns vergegenwärtigen, daß damals in den Kriegszeiten überall haarsträubende Dinge passiert sind. Gottfried Dietze hat in seinem Buch Der Hitler-Komplex *1990 eindrücklich darauf hingewiesen.*

Ja, das 20. Jahrhundert ist allgemein ein Jahrhundert der brutalen Massenvernichtung gewesen. Das böse Gemisch aus fanatischem Sendungsbewußtsein und fortgeschrittener Technik bezahlten viele Millionen Menschen mit dem Leben.

Es kommt noch etwas anderes hinzu: Die Berichte davon werden mit der Zeit immer schrecklicher empfunden. Das hängt nicht zuletzt wohl auch mit dem größer werdenden Komfort und der materielle Definition von Glück zusammen. Je komfortabler wir nämlich unser Leben auspolstern, umso schmerzlicher wird uns bewußt, daß das letzte Hemd keine Taschen hat. So spiegelt sich im Horror des Holocaust die ganz individuelle Todesangst. Auf diesem Wirkungsmechanismus beruht die Suggestion von Filmen wie Schindlers Liste. *Viele der retrospektiv Empörten können ihrerseits sehr bestialisch werden, wenn es an die eigene Haut geht. Kommen wir zurück zu dem Gefühl der Demut, welches uns mit dem Leben als einer vorübergehenden Erscheinung und dem unausweichlichen Ende unserer individuellen Existenz versöhnt.*
Ohne »Nachtmeerfahrt« kommen wir – auch seelisch – nicht voran. Jakob Böhmes Worte, die ich vor kurzem las, haben mich tief berührt, weil sie den Initiationsgedanken so wundervoll ausdrücken:

Wer nicht stirbet
Eh er stirbet,
Der verdirbet
Wenn er stirbet.

Unweit ihrer heutigen Arbeitsstätte in Erfurt befindet sich mit der Predigerkirche der Wirkungsort von Meister Eckhart. Was bedeutet Ihnen der innerliche Zugang der deutschen Mystik?
Sie ist für mich ein sehr lohnenswertes geistiges Abenteuer – ganz unabhängig von konfessionellen Fragen. Die mystische Versenkung ist *eine* Möglichkeit, dem Numinosen näher zu kommen. Der Tropfen des in-

dividuellen Lebens, der laut Meister Eckhart nach dem irdischen Tod wieder ins Meer zurückkehrt und dort aufgeht ohne zu verschwinden, erinnert mich an Schopenhauers Vorstellung, daß wir individuelle Inkarnationen des allgemeinen Lebenswillens sind, die nach der irdischen Zeit wieder in das große Reservoir zurücksinken, aus dem beständig neue Figurationen aufsteigen. Bei der Lektüre Jakob Böhmes ist mir die Frage in den Sinn gekommen, ob nicht die eigentliche Stärke des Christentums in seinem Initiationscharakter liegt? Das Bild eines ans Kreuz geschlagenen, verwundeten Gottessohnes, der nach Leid und Tod »aufersteht« und Erlösung findet, hat mich lange Zeit erschüttert bis befremdet und tut es eigentlich noch immer. Jedoch stärkt es die menschlich-allzumenschliche Hoffnung, daß nach der oft schmerzvollen Prüfung des Lebens der Riß am Ende geschlossen, die Welt wieder »heil« werde.

Obwohl Sie eigentlich so stark von christlichen Gedanken geprägt sind, vermochte die Nietzsche-Lektüre Ihre jugendliche Entfremdung vom Christentum zu befördern?
Die Schonungslosigkeit seiner Kritik fand ich befreiend, zumal sie ja – obwohl als Vorschlaghammer formuliert – nicht in destruktiver Absicht erfolgte. Seine Abneigung bezog sich auf den Protestantismus der damaligen Amtskirche, der er Scheinheiligkeit und Bigotterie vorwarf und die ihn zu der spöttischen Bemerkung reizte, die Christen sähen komischerweise gar nicht erlöst aus. Mir imponierte bei Nietzsche vor allem der Mut, die intellektuelle Furchtlosigkeit und aus diesem Grunde werde ich ihn lesen, solange ich lebe.

Welche Werke von Nietzsche waren für Sie noch von Bedeutung?
Seine Schrift vom *Nutzen und Nachteil der Historie für das Leben* hat einen Einfluß auf mein Selbstverständnis als Geschichtslehrer gehabt. Ich bin zwar überzeugt, daß die Betrachtung der Geschichte in erster Linie Wissenschaft ist und sein muß. Aber Nietzsche gab mir ein gutes Maß an Skepsis gegenüber falschem Objektivismus und historischer Faktenhuberei mit auf den Weg. Und er mahnte zurecht, daß die Historie dem gegenwärtigen Leben nicht im Wege stehen, sondern es vielmehr beflügeln sollte.

Sehen Sie sich als »Nietzscheaner«?
Ich bin niemals »Jünger« von irgendwem gewesen und deshalb auch kein »Nietzsche-Jünger«, dafür ist diese historische Figur ohnehin viel zu komplex und widersprüchlich. Aber er gab mir wichtige geistige Impulse und brachte das sprachgewaltig zum Ausdruck, was ich als junger Mensch empfand: Meine Begeisterung für den Sport, die jugendliche Körpererfahrung – das galt mir als Ausdruck des positiven Lebenswillens und der Männlichkeit, die Nietzsche forderte. Aber wie alles im Leben hat auch die Preisung des Vitalen seine dunklen Seiten: Nietzsche, der Verherrlicher von Willen und Macht, endete bekanntlich nach seinem körperlichen Zusammenbruch in geistiger Umnachtung. Er war ein »Dichter der Stärke«, der aus der Schwäche kam.

Ist nicht auch das Irrationale bei Nietzsche gefährlich in der Politik?

Es ist ein alter Vorwurf an die Deutschen, sie seien abgründig und unberechenbar. Hinter dem biederen Michel stecke ein unheimlicher Furor, der von Zeit zu Zeit zum Ausbruch komme. Und in der Tat schlägt die deutsche Gutmütigkeit in der Geschichte immer wieder einmal in eine »teutonische Wut« um. Aber das ist wohl nicht das, was mit »irrational« hier gemeint ist. Nietzsche selbst kommt der Sache mit seiner berühmten Aussage sehr viel näher, wir Deutschen seien Hegelianer, auch wenn Hegel nie gelebt hätte. Damit meinte er nicht primär den schwäbischen Systembauer mit seinen strengen Deduktionen, die schon Arthur Schopenhauer zu ätzenden Sottisen reizte. Er meinte damit, daß das Werden und die Entwicklung wichtiger für uns Deutsche seien, als das, was ist.

Das entspricht dem griechischen Panta rhei, dem Sein als ewigen Werden.

Genau, und das macht uns Deutsche so »unruhig«, so »unstetig«, so »unberechenbar« aus der Sicht von außen. Die Erkenntnis des Seins als Werden ist ein Kerngedanke des deutschen Idealismus. Da sind nicht nur Kant, Fichte, Schelling und Hegel zu nennen, sondern auch unsere Klassiker Herder, Goethe und Schiller. Diese Dichter und Denker waren nun alles andere als »irrational«. Hier finden wir vielmehr die Vernunft und das klassische Maß, das auch den preußischen Staat ausmachte.

Sie nannten vorhin Schopenhauer, den Hegelverächter. In seinem Banne stand auch Nietzsche, zumindest in seinen jungen Jahren. Wie würden Sie ihr Verhältnis zu dem großen Pessimisten beschreiben?

Ich stieß infolge meiner Nietzsche-Lektüre natürlich auch auf seine Schriften. Wie bei Nietzsche gefiel mir seine Widerständigkeit gegenüber hohl gewordenen Autoritäten und seine Kritik am »Establishment«, das ihm vor allen Dingen in Gestalt des Universitätsbetriebs entgegentrat. Auch konnte ich seine Sicht vom Leben als Leiden und von der letztendlichen Einsamkeit des Menschen nachvollziehen. Er ist ein wirksames Gegenmittel zu der ausufernden Flachheit der heutigen Spaßgesellschaft. Ich habe von ihm die Mitleidsethik aufgenommen und auch die Ansicht, daß uns die Kunst vom Leiden erlösen könne.

Aber stand das große Ja! Nietzsches zum unbändigen, weltbestimmenden Willen nicht dem großen Nein! Schopenhauers diametral entgegen – einerseits Selbstermächtigung andererseits Barmherzigkeit?
Sicher, und hier konnte ich Schopenhauer bei seinen Suchbewegungen in der fernöstlichen Philosophie auch nicht folgen. Sein »buddhistischer Nihilismus«, seine Ablehnung der Vita activa stand meiner Überzeugung entgegen, daß das Formen, Gestalten, Entwickeln, trotz des damit verbundenen Leidens, zu bejahen ist – ja unser eigentliches Menschsein ausmacht.

Nachdem eine ganze Reihe Namen aus dem 19. Jahrhundert gefallen sind – was prägte Sie denn aus dem 20. Jahrhundert philosophisch?
Dieses 20. Jahrhundert bestand geistig zum größten Teil aus einem Streit der Ideen der beiden vorangegangen Jahrhunderte und kann damit viel weniger

Eigenständigkeit vorweisen, als weithin geglaubt wird. Gleichwohl gibt es da auch eine Reihe herausragender Denker. Ich erwähnte Ludwig Klages, Edgar Jung, Dietrich Bonhoeffer, Martin Heidegger. Auf letzteren kam ich während meines Studiums, als ich die Zwanzig schon überschritten hatte. Heute kommt mir das etwas abenteuerlich vor, aber ich hatte mir in den Kopf gesetzt, *Sein und Zeit* zu lesen – ohne jede Sekundärliteratur und ohne jede Anleitung durch einen Lehrer. Ich glaube, das schwierige Unterfangen hat sich gelohnt, auch wenn es mir schwerfällt, konkrete Früchte vorzuweisen. Schon der Mut Heideggers, das Sein gegenüber dem Seienden ins Recht zu setzen, ist ein Erlebnis. Er ringt mit den Grenzen der Sprache, aber nicht in dem heute verbreiteten vulgären Sinne, der letztlich eine Art Computersprache für die realistischere hält. Nietzsches Diktum, der Philosoph müsse seine Nase einsetzen, müsse sich mit Instinkt gegen den Formalismus der Grammatik zu Wehr setzen, wendet Heidegger auf das Ohr an. Die vielverlachten oder auch von Wichtigtuern kopierten Bindestriche in seinen Worten bringen Denkpausen in den Sprachgang, um nachzulauschen, was die Sprache über das gemeinhin Vernommene hinaus verrät. Viele würden der These zustimmen, daß ein Dichter mehr ausdrückt als der Text als Prosa genommen enthält. Aber Heidegger versucht dieses Mehr zu erhellen, etwa bei Hölderlin. Sein Erweitern des Sprechbaren zielt auf eine Erweiterung des Denkbaren. Er zeigt, daß wir auch in der Geistesgeschichte nicht in einer Endphase angekommen sind und entlarvt damit die moderne Abgeklärtheit als Denkfaulheit.

Heidegger wird verschiedentlich seine Verstrickung mit dem Nationalsozialismus vorgeworfen. Kann man davon denn überhaupt absehen?
Es ist unbestritten, daß Heidegger – ähnlich wie Stefan George – im Nationalsozialismus zunächst eine Kraft der Erneuerung sah und – darin freilich anders als George – nach 1933 das Regime öffentlich unterstützte. Unbestritten ist aber auch, daß er sich schon bald vom NS abwandte. Diesen Wechsel von anfänglicher Zustimmung hin zu wachsender Skepsis bis Ablehnung teilte er mit etlichen anderen Geistern jener Zeit. Es ist nun so beliebt wie billig, im Nachhinein dieses Verhalten zu verurteilen. Heideggers Philosophie steht für sich, sie ist ein geistiger Monolith. Er schätzte zudem weniger die »Werke« als vielmehr die »Wege«, ja sogar die »Holzwege«, von denen er meint, sie führten zu den Quellen. Aus solch einer Haltung läßt sich keine Ideologie zimmern. Bei der Lektüre Heideggers fand ich auch meinen tief empfundenen Antimaterialismus bestätigt. Aus materialistischen Ideologien können keine tragfähigen Ordnungsideen abgeleitet werden, sondern nur technokratische Gebilde, die Anfang des 21. Jahrhunderts nur noch mühselig mit Brot, Spielen, Manipulation und subtiler bis roher Unterdrückung zusammengehalten werden können – ein bizarrer »Crossover« aus Aldous Huxleys *Brave New World* und George Orwells *1984*.

Der Vorwurf einer nationalsozialistischen Kontamination zielt heute oft auf den Inhalt selbst. Den nivellierenden Mächten sind die großen Unterscheider selbst zuwider, wie

Konrad Lorenz, Carl Gustav Jung und Martin Heidegger. Es geht dabei gar nicht um ein angebliches Fehlverhalten.
Das Fatale an dieser Verwerfung von geistigen und künstlerischen Persönlichkeiten allein aufgrund ihrer Verstrickungen und Irrungen in den besagten zwölf Jahren ist, daß man so wertvolle Schätze verliert. Ein anderes Symptom dieser Doktrin besteht darin, daß eine zutreffende Aussage zurückgewiesen wird, nur weil der Opponent sie zuerst oder besonders eindrücklich behauptet hat. Das führt zu einer geistigen Verflachung, wie wir sie heute besonders in der Politik erleben.

Gibt es denn einen spezifisch politischen Gewinn, wenn man sich mit Heidegger beschäftigt?
Sozusagen mit Heidegger Politik betreiben? Das halte ich für ein schwieriges Unterfangen. Ich glaube, in der besonderen Sphäre der Politik sind wir mit den klassischen Staatsdenkern und den staatsmännischen Praktikern wie Bismarck oder Adenauer besser versorgt. Aber Heidegger wirkte indirekt politisch auf mich – prägte er doch meine »konservative Bescheidenheit« als oben bereits vorgestellter »Antiideologe« – und indirekt als Philosoph, der an der Grenze des Sprechbaren und damit Denkbaren operierte. Seine Kritik an der Technikgläubigkeit und sein Eintreten für die Bewahrung von Natur und Landschaft – nicht irgendeiner abstrakten, dem Menschen gegenüber stehenden »Umwelt«, sondern ganz konkret der zu hegenden Wälder, Wiesen, Felder, Tiere und Pflanzen unserer Heimat – stehen für den konservativen Anteil in meinem politischen Denken.

Gibt es bestimmte Angewohnheiten, die Sie aus der Jugend in das Erwachsenenalter mitgenommen, »konserviert« haben?
Neben dem Ausdauersport habe ich mit vierzehn Jahren auch meine Leidenschaft für das Wandern entdeckt. Viele Jahre habe ich regelmäßig am »Westerwaldmarsch« teilgenommen, der traditionell am Himmelfahrtstag über fünfzig Kilometer durch die liebliche Landschaft des bekannten Mittelgebirges führt. Beim Wandern ist man der Natur durch das gemächliche Tempo besonders nahe. Hat man dabei noch einen guten Gesprächspartner an seiner Seite, stellt diese Form der Bewegung für mich die bestmögliche Synthese aus Körper, Geist und Seele dar. Ich möchte sagen, eine besondere deutsche Form der antiken griechischen Peripatetiker.

Anders als ein sportlicher Lauf erfordert das Wandern einiges an freier Zeit. Wie können Sie sich das neben Ihrer politischen Tätigkeit leisten?
Tatsächlich bleibt mir gegenwärtig oft nur das Schwelgen in Erinnerungen, wenn ich spätabends zu Hause vor dem Kaminfeuer sitze. Wenn wir eines tun, schließen wir anderes aus. Ich bin aber überzeugt, daß mein heutiges Bewährungsfeld eine überpersönliche Notwendigkeit hat, auch wenn ich diese nur in Ansätzen fassen kann. Gestatten Sie mir, daß ich dafür das Bild des *Wanderers über dem Nebelmeer* von Caspar David Friedrich bemühe, obwohl dieses als konservatives Gleichnis heute etwas abgegriffen wirkt. Es hängt nämlich als Kunstdruck an der Wand neben dem Kaminofen und mein Blick wechselt bei abendlichen Kontemplationen oft zwischen den Flammen und dem Wanderer hin und her. Für mich

ist er einer meiner guten Geister: Er erinnert mich daran, daß unser Leben als Ganzes – egal wie heimatverwurzelt und bodenständig wir auch sein mögen – eine Wanderschaft ist, mit vielen verschlungenen, ungewissen und manchmal auch gefahrenvollen Wegen. Und er mahnt mich, nicht zu tief in die Senken der Parteipolitik abzugleiten, wo im Tagesgeschäft oft das Unwesentliche, ja das Ungeistige dominiert. Wenn man sich die Herrschergestalten wie den Stauferkaiser Friedrich II. oder den »Flötenspieler von Sanssouci« anschaut und mit den mediokren Schweinchen-Schlau-Figuren der heutigen Parteiendemokratie vergleicht, kann unsere Forderung für die Zukunft nur lauten: Macht und Geist müssen einst wieder konvergieren.

Hegen Sie die Hoffnung, daß sich dieses hohe Ideal in Ihrer Partei verwirklichen läßt?
Das zu bejahen, wäre vermessen. Man sollte da selbstkritisch sein. Wir alle sind – und ich will mich davon gar nicht ausnehmen – mehr oder weniger von dem gesamtgesellschaftlichen Niveauverlust an Geist und Bildung betroffen. Deswegen habe ich ja den Satz auch als Imperativ formuliert, als noch nicht erreichtes Ziel und als Aufforderung – auch an sich selbst – , wieder eine deutliche Hebung vorzunehmen. Dazu muß man den Niveauverlust aber überhaupt erst einmal wahrnehmen! Ich habe den Eindruck, daß das in weiten Teilen der Gesellschaft einschließlich des Parteienmilieus gar nicht der Fall ist. Auch das ist eine Folge der platten Hedonisierung: Die meisten fühlen sich noch »kannibalisch wohl«, wie Goethes »Fünfhundert Säue« in Auerbachs Keller.

IM SCHULDIENST

Wenn wir nun zurücktreten in die fortschreitende Linie des Lebenslaufs, dann stellen wir fest, daß Sie bald schon nach dem Abitur und anschließendem kurzen Jura-Intermezzo Sport und Geschichte für das Lehramt in Gießen und Marburg studierten. Als Sie Lehrer wurden, lag die Welt des Berufspolitikers noch in weiter Ferne. Welche pädagogischen Theorien wurden für Sie wegweisend und fruchtbar?
Mein Referendariat absolvierte ich am Goethe-Gymnasium in Bensheim an der Hessischen Bergstraße. Die zweite Examensarbeit leitete ich mit dem Zitat eines Mannes ein, der zwischen 1916 und 1938 im benachbarten Heppenheim gelebt hatte: Martin Buber. Das Zitat lautete: »Alles wirkliche Leben ist Begegnung.« Wenige Monate später trat ich meine erste feste Stelle in Groß-Gerau an. Die dortige Integrierte Gesamtschule trägt den Namen Martin Bubers. Zufälle gibt es … oder vielleicht doch nicht? Jedenfalls fiel mir beim ersten Besuch der Schule, einem damals ziemlich unansehnlichen 70er-Jahre-Betonbau, sofort eine Glasvitrine ins Auge, in der die Werke Bubers ausgestellt waren. Weitere Fingerzeige brauchte ich nicht und ich begann, mich mit den Schriften Bubers näher zu beschäftigen.

Welche Gedanken des in erster Linie als Religionsphilosophen bekannten Denkers konnten Sie für sich als Lehrer nutzbar machen?
Die Grundidee von Bubers »Philosophie des Dialogs« leuchtete mir von Beginn an ein, nämlich die Vorstellung,

daß wir in der Begegnung und im Dialog mit dem anderen zum eigentlichen »Ich« werden. Das liegt ja auch beim Lehrer-Schüler-Verhältnis nahe. Der dialogische Ansatz setzt beim Lehrer eine verständnisvolle Offenheit für die Schüler voraus, also die Fähigkeit, auf den anderen einzugehen, ihn zu Wort kommen zu lassen, so daß sich der Schüler in seiner Eigenart entfalten kann.

Buber unterscheidet in seinem Hauptwerk Ich und Du *zwischen der momentanen Begegnung und der Kontinuität einer Beziehung. Letztere entspricht der anhaltenden Spannung zwischen den einzelnen Begegnungen. Das ist dann auch der Wirkungsbereich in dem eine Erziehung zum Leben stattfindet. Im Gegensatz zu der Lenin zugeschriebenen Maxime »Vertrauen ist gut, Kontrolle ist besser« findet hier die nachhaltige Wirkung in Abwesenheit statt.*
Genau. Wir erleben es ja, daß sich die Kontur besonders geschätzter Personen in der Distanz eher schärft. Wir hatten eine intensive persönliche Begegnung, deren Gehalt uns erst im Nachhinein bewußt wird und uns wie in einer Art Nachhall verändert und für die nächste Prägung empfänglicher macht. Einem Charakter, der diesem anhaltenden Dialog gewachsen ist, schreibt Buber die Fähigkeit zu, auf jede Situation und Anforderderung »ihrer Einmaligkeit gemäß zu reagieren.«

Um den Gedanken auf die Pädagogik zu übertragen: Ob die Schule ihren Bildungs- und Erziehungsauftrag umsetzen kann oder nicht, hängt also vor allem von der Persönlichkeit des Lehrers ab?

Richtig. Und diese Persönlichkeit zeigt sich gerade auch darin, daß sie sich im Dialog mit den Schülern aus-ein-ander-setzt. Ein schönes deutsches Wort: Einander. Da ist der Andere schon im Wort enthalten – ebenso wie das Gemeinsame. Für Buber übrigens war es selbstverständlich, daß Erziehung immer auch Erziehung zur Gemeinschaft war, denn dialogische Beziehung, Gesprächsfähigkeit und -bereitschaft kann es nur in sozialen Zusammenhängen geben.

Das ist ja bei einer Schulklasse immer gegeben.
Nicht unbedingt. Gemeinschaft ist mehr als die physische Anwesenheit mehrerer Personen, sondern braucht ein Mindestmaß an Gleichklang und gemeinsamem Handeln. Die Auflösung der Klassengemeinschaft durch die Individualisierung des Lernens und die Degradierung des Lehrers zum Lernbegleiter – so die gegenwärtigen Trends der Pädagogik – hätten mit Sicherheit Bubers scharfen Widerspruch geerntet. Denn die anhaltende Beziehung kann nur gelingen, wenn gegenseitige Anteilnahme und Achtung vorhanden sind.

Ich möchte die Begriffe »Offenheit« und »Dialog« kurz in einen anderen Zusammenhang stellen: Sie gelten ja als politischer »Hardliner«. Spielen diese Buberschen Kategorien eine Rolle für Sie in der Politik?
Auch wenn mein Bild in der Öffentlichkeit davon erheblich abweicht: Ich bin von meinem ganzen Wesen her auf Offenheit, Dialog und Ausgleich angelegt. Das wissen alle Personen, die mit mir zusammenarbeiten und die mich näher kennen. Die politische Öffentlichkeit ist

nun leider ein ganz anderes Forum als der Klassenraum oder ein privater Rahmen. Das Gespräch, von dem Buber spricht, ist ja das persönliche Gespräch, was in der Politik nur selten so möglich ist. Da geht es primär um Interessen, Machtpositionen und auch um Massenbeeinflussung – letztlich um den Transport von Ideen mittels Botschaften und eben nicht primär um diese oder jene Person als solche. Daher ist die politische Auseinandersetzung – gerade in dem aufgeregten Medienbetrieb von heute – weit entfernt von einem Buberschen Gespräch. Ich bedauere das sehr, denn der fehlende Dialog blockiert nicht nur die persönlich-menschliche Entwicklung, sondern auch eine konstruktive politische Zusammenarbeit im Lande, die wir angesichts der Krisenlage bitter nötig hätten. Aber wahrscheinlich ist es naiv, in der politischen Arena eines scheinkonfliktsüchtigen Parteiensystems anderes zu erwarten.

Und doch sollte eine wechselseitige Achtung auch in der Politik möglich sein.
Unbedingt! Die Anerkennung des anderen als Person – sei es als Einzelner oder in Gestalt einer Gemeinschaft – ist neben der Selbstbehauptung die zweite große Säule, auf der Politik an sich beruht. Auch wenn man sich für die eigenen Interessen leidenschaftlich einsetzt, sollte man dies ebenso dem Gegner zubilligen und versuchen, dessen Beweggründe und Argumente zu verstehen. Auch wenn es einem durch die teils üblen Anfeindungen und Diffamierungen schwer fällt: Ein Dialog sollte grundsätzlich mit jedem möglich sein.

Es bringt einen auch selbst nicht unbedingt weiter, die anderen nur als Verblendete oder Verschwörer wahrzunehmen.
Ja, ich muß hinnehmen, daß sie ebenso wie ich gute Gründe haben und ihr Handeln als notwendig ansehen. Das bedeutet natürlich nicht, einfach geschehen zu lassen, was einem unerträglich ist. Ich bin aber überzeugt davon, daß in den meisten Fällen eine ehrliche und offene Auseinandersetzung zu Lösungen führen würde, mit der alle Seiten leben könnten. Ein Dialog kann aber nicht gelingen, wenn eine Seite versucht, die andere vorzuführen und zu diskreditieren.

Heute wird ja gerne auf die »Streitkultur« hingewiesen, die so wertvoll für unsere Demokratie wäre.
Das ist an sich völlig richtig und wünschenswert. Nur besteht diese »Streitkultur« in der Realität vor allem darin, den politischen Gegner niederzumachen und ihm unlautere Absichten zu unterstellen – man vergegenwärtige sich bloß einmal das geistlose Gezeter in den Polit-Talkshows, wenn dort ein AfD-Vertreter sitzt. Das läuft stets auf einen ermüdenden Wechsel von Anklage und Rechtfertigung hinaus.

Mit »Rechtsextremen« und »Nazis« redet man auch nicht, die bekämpft man!
Ja, mit diesen primitiven Stigmatisierungen entspannt man die unangenehme kognitive Dissonanz, die sich angesichts der in unserem Land verbrieften Meinungsfreiheit aufbaut. »Rassismus ist keine Meinung, sondern ein Verbrechen.« – ein einfacher Kunstgriff und das Gewissen ist wieder beruhigt! Da braucht es

dann natürlich keinen Dialog mehr, sondern nur noch aktives Eingreifen und Unterbinden. Aber hier öffnet sich ein Tor zur Hölle: Gegen »Gedankenverbrecher« und »Unmenschen« ist praktisch jedes – also auch unmenschliche – Mittel recht. So wurde auch der gegen mich und meine Familie gerichtete Psychoterror von Aktivisten gerechtfertigt, die unter dem Mantel künstlerischer Freiheit hemmungslos zur Menschenhatz aufrufen. Sie spielten sich selbstherrlich als »Fünfte Gewalt« auf, die das Recht hätten, vermeintliche »Nazis mit Nazimethoden zu bekämpfen«.

Der vorläufige traurige Höhepunkt der heutigen Dialog-Verweigerung ist also die grassierende materielle und psychische politische Gewalt gegen Andersdenkende.

Ja, aber wenn von den Medien immer wieder das Bild einer riesigen rechten Gewaltwelle an die Wand gemalt wird, so sind es vor allem AfD-Politiker und deren Anhänger, die unter der politischen Verrohung zu leiden haben: Farbbeutelattacken auf Häuser, Brandanschläge auf Autos, schwere Körperverletzungen und viele andere Schädigungen und Drangsalierungen. Die fortwährende Dämonisierung vermeintlich »rechter« Politiker hat diese Enthemmung gefördert. Ich kann mich noch an einen Demonstrationsauftritt in Nürnberg erinnern, nach dessen Ende mich eine halbe Hundertschaft Polizisten durch einen Haufen aggressiver Gegendemonstranten zum Auto eskortieren mußte. Aus den Augen dieser jugendlichen Wirrköpfe, die die Polizisten mit Tritten, Schlägen und Reizgas traktierten und auf mich eindrangen, sprühte der blanke Haß. Frau Sitte, die

Fraktionsgeschäftsführerin der Linken im Bundestag, fürchtete mit dem Einzug der AfD-Abgeordneten einen Verfall der politischen Kultur. Hat sie sich niemals gefragt, wer tatsächlich für diesen Verfall verantwortlich ist und wer unter ihm leidet?

Die AfD spiele sich gern als »Opfer« auf, hört man allenthalben von etablierter Seite.

Das ist der moralische Tiefpunkt, auf den die Vertreter der polit-medialen Klasse abgesunken sind: erst Opfer produzieren oder zumindest billigend in Kauf nehmen – was nach unserem Rechtsverständnis einem bedingten Vorsatz gleichkommt – , und diese dann im Anschluß noch verhöhnen. Wenn das die offizielle Vorstellung von politischer Kultur ist, verstehe ich, warum immer so entnervend oft von ihr gesprochen wird: Weil wir keine mehr haben. Aber abgesehen von diesen moralischen Problemen, frage ich mich: Glauben die Täter und ihre heimlichen bis offenen Sympathisanten ernsthaft, man könne dadurch eine ungenehme Meinung ändern oder gar Wähler gewinnen?

Wahrscheinlich ist diese nüchterne Überlegung im »Eifer gegen Rechts« untergegangen. Aber unterhalb der von Ihnen genannten Eskalationen beginnt der Dialog-Verfall schon viel früher mit der Unart, lieber über den anderen als mit ihm zu sprechen.

Ja, das geschieht leider auch bisweilen in den eigenen politischen Reihen. Beliebt ist in diesem Zusammenhang auch das »bewußte Mißverstehen«: Man fragt nicht mehr nach, ob der andere eine bestimmte Aussage auch wirklich so gemeint hat oder nicht. Das hätte ich mir in einigen Situationen, in denen Äußerungen von mir vorsätzlich skandalisiert wurden, auch gewünscht. Aber es geht gar nicht mehr um das Verstehen des anderen: Jedes kleinste Wörtchen, das sich für eine Schmähung eignet, wird sofort aufgegriffen und gegen den anderen gedreht – und möglichst mit einem Nazi- oder Extremismus-Etikett verbunden.

Ganz ehrlich: Wer ist wirklich schon einmal einem echten Nazi begegnet? Das scheint doch eher eine seltene, geradezu exotische Erscheinung zu sein. Um der Randerscheinung eine bedrohliche Dimension zu verleihen, werden zwei Personengruppen als solche tituliert: Die einen sind einfache Rowdies, Krawallmacher, welche sich unpolitisch des NS-Provokationspotentials bedienen, um das Establishment zu schockieren. Die andere – dem etablierten geistigen Schlendrian wirklich bedrohliche Gruppe – sind die unbequemen Könner und Nachdenklichen, welche mit dem Nazi-Vorwurf von der Futterraufe geschubst werden sollen.

Ich glaube, die große Gefahr besteht darin, irgendwann reflexartig-trotzig zu sagen: Na, dann bin ich eben einer! Harald Martenstein titelte einmal in der *Welt*, der Nazivorwurf sei ein Ritterschlag.

Daß das natürlich nicht für Björn Höcke gelten darf, ist mir schon klar. Aber spielen Sie nicht manchmal auch mit diesen pawlowschen Reflexen, um zu provozieren?

Ich bin wohl eher zu naiv und unbedarft auf dem Feld politischer Kommunikation, um als gewiefter Provokateur zu gelten. Außerdem dürfen Sie nicht vergessen: wir nähern uns in Deutschland mittlerweile, was die politische Szene anbelangt, dem Zustand eines Irrenhauses: Hier tummeln sich notorische Realitätsverweigerer, Hysteriker, Schizophrene, Autoaggressive und auch Psychopathen. Das macht es natürlich sehr schwer, eine vernünftige Diskussion – insbesondere mit scharf-konträren Standpunkten – zu führen. Das soll keine Ausrede für verbale Fehlgriffe und den einen oder anderen mißglückten Stil und Ton bei öffentlichen Auftritten sein, die ich mir in der Vergangenheit geleistet habe. Man muß jedem Menschen aber auch die Möglichkeit der Entwicklung und Reifung zugestehen. Wer von sich behauptet, er hätte noch nie eine dumme Bemerkung oder fragwürdige Äußerung gemacht, ist mir suspekt. Das ganze Leben betrachte ich als einen stetigen Lernprozeß – und der wird besonders durch Fehler und Mißgriffe gefördert.

Es ist schon bemerkenswert, wie einige extreme bis gewalttätige Gruppen innerhalb der Linken nie zu vergleichbaren Distanzierungen geführt haben.
Ja, die Linke genießt hier im Gegensatz zur Rechten quasi Narrenfreiheit. Diese nun auch für die andere Seite einzufordern, ist aber nicht mein Ziel. Gewalt schließe ich in dem heutigen Kulturkampf, der ausschließlich auf geistiger Ebene ausgetragen werden sollte, ohnehin aus. Zudem bedeutet frei denken nicht »freidrehen«, wie der FDP-Rebell Frank Schäffler einmal notierte. Trotzdem müssen wir den Kampf gegen Sprechverbote und Denktabus offensiv führen und dürfen uns nicht um eines faulen Friedens willen einlullen lassen, damit

wir wieder zu einer wirklichen geistigen Freiheit gelangen. Freiheit ist nie selbstverständlich, man kann sie nicht einfach wie ein Schmuckstück ererben, sondern muß sie sich erkämpfen. Das bedeutet in einem streng pc-reglementierten Meinungsumfeld wie dem heutigen, daß die Grenze des Sagbaren immer wieder mit kleinen Vorstößen erweitert werden muß. Der perfide Funktionsmodus des politischen Establishments lautet ja: *Wir* bestimmen, wer was wo und wie sagen darf! Wenn man diese Spielregeln akzeptiert, hat man als Opposition bereits verloren. Wir müssen diese Anmaßung vielmehr souverän zurückweisen und selbstsicher unsere Positionen vertreten, auch in der Sprache, die wir für richtig erachten – ob das den Etablierten nun paßt oder nicht. Kurzum: Wir können und dürfen nicht auf alle gutmenschlichen Befindlichkeiten Rücksicht nehmen, sonst bleiben wir in der kleinen, stickigen Zelle offizieller Denkvorgaben gefangen. Wie will man die Deutungshoheit des Establishments jemals brechen, wenn man sich seinen Sprachregelungen unterwirft?

Eine gewisse Anpassung der Menschen an gängige Denk- und Verhaltensweisen stabilisieren auch eine Gesellschaft.
Das ist richtig, aber heute ist dieser »natürliche Opportunismus« der Massen zu einer krankhaften Normopathie ausgeartet, einer zwanghaften Anpassung an eine vorgebliche Mehrheitsmeinung. Auf diese verbreitete und für die Entwicklung des Ganzen gefährliche Persönlichkeitsstörung hat der Psychiater Hans-Joachim Maaz hingewiesen.

Also ist die Störung des etablierten Konsenses das Gebot der Stunde!

Ja, das bringt das Juste Milieu natürlich in Rage. Götz Kubitschek meinte einmal zurecht, daß jemand, der ein Leben lang an sozialer Ächtung und Anfeindung vorbeisteuere, wohl zu geschickt für das war, was unsere Zeit braucht: »Weniger Schläue, mehr Mut, weniger Glätte, mehr Kante«. Hans-Joachim Maaz bezeichnet solche Konsensstörer als »Omegas«, ein Begriff aus der psychotherapeutischen Arbeit. Omegas sind die ungeliebten Außenseiter des Systems, die auf mögliche Fehler und Irrwege hinweisen und damit eine ganz wichtige Funktion besitzen, denn sie sind das Gegenmittel zur Normopathie – ein Horror für die polit-mediale Klasse, aber das Salz des Gemeinwesens. Früher kam dieses belebende Element meist von der Linken. Heute ist das die gesellschaftliche Gruppenrolle von AfD und Pegida. Als Omegas werden sie von unserem verblendeten Establishment ausgegrenzt und niedergehalten.

Aber überfordern Sie als »Ober-Omega« manche Parteikollegen – und vielleicht auch manche AfD-Anhänger und Wähler – mit Ihren »kleinen Vorstößen« nicht zu sehr?

Das kann durchaus auch einmal passieren. Ich sehe selbstkritisch, daß man mit allzu provokanten Äußerungen die üblichen Abwehrreflexe auslöst. Sie nannten ja eben schon Pawlow. Es wäre wahrscheinlich besser, diese Reflexe zu unterlaufen, ohne den wirklich wichtigen Themen – wie zum Beispiel der Frage nach unserem Geschichtsverhältnis – auszuweichen. Aber wir dürfen uns keine Illusionen machen: auch bei einer subversiveren Vorgehensweise werden wir immer wieder auf den erbitterten Widerstand der Etablierten stoßen, denn die sind aufgrund ihrer Angst um den eigenen Machtverlust hypersensibel geworden und reagieren schon auf kleinste Andeutungen, die ihr Dogmengebilde in Frage stellen. Da wir für einen gemächlichen 68er-Weg weder die Zeit noch die gesellschaftlichen Voraussetzungen haben, ist eine intelligente Konfrontationsstrategie wahrscheinlich die realistischere Variante für uns. Eine allgemeine Mäßigung und Verfeinerung im Ton ist dabei sinnvoll, primär aber eine Stil- und Geschmacksfrage. Die verbale Abrüstung sollte mit einer inhaltlichen Aufrüstung einhergehen.

Ist die politische Auseinandersetzung heute nicht schon deshalb so schwierig und unfruchtbar, weil es keinen gemeinsamen Bezug mehr zum politischen Subjekt, dem eigenen Volk, gibt?
Ja, das entzieht dem Dialog die inhaltliche Grundlage. Es wäre ein erster Schritt zur Entspannung der aufgeladenen Atmosphäre, wenn man sich wenigstens auf diese gemeinsame Grundlage einigen könnte.

Bei aller Dialogbereitschaft ziehen Sie – neben der obligatorischen Gewaltgrenze – also noch eine weitere rote Linie?
Ja, wer unser Land und sein Volk grundsätzlich zur Disposition stellt oder aktiv zerstören möchte, mit dem hat es keinen Sinn, auf der politischen Bühne ein Gespräch zu beginnen. Beides sind für mich unverhandelbare Dinge, bei denen man mit mir nur über das »Wie«, nicht über das »Was« debattieren kann. Das hat

nichts mit Intoleranz zu tun: Über die Inneneinrichtung oder die Gestaltung der Fassade und des Gartens kann man sich gerne streiten, da bin ich offen und auch an unterschiedlichen Vorstellungen und Ideen interessiert. Wer sich aber an den tragenden Wänden oder dem Fundament unseres gemeinsamen Hauses in böser Absicht zu schaffen macht oder gar das ganze Gebäude abreißen will, mit dem möchte ich nicht diskutieren, den möchte ich an seinem Tun hindern. Er ist es ja, der den Raum für jedes Gespräches auflöst, um das Chaos für sich sprechen zu lassen. Spätestens dann ist kein Dialog mehr möglich.

Nach dieser Einteilung werden sich von etablierter Seite nur sehr wenige Gesprächspartner bereitfinden, mit Ihnen in ein Gespräch einzutreten. Denn gegenwärtig überwiegt noch, wenn auch in Abstufungen, die Einstellung, daß eine Entdeutschung Deutschlands durchaus wünschenswert wäre.

Ja, es ist auch für mich daher eine große Herausforderung, sich in der rauhen Sphäre der politischen Keilerei der Weisheit eines Martin Buber auf Dauer gewachsen zu zeigen.

Selbst Buber wird das nicht immer leichtgefallen sein. Als er 1953 in der Frankfurter Paulskirche den Friedenspreis des Deutschen Buchhandels angenommen hat, wurde ihm das in Israel von vielen übel genommen. Um für den Frieden einzustehen, bedarf es heute beinahe der Tollkühnheit, einer geistigen Militanz, wo doch zugleich die rohe Gewalt auf Samtpfoten daher geschlichen kommt. Die »Treuga Dei« bedarf da eines »Miles Christianus«... – Noch einmal zurück

zu Ihrem Lehrerberuf! Sie haben bereits nach vier Jahren der Schule den Rücken gekehrt, deren Namensgeber auch Sie geprägt hat. Warum?
Für einen berufsunerfahrenen Junglehrer sind die ersten Jahre eine enorme Herausforderung, gerade dann, wenn er sofort eine volle Stelle antritt – es fehlen einfach die entlastenden Routinen und die souveräne Trennung von Wichtigem und Unwichtigem. Schwierig wird es zusätzlich dann, wenn man eine ausgeprägte Leidenschaft für sein Fach hat und in eine Schule kommt, in der die Vermittlung von Fachinhalten zu oft nebensächlich wird.

Und das haben Sie als junger Gymnasiallehrer in der Integrierten Gesamtschule so erlebt?
Wir im Kollegium nahmen mit großem Engagement die pädagogischen Herausforderungen an, die die Beschulung einer stark heterogenen Schülerschaft mit sich brachten. Unsere IGS stand außerdem in Konkurrenz zu einem Mittelstufengymnasium und galt als »Restschule«. Ich spürte bald, daß meine Bildungsbemühungen meist verpufften, daß die Schüler – viele mit Migrationshintergrund – für meine Bildungsanliegen, also auch eine Weitergabe deutscher und europäischer Kulturtraditionen, nicht aufzuschließen waren.

Das frustrierte Sie verständlicherweise.
Ich suchte nach einem positiven Selbstbild als Lehrer, nach Erfolgserlebnissen und letztlich mußte ich die entscheidende Frage für mich beantworten: Akzeptierst du es, überwiegend sozialpädagogisch tätig zu sein oder

willst du Gymnasiallehrer bleiben? Ich entschied mich für die zweite Option.

Sehen Sie darin ein Scheitern, denn letztlich brachen Sie den Dialog im Buberschen Sinne ab?
Nein, denn ich hatte auch an dieser Schule zu den meisten Schülern – egal, welche sozialen oder ethnischen Wurzeln sie hatten – ein sehr gutes Verhältnis. Ich kann mich noch lebhaft an ein zurückhaltendes türkisches Mädchen erinnern, die ich durch eine Empfehlung bei der Bewerbung für einen Ausbildungsplatz zu unterstützen versuchte – ein wunderbarer Mensch mit guten Anlagen. Sie wird ihren Weg gemacht haben.

War der hohe Ausländeranteil unter den Schülern das Hauptproblem für Sie?
Im Kollegium gab es schon kritische Stimmen, aber die Mehrheit träumte den Traum der multikulturellen Gesellschaft und sang das hohe Lied der sogenannten »Vielfalt«. Ich selbst merkte bald, daß man so die erforderliche Gemeinschaftlichkeit kaum finden würde, auf der der Dialog und letztlich auch der Bildungs- und Erziehungsprozeß fußt, zu weit waren die kulturellen Orientierungspole auseinander.

Das abschätzige Reden von dem etwas unglücklichen Begriff der »Leitkultur« läßt außer acht, wie sehr wir auf Konventionen angewiesen sind?
Richtig. Ich will ja als Lehrer nicht immer nur damit zu schaffen haben, einen einfachen Austausch überhaupt erst zu ermöglichen. So wie sich in einer lebendigen

Gesellschaft nicht alles reglementieren und kontrollieren läßt, so sind wir im täglichen Miteinander darauf angewiesen, daß man uns entgegenkommt. Wenn immer mehr Leute Schwarzfahren und Ladendiebstahl ganz normal fänden, dann würde keine Polizei in der Lage sein, diesem Dammbruch abzuwehren – eine reibungslose Personenbeförderung oder ein simpler Einkauf wären gar nicht mehr möglich.

Jeder geriete in Verdacht und alles wäre darauf abgestellt, Übertretungen zu ahnden.
Genau. Für den alltäglichen Umgang brauchen wir Menschen einen großen Vertrauensvorschuß und das geht nur, wenn man sich auf eine vertraute, sichere Umgebung und gewachsene Gepflogenheiten verlassen kann. Das ist der große Irrtum der Multikulturalisten: Eine Kultur läßt sich nicht auf ein paar ethisch-moralische Grundsätze reduzieren, an die sich alle bitteschön zu halten haben, egal wie sie sozialisiert wurden. Kulturen bestehen aus einem kaum überschaubaren komplexen Geflecht von Regeln, Anschauungen und Rechtsnormen, über die eine allgemeine, unausgesprochene Übereinkunft besteht. Die Leute, die sich heute als Multikulturalisten verstehen, nehmen im Grunde Kulturen gar nicht ernst, sondern reduzieren sie auf ein bißchen exotische Folklore und abwechslungsreiche Gastronomie. So nett und weltläufig das auch daherkommt, in ihrem Kern sind multikulturelle Gebilde reine Mißtrauensgesellschaften, wie der Ethologe Irenäus Eibl-Eibesfeldt feststellte. Sie erzeugen ganz automatisch unzählige Friktionen und

Konflikte – auch ohne böse Absichten der beteiligten Menschen. Und das wird uns als sonnige Zukunft verkauft.

Wie wirkte sich dieses Problem im Schulalltag aus?
Ich kann das an einem Erlebnis deutlich machen: Es war an einem Vormittag im Sommer. Kurz zuvor waren T-Shirts in Mode gekommen, auf denen Ländernamen aufgedruckt waren, oft in englischer Sprache, selten auf deutsch. Das besondere war, daß man sie auch außerhalb der großen Fußballereignisse trug, wohl um seine Verbundenheit zu einem Land – meist seiner eigenen Heimat – für jedermann sichtbar zu machen. Als wäre es selbstverständlich, fanden sich die Nationalitäten alle in der englischen Übersetzung wiedergegeben. In unserer Schule liefen damals viele Schüler in diesen Hemden mit Turkey-, Russia- oder Italy-Aufdruck herum. Deutschlandhemden sah man nicht – bis zu jenem Morgen: Ich hatte Sport in einer 7. Klasse und begann die Stunde wie üblich im Sitzkreis, um den Schülern den Stundenablauf zu erläutern. Da setzte sich dieses eher schmächtige, stets zurückhaltende rotblonde Mädchen mit einem neuen Oberteil in die Gruppe – es war ein schwarz-weißes Hemd mit Germany-Aufdruck. Die türkischen und afrikanischen Jungs waren außer sich. »Zieh‘ das aus!«, »Deutschland ist Scheiße!« – in diesem Tenor brach es aus ihnen hervor. In ihrer aggressiven Ablehnung des »Deutschen« waren sich diese sonst eher zerstrittenen Türken und Afrikaner spontan einig.

Wie reagierten Sie als Lehrer auf diese Situation?
Ich begann ein sehr intensives pädagogisches Gespräch, in dem wir in der Gruppe klärten, daß ein Land, welches die Eltern der Krakeeler freiwillig aufgesucht hatten, um hier mit ihren Familien zu leben, doch alles andere als »Scheiße« sein könne. Beim Rausgehen lobte ich das Mädchen für ihren Mut. Und ich erkundigte mich gleich, wo sie das Kleidungsstück erworben hatte. Am nächsten Morgen stand ich als junger Sportlehrer mit einem ebensolchen im Lehrerzimmer. Ich hatte natürlich nicht den Germany-Aufdruck gewählt, sondern entschied mich für die »Hardcore-Variante« mit originalem Deutschland-Schriftzug. Das war eine Überraschung! Zu meiner Freude sah man in der Folgezeit den einen oder anderen Schüler, der es seinem Lehrer nachtat. Dieses Hemd liegt heute noch in meinem Kleiderschrank.

Die Geschichte wäre ein gutes Beispiel dafür, daß man schlechte Verhaltensweisen keinesfalls einfach hinnehmen, sondern sie vielmehr als Herausforderung begreifen sollte: nämlich herauszubekommen, welche dringende Frage sich hinter der rüden Provokation verbirgt. Wollten die jungen Fremdlinge nicht einfach die von ihnen ständig erlebte Absurdität erkunden, warum die Deutschen sich selbst verachten?
Es wäre in der Tat selbstgerecht, sich über einen solchen Vorfall reflexartig zu empören, solange unsere Medien und der überwiegende Teil unserer öffentlichen Vertreter sich in dem Gefühl der eigenen nationalen Verworfenheit geradezu suhlen. Wie sollen da Menschen, zumal junge, die zur kultischen Verehrung jedes beliebigen Sportlers und Popstars animiert wer-

den, nicht stutzig werden? Wir müssen erst wieder selber mit uns ins Reine kommen. Den Migranten wird es dann auch kaum schaden, wenn sie erkennen, daß die Deutschen ebenfalls ganz selbstverständlich mit einem Gefühl bescheidenen Stolzes auf ihre lange und wechselvolle Geschichte leben können.

Denken Sie manchmal zurück an diese Zeit in der Martin-Buber-Schule?
Selbstverständlich. Ich habe vor meinem geistigen Auge einige wunderbare Kollegen, die mir Vorbild waren. In Erinnerung sind mir auch viele, deren Gutmütigkeit und pädagogisches Ethos von der Politik schamlos ausgenutzt wurde. So empfand ich das schon damals. Unter den Kollegen fanden sich auch erste politische Gegner, die jedoch alle in der Lage waren, einen konstruktivkritischen Dialog zu führen. Das hat wohl nicht zuletzt damit zu tun, daß wir alle immer unserer pädagogischen Aufgabe gerecht werden mußten. Den Luxus erbitterter Ablehnung konnten wir uns kaum leisten, da ein anspruchsvoller Berufsalltag zu meistern war, der uns über alle Differenzen hinweg zwangsläufig verband. Das sollte eigentlich die Regel sein unter erwachsenen Menschen, egal in welchen Bereichen unseres Gemeinwesens. Leider erlebe ich es im politischen Betrieb beinahe täglich anders. Oft denke ich noch an einen Schulleiter, der mich früh förderte und dem ich es verdanke, sehr »grundsätzlich« geblieben zu sein. Bubers Ausspruch »Alles wirkliche Leben ist Begegnung« ist in Groß-Gerau ein Teil meines Lebensverständnisses geworden. Damals habe ich mich dafür eingesetzt, daß dieser

Gedanke das Motto der Schule werde. 2003 wurde das von den Schulgremien auch so beschlossen und ein an Buber orientiertes Schulleitbild verabschiedet.

Sie wechselten dann vom Rhein-Main-Gebiet in die nordhessische Provinz nach Bad Sooden-Allendorf. Fanden Sie in der dortigen Schule die »heile Welt«, die Sie sich als Lehrer erträumt hatten?

Die »heile Welt« gab es nie und wird es nie geben. Aber es war und ist zumindest möglich, unheilvolle Zustände zu vermeiden oder, wo sie bereits eingetreten sind, zu lindern. Das konnte ich dort erleben. Bad Sooden-Allendorf ist schon eine kleinstädtische Perle, eingebettet in eine wunderschöne, waldreiche und kulturträchtige Mittelgebirgslandschaft. Ich übernahm bei Dienstantritt eine 5. Klasse und führte sie, was durchaus ungewöhnlich ist, bis zum Abitur. Die Schüler, die Eltern und ich verwirklichten dort eine Einheit, die von Respekt und Vertrauen geprägt war – so empfand ich das jedenfalls. Bei allen Beteiligten herrschte die Bereitschaft vor, mehr zu geben als zu nehmen. Das »Wir« von dem ich vorhin sprach, und das ich als Voraussetzung für einen gelingenden Erziehungs- und Bildungsprozeß ansehe, war noch weitestgehend intakt. Natürlich zeigten sich auch an der Rhenanus-Schule die Auswirkungen einer verfehlten Schulpolitik. Dennoch waren es neun befriedigende Dienstjahre, auf die ich gerne zurückblicke.

Warum machten Sie nicht weiter?

Nun, es wäre für mich ein leichtes gewesen, in dieser Nische bis zur Pensionierung zu wirken. Aber diese

Nischen, wie ich sie in der Rhenanus-Schule erlebte, verschwinden allmählich.

Verschwinden? Das hört sich dramatisch an!
Ich meine damit die kritische demographische Entwicklung, die man seit Jahrzehnten in unserem Land beobachten kann, auf die die etablierte Politik aber niemals adäquat reagiert hat. Was es bedeutet, als Schule in einem »demographischen Katastrophengebiet« zu liegen, konnte ich im Werra-Meißner-Kreis erleben, einem der geburtenschwächsten Landkreise Hessens. Seit Jahren wurde immer mehr Energie seitens des Kollegiums für »standorterhaltende Maßnahmen« abgezwackt, die logischerweise nicht mehr für den originären Bildungs- und Erziehungsauftrag zur Verfügung stehen konnte. Die Schulleitung reiste in Vertretermanier durchs Land, um noch die letzte Schülerseele für die eigene Schule zu gewinnen. Diese Marketingaktionen folgten in immer kürzeren Abständen.

Aber die Absicht dahinter war doch lobenswert?
Natürlich will man für die eigene Schule das Beste, aber ich erlebte die gnadenlose Konkurrenz der Schulen in einem demographisch ausblutenden Raum als unwürdig. Und letztlich spürte ich ein tiefes Unbehagen dabei, einer letztlich vergeblichen Sache zu dienen, nur weil die Politik aus ideologischen Gründen heraus nicht bereit war und ist, eine aktive, pronatalistische Bevölkerungspolitik zu betreiben.

Die Schulschließungen werden aber auch durch das Wegziehen junger Familien in größere urbane Zentren verursacht, da nutzt eine höhere Geburtenrate auch nichts.
Natürlich brauchen wir ebenso eine intelligente Politik, die den ländlichen Raum und die kleineren Städte attraktiver macht, um dort die Jugend zu halten. Auch hier gibt es ein notorisches Versagen der politischen Klasse.

Sind Sie aufgrund solcher Beobachtungen und Einsichten in die Politik gegangen?
Die Lehrererfahrung war sicher ein Motiv – neben anderen. Unsere Schulen zeigen eindeutige Verfallssymptome. Ein Teil davon resultiert aus den Kollateralschäden gescheiterter Schulreformen. Ein anderer wesentlicher Teil ist aber nicht hausgemacht, sondern gesellschaftlichen Ursprungs. Im Schulalltag kommen diese extern produzierten Probleme nur schnell an die Oberfläche. In Groß-Gerau erlebte ich das Desaster der Multikulturalisierung, in Bad Sooden-Allendorf die demographische Krise mit ihren abnehmenden Schülerzahlen. Eine alte Einsicht lautet: Gesunde Gesellschaften haben gesunde Schulen. Aus meiner unmittelbaren Erfahrung als Lehrer muß ich leider konstatieren, daß unsere Gesellschaft schwerkrank ist.

Für jemanden, der mit Herz und Seele seinem Lehrerberuf verbunden ist, wird es keine leichte Entscheidung gewesen sein, in die Politik zu gehen.
Das ist richtig und ich haderte auch lange Zeit damit. Ich hätte auch als verbeamteter Lehrer in bürgerlicher Selbstzufriedenheit »überlegen lächelnd auf die misera plebs« herabblicken können, wie es Wolfgang Caspart einmal süffisant ausdrückte. Aber mir war angesichts der politischen Zustände gar nicht zum Lächeln, sondern eher zum Weinen zumute. Mein persönlicher Leidensdruck wurde schließlich so groß, daß ich den Schritt tun mußte. Es kann eben passieren, daß die Verteidigung der Normalität so aufreibend wird, daß es kräftesparender ist, zum Angriff überzugehen. Viele Zustände in meinem Lehrerberuf hatten sich sich immer mehr einem Belagerungszustand angenähert. Ehe nun alle Vorräte aufgebraucht sind und das Wasser knapp wird, wagt man doch lieber einen kühnen Ausfall aus der Festung, um die Belagerung dadurch aufzulösen.

Nun können viele Machenschaften nur im Dunklen blühen. Die Entscheidung, sich dem Gegner unter offenen Himmel zu stellen, erscheint mir daher als ein echtes Wagnis.
»Nicht geschossen ist auch verfehlt!« hat Otto von Habsburg, dieser von Hitler wie Honecker meistgehaßte Zeitgenosse, einmal gesagt.

Es fällt dennoch sehr schwer, sich den Gang aus dem Klassenraum oder dem Lehrerzimmer in den Sitzungssaal

eines Ausschusses oder in das Parlament als einen Austritt vom Geschlossenen ins Offene vorzustellen. Es wehen einem doch nicht gerade Frühlingslüfte entgegen, wenn man sich zum politischen Schlagabtausch stellt.
Das stimmt. Zumal, wenn man in der heute fast schon pogromartigen Atmosphäre gegen Rechts sein »Coming out« ausgerechnet von dieser Seite aus beginnt. Aber abgesehen davon, erstaunt mich meine Entscheidung im Rückblick selbst etwas, denn der politische Betrieb hat auf mich nie einen großen Reiz ausgeübt. Seit meiner Jugend interessierte ich mich zwar für historische und politische Themen, aber sich den Gesetzen und Mechanismen von Parteien zu unterwerfen, kam für mich nicht in Frage. Ich kann mich noch gut daran erinnern, wie sich mein Vater, wenn wir auf Parteipolitik zu sprechen kamen, stets mit angewidertem, fast schmerzverzerrtem Gesicht abwandte. Ich bekam also schon früh vermittelt, daß Parteien eher die Niederungen als die Gipfel der Politik darstellen.

Und doch waren Sie zeitweise Mitglied der Jungen Union?
Das war jugendliche Neugier. Hier verfestigten sich eher noch meine Vorbehalte gegen den Parteibetrieb. Denn in der Jugendorganisation der Union traf man auf den Typus des zukünftigen Berufspolitikers, der sich schon im Jugendalter bereitwillig den Gesetzen einer langfristigen Karriereplanung unterwirft. Wir haben ja, um die Metapher von eben einmal umzukehren, im Parlament tatsächlich Leute, an deren Lebenslauf noch nie die herbe Luft einer gewöhnlichen Berufsausübung gedrungen ist.

Was für den Lehrerberuf gilt, die wesentliche Verankerung der pädagogischen Persönlichkeit in ihrem Fach, das sollte auch für den Politiker gelten.
Ja, aber ich meine nicht nur die rein fachliche Kompetenz. Eine Tätigkeit, die stark in die Lebenswirklichkeit der Bevölkerung hineinwirkt, sollte aus vielfältigen Erfahrungen dieser Realität gespeist sein. Der niederländische Soziologe J. A. A. van Doorn konstatiert bei den heute anzutreffenden jungen Polit-Ehrgeizlingen mehr Ambitionen als Lebenserfahrung. Sie erlangen Geltung, weil sie gewählt werden – aber würden nicht gewählt, weil sie Geltung besitzen. Und gerade diese Typen haben dann den Brustton idealistischer Überzeugung besonders gut eingeübt. Weil mir das schon in meiner Jugend nicht geheuer vorkam, bemühte ich mich auch nie um Ämter und strebte keine Parteikarriere an. Das ganze Gekungel und das Geschachere um Pöstchen und Posten stießen mich ab.

Ihr Weg in die Politik führte dennoch über eine Partei.
Die Alternative für Deutschland erschien mir in ihrer Gründungsphase anders als die üblichen Parteien. Hier fand ich ein wirkliches Interesse an politischen Fragen und einen ehrlichen Idealismus, den ich in der Jungen Union vermißt hatte. Und das Aufkommen der AfD erschien zudem als etwas Notwendiges, aus der allgemeinen politischen Malaise Geborenes. Natürlich wurde mir bald klar, daß man auch hier mit jenen Problemen und Abgründen zu tun hat, die bei allen Parteiformationen zu finden sind. Aber allein die fundamentale Kritik an der etablierten Politik, wie sie von einer seriösen, soli-

den Position heraus – und eben nicht von politischen Desperados – geäußert wurde, machte sie für mich attraktiv. Und nicht zuletzt fanden sich in dieser neuen Partei erstaunlich viele Menschen mit Sachverstand, der auf beruflichen Erfahrungen im normalen bürgerlichen Leben abseits des Politikbetriebs beruhte. Dazu kamen einige Routiniers der Altparteien, die dort keine Reformmöglichkeit mehr erblicken konnten. Diese Mischung aus Offenheit, Lebensnähe und Professionalität gepaart mit einer echten Aufbruchstimmung, ließ hoffen, daß hier nun wirklich ein fruchtbarer Ansatz zu einer politischen Veränderung besteht.

Aber das alles ist ja noch kein Grund, eine als Berufung empfundene Lehrertätigkeit an den Nagel zu hängen?
Nein, natürlich nicht. Die Gründung der AfD im Jahr 2013 gab mir nur den letzten Ruck. Ich hatte die politische Entwicklung ja stets verfolgt und mein Unmut über die Verhältnisse wuchs von Jahr zu Jahr. Die Familiengründung und die Sorge um die Zukunft meiner Kinder erhöhten den inneren Druck. Themen wie der Gender-Irrsinn, die hysteriegesteuerte »Energiewende«, die gescheiterte Ausländerintegration und die desaströse Euro-Rettungspolitik, aber auch der unsinnige Konfrontationskurs gegenüber Rußland und die zunehmende soziale Schieflage waren nur einzelne Puzzleteile in einem negativen Gesamtbild. Ich sah das zunehmende Versagen der politischen Klasse bei der Lösung der drängenden Probleme. Das ganze Land schien auf eine schiefe Bahn geraten zu sein und niemand war da, der den Mut hatte, dieser Abwärtsdrift in die Speichen zu greifen.

Das klingt nach dem berüchtigten »Wutbürger«, wie er in den Medien gerne verhöhnt wird.
Gerade die etablierten Medien haben einen großen Anteil daran, daß immer mehr Bürger unser politisches System als »Fassadendemokratie« empfinden. Allein daß die kritische Anteilnahme von Bürgern am politischen Geschehen öffentlich lächerlich gemacht wird, von der moralischen Diskreditierung durch hohe politische Amtsträger ganz zu schweigen, zeigt deutlich, wie weit unser Gemeinwesen heruntergekommen ist. Trotzdem wird Heranwachsenden in der Schule das Vorbild des »mündigen Bürgers« eingetrichtert, der sich in die Politik einmischen solle.

Sich einmischen könnte der Bürger ja nach der offiziellen Meinung am besten über Wahlen.
Wählen ist sicher eine wichtige, aber nicht die einzige Möglichkeit legaler politischer Mitwirkung. Es gab ja vor der Gründung der AfD bereits einige bürgerliche Protestbewegungen, die immer mehr Zulauf erhielten. Es fehlte aber an einer starken parlamentarischen Vertretung dieser Kräfte. Nach den Wahlerfolgen der AfD kreierte das entsetzte Establishment dann eine neue Schmähfigur: den sogenannten »Falschwähler«. Er steht für die unausgesprochene Botschaft an die Bürger: »Wählen dürft ihr schon, aber natürlich nicht, wen ihr wollt!« Diese subtile psychologische Manipulation vor dem Gang in die Wahlkabine wird immer mehr Bürgern bewußt, wie ich in zahlreichen persönlichen Gesprächen erfahren habe. Der Wahlzettel wird so zum Fragebogen, der »gefährliche« Stellen enthält, wie das Ernst Jünger im *Waldgang*

ausgedrückt hat. In einer Demokratie dürfte es meiner Meinung nach solche bedrückenden Gefühlslagen nicht geben. Das hochmütige Abkanzeln und die niederträchtige Bestialisierung der Unterstützer von AfD und Pegida haben die Scheinheiligkeit dieses Umgangs offengelegt. Beinahe jedem, der sich da unversehens hineingezogen sieht, wird ein Bekenntnis für oder wider abverlangt. Das hat schon inquisitorische Züge angenommen.

Bei den heutigen Machtverhältnissen dürfte sich an diesem Ritus vorläufig wenig ändern.

Ja, aber vergessen wir auch nicht: Die personell stärkste Partei des Kaiserreichs war die SPD. Ihr Vorsitzender August Bebel hatte binnen weniger Jahre seinen Sitz sowohl als Staatsfeind in einer Gefängniszelle wie auch als Mandatsträger im Reichstag! Solche dramatischen Korrekturen ereigneten sich wohlgemerkt innerhalb einer Gesellschaft, deren angebliche Obrigkeitshörigkeit immer wieder gern als schwarze Folie unterlegt wird, um die Höherwertigkeit der freiheitlich-demokratischen Grundordnung darauf hervorstechen zu lassen. Um wieviel natürlicher sollte sich in unseren heutigen Verhältnissen der Übergang von einem dämonisierten Außenseiter zur Teilnehmer an der demokratischen Normalität vollziehen. Wir dürfen uns auf eine eindrucksvolle Bewährung der gewählten Abgeordneten meiner Partei in den Parlamenten der ganzen Republik gefaßt machen.

Sie sind also davon überzeugt, daß diese Entwicklung zu einer starken patriotischen Kraft ebenso unaufhaltsam ist, wie es jene der fortschrittlichen Kräfte im Kaiserreich war?

Ja, das Ignorieren, Ausgrenzen und Niederhalten wird, heute wie damals, kein Verschwinden des Wunsches nach politischem Wandel bewirken. In diesem Zusammenhang kann an eine triviale, altbekannte und nie widerlegte Einsicht erinnert werden, die da lautet: Wenn die Probleme den Menschen unter den Nägeln brennen, aber diese Probleme von den etablierten Parteien nicht in politisches Handeln überführt werden, dann verändert sich nicht der Wählerwille. Der Wählerwille bleibt derselbe. Aber die Parteienlandschaft wird verändert. Und da sind wir mittendrin.

Gibt es denn überhaupt einen solchen Reformwunsch in breiten Kreisen der Bevölkerung?
Ich glaube schon, auch wenn es in unserem Land trotz AfD und Pegida noch auffallend ruhig ist. Es gärt und brodelt im Untergrund – die geballte Faust bleibt meist noch in der Hostentasche. Der zeitkritische Kolumnist Hans Heckel wies darauf hin, daß von etablierter Seite alle Ventile zur Druckentlastung fest verstopft worden sind. Das erkläre die merkwürdige Stille in Zeiten, in denen doch eigentlich Unruhe die erste Bürgerpflicht wäre. Diese Tatsache allerdings als einen Sieg über die »Populisten« zu verbuchen, könnte sich für die politisch-mediale Klasse als »größter Irrtum der deutschen Geschichte seit dem Ende der DDR« herausstellen. Eine Prognose, die uns zuversichtlich stimmt. Die Entladung des aufgestauten Drucks wird irgendwann kommen, die geballten Fäuste werden dann in die Luft gerissen und das Volk, der große Lümmel, an den Festungstoren der Machthaber rütteln. Ich bin fest davon überzeugt: Vor allem die Männer werden aufwachen

und sich ihrer besonderen Verantwortung für das Ganze bewußt werden. Unsere Zukunft hängt auch an der Frage männlicher Ehre und Würde.

Sie binden das nationale Schicksal an die deutschen Männer?
Joachim Fernau hat einmal die männliche Spezies in zwei Kategorien eingeteilt: Die Mehrzahl gehöre zu den »Sackträgern«, also zu denjenigen Männern, die lediglich ihren persönlichen Lebenssack hinter sich her schleifen und nicht über den Horizont ihrer privaten Sphäre hinaus denken oder handeln würden. Und die andere, kleinere Gruppe von Männern, die den sonderbaren Drang verspürten, »sich um alles kümmern zu müssen«.

Steckt hinter der vielfach angeführten »Sorge um das Ganze« nicht oft ein egoistischer Selbstdarstellungstrieb?
Natürlich kann sich das im Einzelfall überschneiden. Aber der Antrieb, den ich meine, ist grundsätzlich ein anderer, es ist ein innerer Befehl: »Du bist der Gemeinschaft, in die du hineingeboren wurdest, etwas schuldig. Du trägst eine Verantwortung für sie.« Diesen inneren Befehl kennen die Sackträger auch, aber sie folgen ihm nicht und schieben ihn lieber dezent beiseite. Und hierin sehe ich eine wesentliche Ursache für die heutige politische Misere: Wir haben nicht mehr genug zupackende Männer, die sich jenseits von Beruf, Familie und Urlaub für ihr Land einsetzen.

Wo bleiben denn in der Politik die Frauen bei Ihnen?
Ein Engagement für das größere Ganze ist natürlich nicht auf Männer begrenzt. Wir finden in allen politischen

Lagern eine ganze Reihe von patenten Frauen, die sich für ihr Land einsetzen. Und ich möchte – weil in Ihrer Frage etwas Vorwurfvolles mitschwingt – betonen, daß ich auch alle berechtigten und sinnvollen Fortschritte in der Frauenemanzipation befürworte und unterstütze. Wir müssen nur aufpassen, daß die Politik nicht das innere Wesen der Geschlechter deformiert, indem sie Frauen wie Männer jener eigentümlichen Anmut beraubt, auf der die gegenseitige Anziehung und Achtung gründet. Damit wird ein wichtiger Antrieb unseres gesellschaftlichen Lebens verödet. Es läßt tief blicken, wenn jene Frauen und Mädchen, die sich im Umfeld von AfD oder Pegida engagieren und mutig Gesicht zeigen, dann von den verbissenen Verfechtern von Emanzipation und Feminismus auf primitivste Weise beschmipft werden. Die skurrile »Respekt!«-Bewegung, die jedes Kompliment gegenüber einer schönen Frau als sexistischen Übergriff denunzieren möchte, zeigt sich völlig ungerührt gegenüber Anwürfen wie »Nazi-Schlampe«.

Steckt nicht in den Frauen ohnehin eine Erwartungshaltung an die Männer, sie sollten das Sinken des Kahns nicht einfach passiv hinnehmen, sondern endlich aufstehen und das Ruder in die Hand nehmen?

Ja, aber damit fühlen sich viele Männer heute überfordert, und zwar nicht nur »lebenstechnisch«, sondern auch aufgrund ihres verkümmerten männlichen Selbstbewußtseins.

Sie forderten bei einer Rede auf dem Erfurter Domplatz die Wiederentdeckung der Männlichkeit, was Ihnen prompt den

Titel »Pascha des Monats« von der Zeitschrift Emma *einbrachte.*

Ich sehe das als eine Auszeichnung an. In der Begründung wurde mein Plädoyer zur männlichen Wehrhaftigkeit mit der spöttischen Frage gekontert: »Wozu denn wehrhaft werden? Um uns wehrlose Frauen zu schützen?« Zwei Wochen später geschahen dann die massenhaften sexuellen Übergriffe von Nordafrikanern auf deutsche Frauen in der Kölner Silvesternacht. Da hätten sich die meisten der Bedrängten über schützende Männer gefreut. Aber es waren kaum welche da. Als Psychologen, die die vermeidbaren Traumata therapierten, sind sie den Entehrten danach sicher wieder zu Diensten gewesen.

Leider wird diesem Mangel an Einsicht allzuoft erst durch eine schlechte Wirklichkeit auf die Sprünge geholfen. Birgit Kelle forderte kurz darauf in einem Artikel »Wir wollen Helden!« und wollte wissen: »Wann genau haben Männer eigentlich begonnen, Memmen zu werden?«

Das trifft den identitätsgestörten Mann mitten ins Herz. Daß die deutschen Männer heute zu zehn Prozent aus verkrampften Machos und zu achtzig Prozent aus Weicheiern bestehen, hat verschiedene Ursachen, die seit einiger Zeit auch lebhaft diskutiert werden: fehlende Vaterprägung, kaum männliche Vorbilder, weiblich dominierte Kitas und Schulen, generell eine Antigewalt- und Antikörperlichkeitserziehung, Verzicht auf männliche Initiation usw. – in der Summe also das, was Akif Pirinçci einmal in seiner schnoddrig-polemischen Art *Die große Verschwulung* genannt hat. Er trifft mit dieser

Bezeichnung allerdings nicht das eigentliche Problem, denn es gibt eine ganze Zahl von schwulen Männern, die in ihrer Männlichkeit mehr gefestigt sind als so manche »Heteros« – auch in der Politik.

Ist es nicht so, daß die Männer zu sehr der Auseinandersetzung aus dem Wege gehen? Ein schwuler Freund hat mir gegenüber einmal die Formel von der »Feigheit vor dem Feind« ins Gespräch gebracht. Diesen Gedanken fand ich interessant. Das Einstehen bleibt für die Männer kompliziert. Wenn sie an ihrer Verantwortung festhalten, dann schwingen sie sich schwindelfrei in größe Höhen ohne Netz und doppelten Boden. Kapitulieren die Männer angesichts dieser Gefahren im Kampf der Geschlechter?

Das natürliche Verhältnis zwischen den Geschlechtern ist weniger ein Kampf, sondern eine spezifische Polarität, die das faszinierende Fluidum ausmacht, das beide Seiten zueinander zieht. Wenn man diese Polarität schwächt oder gar abtötet, vernichtet man auch die Anziehungskräfte des Eros. Ich bin überzeugt, daß es wesensmäßige Unterschiede zwischen Mann und Frau gibt, die wir nicht überwinden, sondern kultivieren sollten.

An welche Eigenschaften denken Sie da insbesondere?

Wehrhaftigkeit, Weisheit und Führung beim Mann – Intuition, Sanftmut und Hingabe bei der Frau, um nur ein paar wenige zu nennen. Und selbst dort, wo wir diese Eigenschaften jeweils auch beim anderen Geschlecht vorfinden, so sind sie dann auf typisch männliche oder weibliche Art und Weise ausgeprägt.

Einen »Kampf der Geschlechter« in der Liebe oder Partnerschaft sehen Sie also nicht?
Nur in der Weise, indem die Männer mit dem oftmals als verstörend empfundenen und sprunghaften weiblichen Wesen ringen. Da »kämpfen« sie ja auch um die Frauen. Die politisch-korrekte Gesellschaft kennt diesen Minnedienst nicht mehr, der immer strebend sich bemüht und letztlich keinen Anspruch auf Gerechtigkeit hat. Er darf nur die Huld erhoffen.

Aber wie steht es um die beklagte gesellschaftliche Vorrangstellung der Männer und die soziale Benachteiligung der Frauen?
Ein Großteil davon ist frei erfunden. Niemals hatten Frauen soviele Aufstiegs- und Entfaltungsmöglichkeiten wie heute. Der Hauptstoß der Feministen geht ohnehin weniger gegen die Männer, sondern gegen die Familie. Wir haben heute leider grundfalsche Vorstellungen vom Patriarchat und dem ritterlichen Umgang zwischen Frauen und Männern. Das durchaus legitime Infragestellen der männlichen Superiorität wird in der idealtypischen Ehe von einer großen Loyalität der Frauen aufgewogen. Die läßt eine Familie zu einer uneinnehmbaren Macht werden. Wer die kleine aber unablässige Mühe des Zusammenlebens scheut, der verspielt das große Geschenk eines glücklichen und erfüllten Lebens. Dazu gehören für mich die Erweiterung der Erlebnisfähigkeit, die Schule der Empathie und die erkenntniserweiternde Widerspiegelung des eigenen Wesens in dem der Kinder.

Bedeutet das verstärkte öffentliche Vorrücken der Frauen nicht auch deren Vorschieben durch die Männer, die sich dann hinter der zu Markt getragenen weiblichen Aura verbergen?
Es gibt schon eine Art Indienststellung des Weiblichen. Frauen werden verkaufsfördernd eingesetzt, neuerdings auch, um irgendwelchen gesetzlichen oder auch nur gesellschaftskonformen Quoten zu entsprechen. Mit einer zunehmenden Wertschätzung der Frauen hat das überhaupt nichts zu schaffen! Immer schon hat es starke Frauen gegeben – auch ohne Quoten.

Erstaunlicherweise waren sie oft eher konservativ eingestellt. Es gibt eben nicht allein Jean-Paul Sartre und Simone de Beauvoir. Friedrich Nietzsche und Martin Heidegger stehen Lou Salomé und Hannah Arendt gegenüber. Sie wurden von diesen überragenden Männern ganz selbstverständlich als gleichrangige Gesprächspartner respektiert. Der Zwang zum Ausstellen der Weiblichkeit kann auch eine Entmachtung der Frauen enthalten. Die Seelenforscherin und Schriftstellerin Lou Andreas-Salomé bedauerte 1910 gegenüber der Künstlerin Käthe Kollwitz die leichtfertige Preisgabe einer spezifisch weiblichen Kultur. Dergleichen Erbgut würde durch Nachlässigkeit innerhalb weniger Generationen verhallen, wo es doch vielleicht gerade jetzt zur Blüte hätte gelangen können, so sagt sie wörtlich.
Der Leipziger Schriftsteller Albert Wendt hat es vielleicht getroffen mit dem Aphorismus: »Die Frau ist stärker als der Mann – wenn sie einen hat.«

Und von dem gibt es Ihrer Ansicht nach viel zu wenige authentische Exemplare. Aber es tut sich etwas bei den Männern,

nur zeigt sich ihr Protest gegen die Entmännlichung meist nur in einer skurrilen Bartmode und gegebenenfalls in äußerlichen Kriegerposen.
Da spielt wohl auch der »prole drift« mit hinein, das Kultivieren von Unterschichtenästhetik durch junge Männer aus bürgerlichen Kreisen, wie es Sieferle in seinem Migrationsbuch beschrieben hat: Tätowierungen, Dreitagebart, Unterhemd, schwellende Muskeln. Diese Äußerlichkeiten reichen natürlich nicht aus, um wieder zu einer natürlichen Männlichkeit zu gelangen. Es wird vielmehr ein mühseliger, aber lohnenswerter Weg über mindestens ein, zwei Generation werden. Die Erneuerung einer Männerkultur braucht seine Zeit. Die vielen Männer-Initiativen und eine umfangreiche promännliche Literatur sind erste wichtige Schritte. Die Barber-Shops sind dabei ein naives Signal für ein ernsthaftes Bedürfnis.

Diese authentischen Männer sind dann die zehn Prozent, die Sie bei der Berechnung eben unterschlagen haben.
Genau, und aus diesen zehn sollten einmal wieder achtzig Prozent werden. Männlich statt machistisch und feminin statt feministisch – das täte beiden Geschlechtern und auch unserem Land gut.

Um wieder auf das Thema Politik zu kommen: Zur männlichen Identität gehört auch der Einsatz für die kleinere und größere Gemeinschaft?
Richtig, und die kleinere Gemeinschaft darf die große nicht zudecken. So respektabel der Einsatz für Familie und Beruf auch ist, so darf ein Mann den Blick auf das

größere Ganze nicht verlieren. Er kann sich da nicht ohne seelischen Schaden einfach herausmogeln. Aus eigener Erfahrung weiß ich, daß es oft viel Überwindung kostet, sich aus den privaten Verpflichtungen ein Stück weit zu lösen. Dabei ist beides unlösbar miteinander verbunden und verwoben: Aus dem Erleben der engeren Gemeinschaft wächst einem auch die Kraft zu, um auf den politischen Marktplatz hinauszutreten und es ist wiederum die Gefährdung des familiären und beruflichen Umfelds, die einen dazu nötigt.

Also war auch für Sie der Wechsel in die Politik familiär nicht einfach?
Natürlich, die beiden Fernauschen Kategorien stecken ja in jedem Mann und ringen um die Vorherrschaft. Dazu hat Karlheinz Weißmann eine hübsche Anekdote beigesteuert: Der englische Staatsphilosoph Thomas Hobbes traf sich angesichts der katastrophalen Lage Englands Mitte des 17. Jahrhunderts regelmäßig auf einem Landgut zu politischen Gesprächen. Dabei war er manchmal so deprimiert, daß er – halb scherzend – sagte: »In Wirklichkeit habe ich Lust, einfach nach Hause zu gehen.«

Einfach den ganzen politischen Kram hinter sich lassen!
Richtig, das will man in Zeiten des deutschen Elends und des Parteiengezänks immer wieder mal. Ich gehe dann meistens in den Wald, um dort zu arbeiten.

Das Holzhacken zum Frustabbau hat ja eine gewisse Tradition in Deutschland…

In besonders deprimierenden Phasen, wenn die Kleinheit und Gemeinheit in der Politik alles dominiert, möchte ich mich noch lieber in unsere Hauskatze verwandeln und dem dummen Treiben vom Treppenabsatz zuschauen. Aber die Verantwortung für die Geschicke des eigenen Landes halten einen dann doch auf dem Spielfeld. Wie übrigens Hobbes zu seiner Zeit auch.

Das »deutsche Elend«, von dem Sie sprechen, fühlt sich für die meisten Bürger trotz aller Abstriche aber noch ganz gut an…

Wenn man den materiellen Lebensstandard, das Bruttosozialprodukt und die frisierten Arbeitslosenstatistiken als alleinigen Maßstab anlegt, sicherlich schon – auch wenn es für immer größere Teile der Mittel- und Unterschicht seit Jahren bergab geht und die riesigen Finanzblasen irgendwann einmal zu platzen drohen. Wenn wir uns aber von der rein ökonomischen Sicht der Dinge lösen, kommen wir zu einem ganz anderen, existentiellen Punkt: Unsere »Klage um Deutschland« dreht sich nicht primär darum, daß der Wohlstand zurückgeht, sondern vor allem darum, daß unser Volk seine Seele und seine Heimat verliert.

Indem uns Deutschen und Europäern vorgeworfen wird, wir seien Profiteure eines weltweiten Elends, sollen wir dadurch den fortgesetzten Schwund von allem, was uns lieb und vertraut ist, nicht mehr wahrnehmen?

Ja, das ist eine doppelte Falle, die einige zum Schönreden und andere zum Lamentieren verführt. Davor bewahrt uns eigentlich nur eine positive Haltung zu Heimat und

Vaterland, wie sie im übrigen alle Völker außer dem deutschen ganz selbstverständlich pflegen.

Aber ist ein solch expliziter Patriotismus nicht ein bißchen von gestern? Die Zukunft gehört doch nach Meinung der heutigen Eliten dem »Weltbürger«.

Wieviel Patriotismus braucht der Mensch? – fragt der Psychologe und Alt-68er Christoph Nöhles in seinem gleichnamigen Buch. Ich glaube mit ihm: eine ganze Menge. Allein schon, weil wir heute eine krasse Schlagseite in Richtung nationaler Seinsvergessenheit haben.

Das ist dann auch der Grund, warum Sie den Patriotismus und das Bekenntnis zum Eigenen in Ihren Reden so stark betonen.

Natürlich, in normalisierten Verhältnissen, wo das nationale Empfinden einer Gaußschen Glockenkurve entsprechen würde, wäre unsere Rhetorik viel dezenter. Patriotismus ist im Grunde eine ganz unspektakuläre, natürliche Sache. Christoph Nöhles zählt ihn zu dem »kollektiven Unbewußten«, das so wichtig sei für die menschliche Sozialisation und die seelische Entwicklung. Natürlich kann auch der Patriotismus, das nationale Selbstbewußtsein, seine unangenehme Seiten entwickeln, vor allem an seinem Außenrand: Neben der identitätsbildenden, integrierenden und Geborgenheit spendenden Kraft steckt in ihm auch das Potential zum »Stockigen, Engen und Gemeinen«, wie Günter Zehm es in seinen Jenaer Vorlesungen formulierte. Wir sollten uns daher immer und auschließlich auf den positiven Kern des Patriotismus besinnen: Die liebevolle Verbundenheit. In diesem Fall zum eigenen Land und Volk. Das ist nichts Verstaubtes, sondern ein zeitloses menschliches Thema und hat auch nichts mit einem vermeintlichen »Haß auf das Fremde« zu tun. Wenn man seine Frau liebt, haßt man ja auch nicht automatisch alle anderen weiblichen Wesen auf der Welt.

Macht Liebe nicht blind?
Liebende sehen laut Antoine de Saint-Exupéry mehr mit den Herzen als mit den Augen. Und laut den Erkenntnissen der modernen Psychologie ist ein bißchen Verklärung einer dauerhaften Partnerschaft förderlich, sie stabilisiert Beziehungen. Zu einer solchen zählt zweifellos auch die nationale Zugehörigkeit, denn sie ist ein Schicksalsgewand, das man mit den Worten Ernst Jüngers »nicht einfach wechseln kann wie ein Hemd«. Liebe ist aber nicht nur ein Ort des Glücks, sondern oft auch mit Schmerz, Enttäuschung, ja Verzweiflung verbunden. Wer kennt das nicht aus eigener Erfahrung? Es geht ja gar nicht um einen immer wieder herbeigeredeten unreflektierten »Hurrapatriotismus«, der das Eigene nur bejubelt und im schlimmsten Fall überhebt.

Ihre Leidenschaft für Deutschland kennt also auch Brüche und dunkle Seiten?
Sicher, und das nicht nur mit Blick auf unsere jüngere Geschichte. In diesem Zusammenhang ist bemerkenswert, daß die *taz* mir einmal neben dem Pathos zugleich das Lamentieren über die Zustände vorgeworfen hat. Diese Widerspieglung durch den linken Journalismus at-

testiert den Patrioten unwillentlich, wie sie gerade heute innerlich zu kämpfen haben.

Was treibt beispielsweise einen nicht kleinen Teil unseres Volkes dazu, eigenschaftslos in einer abstrakten Menschheit aufgehen zu wollen und diejenigen zu schmähen, die sich für den eigentümlichen Bestand eines deutschen Seins einsetzen?
Ja, das tut einem seelisch weh, wobei diese Selbstverachtung leider eine unselige Tradition in Deutschland hat. Georg Christoph Lichtenberg umriß den deutschen Charakter mit zwei Worten: Patria fugimus – dem Vaterland entfliehen wir. Das war sicher eine Übertreibung, aber es zeigt, daß wir Deutschen nicht erst seit 1945 ein schwieriges Verhältnis zur eigenen Nation haben. Es ist schon immer ein kleineres oder größeres Drama gewesen.

Der Abstand zum Eigenen resultierte vor zwei Jahrhunderten noch aus einer Überfülle geistiger Aneignung, zu der gerade das deutsche Dichten und Denken befähigte. Heute geht uns mit der Abschwächung des eigenen Fühlens zugleich das Organ für die Würdigung des Anderen verloren. Abgesehen davon, sollte man nicht ohnehin die Politik von Emotionen möglichst freihalten?
Gute Politik erfordert nach Max Weber nicht nur eine ausdauernde Rationalität – das Bohren dicker Bretter mit Augenmaß –, sondern auch eine innere Leidenschaft. »Kühler Kopf und heißes Herz« heißt es bei Nietzsche. Heute haben wir in der Politik meist das Gegenteil: »Heißer Kopf und kühles Herz«. Das halte ich für schlimm. Mit meinem Plädoyer für die Webersche

Mischung befinde mich übrigens in guter Gesellschaft: ein so stahlharter Staatsmann wie Bismarck wurde bei Betrachtung seines Vaterlandes regelmäßig von heftigen Weinkrämpfen geschüttelt.

Unglückliche Liebe treibt eben nicht selten in die Verzweiflung. Aber nicht alle Menschen können zum eigenen Land und Volk eine so emotionale Bindung aufbauen wie zu einzelnen Menschen.

Das ist richtig. Und eine so tiefe Emotion wie die Liebe kann man schon gar nicht erzwingen! Ich denke daher seit längerem über mögliche Alternativen nach. Dabei bin ich auf den schönen Begriff der Selbstfreundschaft gestoßen, den Wolfgang Schmid ins Spiel gebracht hat. Es geht dort nicht nur um Selbstheilung, sondern auch um ein besseres Miteinander: Einverständnis mit sich selbst ist ja die Voraussetzung für ein gutes Verhältnis zu anderen. Diesen Begriff bezieht Schmid zwar auf das Individuum, aber warum sollte er nicht auch für das kollektive Ich einer Gemeinschaft anwendbar sein? Freundschaft ist eine tiefgreifende menschliche Verbindung, die mehr Eigenständigkeit und Distanz zuläßt und nicht so emotional aufgeladen ist wie die Liebe. Mit diesem sanften Schritt könnten wir zumindest den pathologischen Selbsthaß überwinden und das angespannte Verhältnis nicht weniger Deutscher zum eigenen Volk entspannen.

Zur Freundschaft gehört auch immer Loyalität, die durchaus kritisch sein kann.

Ja, das ist der Vorteil der Selbstbefreundung: Eine unreflektierte Selbstliebe kann auch den unangenehmen Geschmack des Narzißmus entwickeln, was bei einer Freundschaft, die offen und ehrlich bleibt, ausgeschlossen ist. An dem Begriff der Loyalität erkennt man auch, daß es keine wirkliche Alternative zum Volk als politischer Gemeinschaft gibt: Die viel beschworene »Menschheit« und auch die beliebten »Werte« und Verfassungsgrundsätze sind viel zu abstrakt und unverbindlich. Wer von den bundesrepublikanischen Alt- und Neubürgern verlangt, Loyalität gegenüber der westlichen Werteordnung zu üben oder sie sogar zu lieben, verkennt, daß sie zu den moralischen Universalien gehört und höchstens geachtet und respektiert werden kann. Der »Verfassungspatriotismus«, den Dolf Sternberger und Jürgen Habermas als rationale Identifikationsgrundlage gegen den »irrationalen« Volksbezug in Stellung gebracht haben, übt nur eine schwache Bindekraft aus. Und er hat noch unangenehmere Folgen: Wenn ich die Loyalität zu einer Verfassung von deren Werte-Qualität abhängig mache, muß ich folgerichtig – wenn ein anderes Land diese geschätzten Werte besser verwirklicht als meines – diesem anderen gegenüber Loyalität bekunden und sie meinem eigenen aufkündigen. So funktioniert Loyalität aber nicht. Wenn beispielsweise die eigenen Kinder nicht so gut geraten wären wie die der Nachbarsfamilie, so bliebe man ihnen doch liebevoll verbunden und würde sie nicht gegen andere, »bessere« austauschen.

Und auch einem Freund mit seinen menschlichen Makeln und unbequemen Eigenschaften bleibe ich gewogen, weil er eben mein Freund ist.

Richtig, das stärkste Band zwischen zwei Personen ist die Loyalität und diese ist grundsätzlich erst einmal unabhängig von Wertefragen. Loyalität und Treue sind hohe Güter im Leben der Menschen – in der Liebe, in der Freundschaft und auch in der Verbindung zu einer politischen Gemeinschaft wie dem Volk.

Nun halten ja einige den Begriff des Volkes selbst für äußerst abstrakt, gar für eine reine Konstruktion.
Nun, für uns Menschen ist alle Wirklichkeit »Konstruktion«, eine bestimmte Vorstellung von der Welt. Und alles real Greifbare ist nicht einfach nur da, sondern irgendwie einmal entstanden, also auch »konstruiert« worden. Die Feststellung, daß Völker Konstruktionen sind, ist also banal. In der Spätmoderne ist es allerdings Mode geworden, alles Entstandene und Gewachsene zu *de*konstruieren. Das ist zwar grundsätzlich möglich, die Frage ist nur, ob es auch sinnvoll ist. Allein aus der Tatsache, daß etwas konstruiert ist, leitet sich noch kein Imperativ zur Dekonstruktion ab. Dann müßte man ja beispielsweise alle Gebäude der Welt abreißen. Vielleicht sind aber etliche gute, schöne Konstruktionen dabei, die erhaltenswert sind. In diesem Zusammenhang erinnere ich mich daran, wie ich als Kind stundenlang sehr konzentriert die aufwendigsten Türme erbaute, um sie dann auf die unterschiedlichste Art und Weise zu »dekonstruieren«. Ob mein damaliger Beweggrund das Ausleben eines Machtwillens war oder schlicht der praktische Nachvollzug des Gravitationsgesetz – oder auch beides – ist zweitrangig. Der Unterschied zu den heutigen erwachsenen Dekonstrukteuren ist, daß ich gleichzeitig ihr Erbauer war.

Was macht denn die »gute, schöne Konstruktion« des Volkes aus? Was ist überhaupt ein Volk?
Das läßt sich nicht mit mathematischer Exaktheit sagen. Man kann das Phänomen des Volkes nur umschreiben, um es faßbarer zu machen. Das heißt nicht, daß es nicht existiert. An einer genauen Definition der Liebe knobeln wir Menschen auch seit ewigen Zeiten erfolglos herum, aber keiner wird deshalb deren Existenz bestreiten.

Das Volk ist also eine empirische Wirklichkeit?
Ja, natürlich. Fragen Sie einmal spaßeshalber einen Polen, Dänen oder Türken, ob es ihn überhaupt gibt oder ob seine Volkszugehörigkeit nicht nur ein Hirngespinnst ist. Man wird verwunderte Blicke erhalten.

Aber was sind nun die genaueren Merkmale, die ein Volk bestimmen und von einem anderen unterscheidbar machen?
Ein Volk kann als eine dynamische Einheit aus Abstammung, Sprache, Kultur und gemeinsam erlebter Geschichte beschrieben werden. Es ist eine menschliche Gemeinschaftsform, die nicht so »eng-verschwitzt« wie eine Sippe oder ein lokaler Stamm ist, wie Günter Zehm einmal geschrieben hat, aber auch nicht so entfernt-abstrakt wie die Menschheit. Eine gute Größenordnung, die zwischen dem Einzelnen und der Gattung Mensch vermitteln kann. Die Kehrseite des universalistischen Kosmopolitismus ist ja die spießige Enge des kleinen Winkels.

Mit der Abstammung berühren Sie aber einen besonders sensiblen Punkt in der öffentlichen Diskussion über den Volksbegriff.

Also, eine ernsthafte öffentliche Diskussion darüber kann ich ehrlich gesagt nicht erkennen. Hier wird seitens des Mainstreams nur gegen eine vermeintlich »völkische« Einstellung agitiert und vor einer »biologistischen« Sichtweise gewarnt. Ich bin selbst kein Anhänger eines biologischen Reduktionismus und sehe den Menschen mit Arnold Gehlen vor allem als Kulturwesen. Aber die Zeugung von Nachkommen ist nun einmal eine biologische Tatsache. Oder kommen die Kinder etwa vom Storch?

Das wird wohl nicht behauptet, aber die Frage ist ja, ob diese natürliche Reproduktion auch eine ethnische Eingegrenztheit bedingt.
Fakt ist: Die Fortpflanzung geschieht überwiegend in der eigenen Gruppe. Die Wissenschaft spricht hier von dem Phänomen der »relativen Endogamie«. Sie liegt selbst bei den kosmopolitischen Deutschen bei rund 70%, bei Türken ist sie noch sehr viel höher. Man bleibt also im großen und ganzen unter sich.

Aber weicht durch den Prozeß der Globalisierung diese ethnische Abstammungsgrenze nicht immer mehr auf?
Das wird von den Globalisten zwar gerne angeführt, ist aber falsch, wie der französische Populationsgenetiker André Langaney festgestellt hat: Weniger als zehn Prozent der Menschen sind heute von einer Auflösung der bisherigen Fortpflanzungsgemeinschaften betroffen. Das betrifft vor allem Regionen, in die früher Sklaven verschleppt wurden, wie zum Beispiel Brasilien, und die Bevölkerungen in den riesigen Metropolen – aber

selbst da handelt es sich zumeist um keine globalen, sondern eher lokale Schmelztiegel wie in Asien. Auch in den USA ist nach dreihundert Jahren »Melting pot« kein neues Volk entstanden, die eingewanderten Volksgruppen haben sich im Gegenteil stark segregiert und eine »Salad bowl« gebildet. Das heute als Verheißung angepriesene Bild einer Kosmopolis mit ethnisch-indifferenten Weltmenschen ist mehr Utopie als Wirklichkeit. Und nicht einmal eine schöne, denn sie steht konträr zu der gewachsenen Vielfalt, die den Reiz der Menschheit ausmacht. Laßt tausend Blumen blühen! Völlig falsch wäre allerdings die Propagierung eines »völkischen Reinheitsideals«, das ist schon historisch gesehen Unfug: Bei der Ethnogenese der Deutschen zwischen 800 und 1200 n. Chr. waren neben der germanischen Grundsubstanz auch bedeutende keltische, romanische und slawische Anteile dabei. Einen regelrechten Reinheitsfimmel haben eher die Menschheitsuniversalisten, indem sie gegen jegliche »völkische Verschmutzung« wettern und ein »reines Menschentum« propagieren. Viel stärker als jeder »völkische Rassist« stellen sie ihr inhaltsloses abstraktes Ideal über die konkrete Wirklichkeit. Niemand kann die Viereckigkeit von Trapez, Parallelogramm, Rechteck und Quadrat ernsthaft bestreiten. Nur teilen uns die konkreten Bezeichnungen eben weit mehr über die Gestalt dieser Figuren mit als ein beinahe nichtssagender Sammelbegriff.

Abgesehen davon ändert sich ein Volk auch im Lauf der Zeit. Sie sprachen ja eben von einer dynamischen Einheit.

Ja, kulturell wie abstammungsmäßig haben wir Zu- und Abflüsse von Fremden und Eigenen. Wir kennen ethnische Abspaltungen wie bei den Niederländern und Deutschschweizern, aber auch Einschmelzungen wie zum Beispiel von Polen und französischen Hugenotten. Ein Volk ist in seiner Generationenfolge wie ein großer Strom, der in seinem Lauf Wasserzuflüsse von verschiedenen Seiten erhält und auch selbst Wasser an Nebenarme und andere Flüsse abgibt.

Dann wäre also die Migration außereuropäischer Bevölkerungen für die Volksintegrität gar nicht so schlimm?
Bei der heutigen Masseneinwanderung spielt tatsächlich weniger die Problematik einer Ethnomorphose eine Rolle, sondern so elementare Fragen wie Heimat, Ansiedlungsvorrecht und sozialer Frieden. Generell kommt es bei der Einwanderung auf die Zahl und die kulturelle Kompatibilität an, wobei eine Tropfeneinwanderung unproblematisch und eine Masseneinwanderung kritisch zu sehen ist, besonders wenn die einströmenden Menschen ethnisch-kulturell nicht so verwandt sind. Dann wird ein Assimilierungs- oder Integrationsprozeß stark erschwert, wie wir es in Deutschland mit über vierzigjähriger Erfahrung wissen.

Der türkische Präsident Recep Erdogan hat 2010 auf einer öffentlichen Kundgebung Assimilation als ein »Verbrechen an der Menschlichkeit« bezeichnet.
Dem stimme ich sogar zu, allerdings unter dem Zusatz: Wenn dies zwanghaft geschieht. Freiwillig oder auf natürliche Weise gehört Assimilation zu den zwar seltenen,

aber völlig akzeptablen Vorgängen des Ablegens einer alten Nationalität und der Übernahme einer neuen. Der Prozeß der Akkulturation kann dann sehr schnell gehen, wie ein berühmtes Beispiel zeigt: Der deutsche Dichter Adelbert von Chamisso verbrachte noch seine Kindheit und Teile seiner Jugend auf dem Schloß seiner Eltern in Frankreich, bevor er nach Deutschland übersiedelte. Das ist schon erstaunlich.

Aber trotz dieser Ethnomorphosen hat ein Volk auch bestimmte phänotypische Bandbreiten?
Es gibt zumindest bestimmte Erwartungsbilder auf die Gesamtheit bezogen: eine japanische Fußballnationalmannschaft, die zu einhundert Prozent aus hochgewachsenen rotblonden Lockenköpfen mit Sommersprossen bestehen würde, würden wir nicht mehr als »japanisch« empfinden. Analog zur christlichen Auffassung des Menschen sind auch Völker leib-seelische Einheiten. Wir können den Körper nicht einfach von der Seele trennen und Körper haben nun einmal bestimmte Erscheinungsformen. Aber eine »phänotpyische Einheitlichkeit« anzunehmen oder gar anzustreben, ist Unsinn – es gibt im einzelnen zahlreiche Abweichungen und die Bandbreiten sind in Deutschland bekanntlich sehr groß. Exotische Farbtupfer sind Teil des Gesamtbildes.

Abstammung und Phänotypus sind ohnehin nicht alles.
Natürlich! Eine biologistische Sichtweise findet man skurrilerweise oft auf der Gegenseite: da wird seitens der Antifa »für die Vernichtung rein-deutschen Erbgutes«

plädiert, Deniz Yücel bezeichnet – nur halb satirisch – den Geburtenrückgang der deutschen »Population« als »Völkersterben von seiner schönsten Seite«, Margot Käßmann tadelt braune genealogische Linien und Wolfgang Schäuble fürchtet eine Inzuchtdegeneration, wenn wir nicht durch die Vermischung mit fremden Völkern aufgefrischt – quasi »aufgesüdet« – würden, womit er indirekt den Deutschen eine biologische Minderwertigkeit unterstellt. Das ist alles »Biologismus« pur. Ich habe dagegen ganz andere wichtige Faktoren wie Sprache, Kultur und gemeinsame Geschichte genannt. Ein Volk ist nicht nur Verwandtschaft, sondern auch Verbandschaft und zu dessen Grundlage gehört der Wunsch oder zumindest die Bereitschaft, dazu zu gehören. Wenn sich niemand mehr dem eigenen Volk innerlich-willentlich verbunden fühlt, dann hat es sich auch bei Vorliegen aller anderen Faktoren einfach in Luft aufgelöst. Darin besteht heute das größte Problem. Die Pflege eines gesunden Nationalbewußtseins, ohne Überhöhung oder narzißtische Verklärung, bleibt eine stetige Aufgabe.

Die deutsche Linke sieht das ganz anders: Sie brandmarkt alles Volksbezogene mit dem Totschlagwort »völkisch«.

Das betrifft nicht nur die Mehrheit der heutigen Linken, diese Bezeichnung ist bereits tief in das Altparteienkartell und die Mainstreammedien eingedrungen und wird gegen jeden in Stellung gebracht, der irgendwie noch ein positives Verhältnis zum Volk hat. Es gibt wohl keinen Artikel oder Bericht über mich, in dem nicht wenigstens zwei bis dreimal das Attribut »völkisch« auftaucht, meist mit der Verbindung »rassistisch«. Schon diese Wortkombination ist Unfug, denn Völker sind keine Rassen, sondern bestenfalls Legierungen selbiger. Wer den Völkern an den Kragen will, fördert im Grunde den »Rassismus«, denn er verzwergt den Menschen auf sein biologisches Sein. Wir sehen das in den USA: die »Weißen« und die »Schwarzen« setzten sich vor ihrer Amerikanisierung aus mehreren hochdifferenzierten Völkern mit eigenen Identitäten zusammen. Jetzt sind sie in einer Masse aufgegangen. Diesen Abstieg sollten wir Europäer vermeiden und die Völker bewahren.

Nun wollte schon ihre ehemalige Parteikollegin Frauke Petry das Wort »völkisch« wieder rehabilitieren.

Rein etymologisch betrachtet lag sie richtig, denn es leitet sich ja vom Begriff »Volk« ab. Dennoch halte ich diese Bezeichnung politisch-inhaltlich nicht für glücklich und habe sie auch nie für meine eigene Position verwendet. Sie steht nämlich für eine bestimmte politische Richtung Ende des 19./ Anfang des 20. Jahrhunderts, deren Inhalte und Forderungen ich nicht teile. Den Hintergrund kennen unsere Gegner natürlich und verwenden daher das Wort umso bewußter und gezielter. Unabhängig davon halte ich die Bezeichnung »volksverbunden« oder »volksfreundlich« für besser. Sie entlarvt nämlich die Gegner als eben nicht volksverbunden, ja volksfeindlich. Wir sollten ganz selbstbewußt darauf hinweisen, daß die Kategorie »Volk« der zentrale Orientierungspunkt in unserem politischen Denken und Handeln ist. Und daß das Eigene an erster Stelle kommt. Was soll auch daran verwerflich sein, sich seinem eigenen Volk mehr verbunden und verpflichtet zu fühlen als einem anderen? Eltern tun das ebenso mit ihren Kindern, ohne deswegen gleich zu Menschheitsfeinden zu mutieren.

Wir Deutschen haben ohnehin ein inniges Verhältnis zu dem Begriff »Volk«, denn die indo-germanische Herkunft unseres Namens ist vom Substantiv »thioda« abgeleitet und bedeutet nicht anderes als: das Volk.
Es ist das politische Subjekt der Neuzeit. Wenn auch das anti-nationale Meinungskartell wieder rasen wird: Unser Grundgesetz ist im Prinzip »völkisch«, da das Volk als konstituierende Gemeinschaft der Verfassung vorangestellt ist. Ihm gilt der Eid der Regierenden, auch wenn dieser heute permanent gebrochen wird. Laut §6 BVFG zählt zu einem Deutschen, »wer sich zum deutschen Volkstum bekennt und dieses Bekenntnis durch bestimmte Merkmale wie Abstammung, Sprache, Erziehung, Kultur bestätigt wird.« Da haben wir sogar die so verpönte Abstammung wieder. Das entspricht dem guten alten *Ius sanguinis* unseres Staatsbürgerrechts, das nun immer mehr zugunsten eines *Ius soli* aufgeweicht wird, mit dem auch gleich der irgendwie nicht aus der Welt zu schaffende Volksbegriff umdefiniert werden soll: Deutscher soll heute jeder sein, der sich hier auf bundesdeutschem Staatsgebiet »schon etwas länger oder erst seit kurzem« befindet. Das ist genauso absurd, wie einer natürlichen Volksverbundenheit eine »rechtsextreme Gesinnung« oder ähnliches zu unterstellen. Wenn das Volk in seiner ursprünglichen Bedeutung wirklich eine so schreckliche Sache wäre, warum gibt es dann überhaupt noch Volksparteien? Oder ein Völkerrecht? Oder das böse Faktum eines Völkermords?

Für die Linke müßte dann auch ihre geschätzte Institution der »Volkssolidarität« ein Ärgernis darstellen. Gleichwohl gelingt es ihr, sich mit heißer Leidenschaft an völlig abstrakten Chimären abzuarbeiten. Denn das linke Pathos von universeller Selbstbestimmung, internationaler Solidarität und Weltfrieden meidet den konkreten Menschen an seinem bestimmten Ort, wie der Teufel das Weihwasser.
Das zeigt aber auch, daß ihr Verhältnis zu Volk und Nation hochemotional ist. Deutschland ist ihnen ganz und gar nicht egal – das unterscheidet sie immerhin von so manchen a-nationalen Konsumbürgern. Mich erschüttert nur immer wieder das negative Vorzeichen ihrer Emotionen, der Haß auf ihr eigenes Land und Volk.

Patriotismus ist für Sie nicht ausschließlich eine Angelegenheit der Rechten?
Überhaupt nicht! Auch als Linker steht man in einer Schicksalsgemeinschaft mit seinem Volk, wie es in anderen Länder vollkommen normal ist – man schaue nur einmal nach Irland, Schottland oder Katalonien. Wir dürfen daher die deutsche Linke für ihr gestörtes Verhältnis zum eigenen Volk nicht verdammen, sondern sollten ihr auf dem Weg zu einer Versöhnung, zur Selbstbefreundung helfen. Das fordert viel von uns ab: Nachsicht gegenüber Unnachsichtigen, Verständnis gegenüber Unverständigen, Vergeben gegenüber Unnachgiebigen.

Die Mehrheit der Linken hält ja Sie und ihre Mitstreiter mit ihrer »Patriotenmacke« für therapiebedürftig, nicht umgekehrt.

Das erinnert mich ein bißchen an die bittere Humoreske mit dem Irrenhaus, in dem sich der Patient für den Arzt hält. Wir dürfen uns aber selbst nicht irremachen lassen und sollten an der schlichten Tatsache festhalten: Die Volkszugehörigkeit ist keine Frage von Links oder Rechts, sondern etwas ganz Normales und Natürliches jenseits politischer Ausschläge. Die Geschichte der Sowjetunion bietet eines der markantesten Beispiele: Die Rote Armee war nicht zuletzt auch dadurch erfolgreich, weil den Sowjetkommunisten die propagandistische Umwidmung in einen Großen Vaterländischen Krieg gelungen ist. Unter dieser Bezeichnung wird heute noch jeden Mai die Siegesparade am Roten Platz in Moskau abgehalten. Stalin hat bekanntermaßen nach dem Krieg gesagt, die Hitlers würden kommen und gehen, aber das deutsche Volk bleibe. Das sollte unseren linken Volksverächtern zu denken geben.

Würden Sie sich eigentlich selbst politisch als einen »Rechten« bezeichnen?

Ich möchte eine Gegenfrage stellen: War Friedrich der Große »rechts«? Er war Anhänger eines starken Staates und Militärs. War er »links«? Er hat die Bürgerrechte verbessert und viele soziale Neuerungen eingeführt. Mit solchen Schubladen kommt man also nicht weiter. In der gegenwärtigen politischen Rhetorik, die oft genug wie die Ouvertüre zu einem Bürgerkrieg klingt, sind diese Begriffe – die ja noch aus der Zeit der Französischen Revolution stammen – ohnehin zu bloßen Schlagwörtern verkommen. Man umgeht heute jede sachliche Auseinandersetzung, indem man eine alternative Position einfach als »rechts« oder »rechtsextrem« brandmarkt. Das ist genauso geistlos, wie pauschal auf »die Linken« einzuprügeln. Bei der Zuordnung geht heute ohnehin einiges durcheinander: Ich werde als besonders »rechts« eingestuft, wenn ich als Patriot linke Positionen vertrete, nämlich das Soziale und Gemeinschaftliche betone. Das ist doch einigermaßen komisch. Für eine staatspolitische Haltung sind die besonderen linken und rechten Gedanken, die ja beide eine Wahrheit enthalten, nur Momente eines übergeordneten Allgemeinen. Erst von diesem höheren Standpunkt aus, der in der Lage ist, die eigene politische Herkunft und die damit verbundene Begrenztheit zu transzendieren, erhalten linke und rechte Positionen ihren eigentlichen Wert und können sich zum Wohle des Ganzen entfalten. Ganz abgesehen davon ist es den Bürgern auch herzlich egal, ob eine Meinung »links«, »rechts«, »mittig« oder sonst etwas ist: sie verlangen – berechtigterweise – nach konstruktiven Lösungen!

Nun ist sich das politische Establishment einig in dem sogenannten »Kampf gegen Rechts«, der vor allem gegen die AfD gerichtet ist. Da steckt es einen großen Teil seiner Energie hinein.

Das ist richtig: In die einschlägigen Bundes- und Landesprogramme »für Demokratie«, die in ihrer Hauptstoßrichtung »gegen Rechts« gerichtet sind, dürften im Jahr 2017 insgesamt rund 150 Millionen Euro Steuergeld geflossen sein. Permanent werden Stellen geschaffen, Initiativen gefördert und Aufklärungskampagnen gestartet. Da bleibt am Ende, wie wir alle leidvoll spüren können, kaum noch Energie, um die eigentlichen Probleme anzupacken. Allerdings ist es auch ein effektives Manöver der politischen Klasse, um von ihrer eigenen Phantasie- und Konzeptlosigkeit abzulenken. Deren Motto scheint zu sein: Unser Land kann ruhig vor die Hunde gehen – Hauptsache, wir haben alles getan, damit wir den weiteren Aufstieg der »Rechten« verhindern! Mit dieser fast schon wahnhaften Fixierung gegen »Rechts« kann man keine vernünftige Politik mehr betreiben – und endet schließlich in vollkommener Handlungsunfähigkeit. Die Bürger haben zunehmend kein Verständnis mehr für diese politische Hexenjagd, die sie tagtäglich auf allen Medienkanälen erleben. Immer mehr von ihnen spüren, daß dieser »Kampf gegen Rechts« schon lange ein Kampf gegen die eigene bürgerliche Welt mit ihren Wert- und Ordnungsvorstellungen als Fundament unserer Staatlichkeit geworden ist.

Was schlagen Sie als Ausweg vor?
Zur Lockerung der vielen Verkrampfungen empfehle ich allen Linken und Rechten – und vor allem auch den »Mittisten« – die Lektüre von Rahim Taghizadegans Buch über *Linke & Rechte,* das ein faszinierendes Panorama dieser für ihn charakterlich zu erklärenden Neigungen ausbreitet. Aber Vorsicht: Die Verwirrung kann dadurch noch gesteigert werden! Die Sache ist nämlich viel verwickelter, als man gemeinhin glaubt. Der Autor rät daher, im politischen Alltag auf die Etikette zu verzichten und Worte als Worte und Menschen als Menschen zu behandeln.

Wie Popper einmal sagte: Ich diskutiere keine Begriffe, sondern nur Inhalte!

Genau. Ich plädiere daher für eine Rückkehr zur praktischen Vernunft: Wir müssen fallweise gemäß der inhaltlichen Substanz entscheiden, ob eine bestimmte Position oder Maßnahme uns weiterbringt und Probleme lösen hilft oder nicht – egal, aus welcher politischen Ecke sie kommt. Und vor allem müssen wir uns selbst von der Antifa-Konditionierung befreien und nicht gleich in Panik verfallen, wenn irgendjemand mit der Nazi-Keule schwingt.

Aber ist Antifaschismus angesichts unserer Vergangenheit nicht eine legitime politische Haltung?

An sich schon. Der heute real-existierende Antifaschismus ist aber eine politische Katastrophe für unser Land. Durch ihn wurde der ursprüngliche anti-totalitäre Konsens der Bundesrepbulik aufgehoben – also die Ablehnung sowohl des rechten wie linken Totalitarismus – und durch den Antifaschismus ersetzt. Das geschah in zwei großen Schüben: 1968 und dann noch einmal verstärkt nach 1990, als man seitens des Establishments auszog, um alle nationalen Impulse im Zuge der Wiedervereinigung im Keim zu ersticken. Dieser neue antifaschistische Konsens nahm die Linksextremen mit ins Boot und hat den Bereich der gerade noch tolerierbaren politischen Positionen auf einen klitzekleinen linksideologischen Restbestand zusammengeschmolzen. Das ging mit einer kompletten Koordinatenverschiebung einher: Was früher Mitte war, ist heute Rechts und was früher Rechts war ist heute gleich »Nazi«. Wir haben uns immer gewundert, warum wir als Rechtsxtremisten beschimpft werden, wenn wir Helmut Schmidt, Herbert Wehner oder den Dalai Lama zitieren – das Koordinationssystem ist einfach extrem verrückt worden. Das ist nicht bloß skurill, sondern auch gefährlich: Denn aufgrund der Aufkündigung des anti-totalitären Konsenses und der Etablierung eines offiziösen Antifaschismus droht eine totalitäre Metamorphose der freiheitlichen Demokratie, eine neue Gesinnungsdikatur. Wie sagte der linke Schriftsteller Ignazio Silone: Der neue Faschismus wird im Gewande des Antifaschismus kommen.

Man muß also heute gegen den Antifaschismus kämpfen, um einen neuen Faschismus zu verhindern?
Ja, so verrückt ist unsere politische Situation. Es handelt sich aber auch um Fragen der Ästhetik, der Moral und des geistigen Anspruches, die uns zum Gegenhalten und Zurückdrängen dieser totalitären Anmaßung verpflichten: Der heutige Antifaschismus macht häßlich, böse und dumm.

Das ist ein hartes Urteil.
Hart, aber wahr! Der Haß der Antifa auf alle, die rechts von ihr stehen – wozu nun wahrlich nicht viel gehört – ist enorm und Haß macht bekanntlich häßlich. Dann die moralisch kaschierte Unmoralität: Ihre Blockwartmentalität weckt niederste menschliche Instinkte wie Ausschnüffeln und Verleumden, von der primitiven Gewalttätigkeit einmal abgesehen. Und die Differenzierungsfähigkeit der schon auf peinliche Weise systemtreuen Antifa tendiert gegen Null, überall sehen

sie »Faschos« am Werk. Das kann man nur noch als dumm und unredlich bezeichnen.

Und angesichts ihres eigenen Anspruches ist das Ihrer Meinung nach ein moralisches wie geistiges Armutszeugnis.
Das ist übrigens nicht nur meine Einschätzung – sozusagen parteilich von der gegnerischen Seite –, selbst die klassische Linke ist entsetzt, was heute unter dem Antifa-Logo firmiert, man lese nur einmal den erhellenden Sammelband *Antifa heißt Luftangriff* von den Marxisten Susann Witt-Stahl und Michael Sommer. Aber marxistische Autoren werden heute ja in erster Linie nur noch von »bösen Rechten« mit Gewinn gelesen. Als der Bundesinnenminister im letzten Sommer das Verbot der Hetz- und Denunziationsplattform »indymedia-linksunten« bekanntgab, war das weniger ein Grund zum Feiern, als eher zum Erschrecken, daß gegen ein offensichtlich kriminelles Netzwerk erst so spät vorgegangen wurde. Die Seite soll heute übrigens wieder aktiv sein, ohne daß da jemand von unseren etablierten »Super-Demokraten« einschreitet.

Läßt sich denn im Umkehrschluß ableiten, daß Sie eine Lanze für den Faschismus brechen?
Ganz und gar nicht, der Faschismus ist eine geschichtlich und räumlich begrenzte Erscheinung gewesen und könnte heute in Deutschland nur als bizarrer Fremdkörper existieren.

Aber schwirrt nicht gerade in manchen rechten Zirkeln die Idee herum, den Faschismus als »weichere« Variante

gegenüber der harten, rassistischen NS-Ideologie neu zu etablieren?
Davon halte ich nichts. Man wird wohl kaum seine historische Wirkkraft und seine ernsthaften Versuche, die liberalistischen Krisen Anfang des 20. Jahrhunderts zu überwinden, bestreiten können. Eine »Casa Pound-Bewegung« wie in Italien, auf die Sie anspielen, brauchen wir Deutschen aber nicht: wir haben Preußen als positives Leitbild.

Man kann den Faschismus ja auch als den Versuch einer »Preußifizierung« Italiens verstehen.
Ein interessanter Gedanke. Das »unbequeme Leben«, das Mussolini seinen Landsleuten abforderte, erinnert zumindest ein bißchen an die kratzige, aber wärmende preußische Jacke, von der Bismarck sprach. Unabhängig von dem ziemlich großmäuligen Rückgriff auf die römisch-imperiale Antike schätzten die Italiener bekanntlich am Faschismus die Ausschaltung der Mafia, die Trockenlegung der Sümpfe, die guten Straßen und die pünktlichen Züge. Auch die noch heute wahrnehmbare moderne Urbanität, beispielsweise von Turin, Florenz und Rom, verdankt sich einem »faschistischen Stil«, der in seiner nüchternen Klarheit durchaus Anlehnungen an die preußische Epoche der Schinkel, Schadow und Rauch aufweist.

Auch wenn die Kategorien »Rechts« und »Links« als politische Einordnung nicht der Weisheit letzter Schluß sein mögen, so gibt es doch eine ganze Zahl von Menschen, die sich bewußt als solche verstehen und sich auch so etikettieren.

Das können sie gerne tun. Und ich kann sogar verstehen, wenn manche in Zeiten, in denen alle gesellschaftlichen Kräfte gegen »Rechts« gepolt sind, es als reizvoll empfinden, sich betont als »rechts« zu verorten, einfach, um sich vom Mainstream abzuheben. Ich will auch niemandem, auch keinem Linken, sein politisches Selbstverständnis bestreiten – ich plädiere lediglich für gegenseitigen Respekt. Die unreflektierte Annahme der zumeist von der Gegenseite angehefteten Kennzeichungen birgt jedoch die Gefahr, daß sich der Spielraum für Sachentscheidungen ideologisch einschränkt. Es entsteht dann eine automatische Assoziationskette, durch die beinahe jede Äußerung des Betreffenden schon vorab verdächtig wird. Ich bin daher zunehmend skeptisch bei der Selbstverortung als »rechts« oder »konservativ« geworden.

Ihnen wird von der gegnerischen Seite ja nicht nur eine »rechte«, sondern eine »rechtsradikale« oder gar »rechtsextremistische« politische Einstellung vorgeworfen. Ist nicht tatsächlich eine Grenze zu radikalen und extremen Positionen zu ziehen?

Zunächst muß man sich klarmachen: Alle vom politischen Gegner angeklebten Etikette sind reine Kampfbegriffe: Sie sollen nicht die Wirklichkeit erfassen, sondern eine nicht genehme politische Position diskreditieren. Differenziert wird schon lange nicht mehr: Im Bundestag sitzen mit dem Einzug der AfD keine »Rechtspopulisten«, wie die AfD-Politiker noch vor einiger Zeit genannt wurden, sondern handfeste »Rechtsextreme«, laut Siegmar Gabriel sogar »Nazis«. Das braucht man nicht weiter zu kommentieren. Die Unterscheidung zwischen »radikal« und »extrem« ist dennoch sehr wichtig: Radikalität ist heute in Zeiten des Konsenszwanges negativ besetzt, obwohl sie ja vom lateinischen Ursprung her, radix = Wurzel, für tiefes, grundsätzliches und gründliches Denken steht. Radikalität kann ein Ausdruck von ausgeprägtem Differenzierungsvermögen sein, das für den Erwachsenen, besonders wenn er in politischer Verantwortung steht, eine Notwendigkeit ist. Politische Entscheidungsträger sollten sich gedanklicher Tiefe nicht verweigern. Politik ohne letzten Grund wird flach und armselig. Da hilft dann auch keine verbale Kraftmeierei, um den inhaltlich lauen Lüftchen eine tiefenbewußte Note zu verleihen. Auf diese Gefahr einer »Pseudoradikalität« hat der kluge politische Analytiker Dimitrios Kisoudis hingewiesen.

Haben Sie sich schon früher mit radikalen politischen Positionen auseinandergesetzt?
Ich kann mich noch an zwei Semester Jura in Bonn erinnern, die ich an die Bundeswehrzeit anschloß. Bonn war damals noch Bundeshauptstadt. Schon in den Erstsemesterveranstaltungen traf man im dortigen Juridicum auf die zukünftigen Führungskräfte in Anzug und Kostüm. Ich empfand diese Atmosphäre als spießig und versuchte ihr immer wieder zu entkommen. So verbrachte ich einige Abende in einer Kneipe namens »Bazooka«, die wohl bis heute Treffpunkt der autonomen Bonner Szene ist. Bei billigem Whiskey diskutierte ich mit überzeugten Kommunisten über die Wünschbarkeit und Möglichkeit der Umsetzung ihrer Gleichheitsutopien.

Und später habe ich mich auch mit Vertretern radikal rechter Positionen ausgetauscht.

Färbt das nicht auf einen ab, links wie rechts?
Nachdenken und diskutieren heißt ja nicht automatisch, andere Standpunkte zu übernehmen. Eigentlich eine triviale Feststellung. Aber sie scheint mir in einer Zeit, in der einem ständig der Blockwart der Politischen Korrektheit über die Schulter schaut, geboten. Wir dürfen nie vergessen: Meinungsfreiheit und Meinungsbildungsfreiheit gehören untrennbar zusammen. Sie sind das Herzstück einer aufgeklärten Bürgerdemokratie.

Aber was ist mit dem »Extremismus«?
Extremismus dagegen ist eine Vereinseitigung, ein Ausblenden von Wirklichkeit. Die Welt an sich ist kompliziert und widersprüchlich, und damit auch die Politik. Alle monokausalen Erklärungen fördern den Verschwörungswahn und führen am Ende zu einem gefährlichen Fanatismus. Ich lehne daher jede Form von Extremismus ab. Extremistisch ist es zweifelsohne auch, wenn linke Netzwerke zur Denunziation auffordern, um die soziale Existenz von Personen zu zerstören.

Folgt aus dieser Einsicht auch die von Ihnen immer wieder betonte Ablehnung von Ideologien?
Die AfD hat seit ihrer Gründung die Parole »Vernunft statt Ideologie« ausgegeben. Das ist zugegebenermaßen nicht sehr fetzig, entspricht aber voll und ganz meiner Auffassung. »Verständig« hat für mich einen noch besseren Klang und würde viele politische Grotesken

verhindern. Es ist beispielsweise sprachlich unmöglich, die Forderung nach der unbegrenzten Aufnahme von Migranten als »verständig« zu bezeichnen. Sie den Bürgern als »vernünftig« vorzuspiegeln, geht jedoch. Denn das offensichtlich Irrationale kann von geschickten Demagogen mit Vernunftgründen verteidigt werden. Allein dem gesunden Menschenverstand wird es sich niemals vermitteln lassen.

Der hat allerdings auch nicht immer recht.
Das stimmt. Wenn seine Impulse nicht an größeren Zusammenhängen gemessen werden, kann er uns ebenso in die Irre führen wie eine Ideologie.

Beruhen unsere politischen Positionen nicht immer auch auf einer »Ideologie«?
Das ist die Frage, wie man Ideologie definiert. Manche rechten Denker beharren ja in guter Absicht auf dem Anspruch einer eigenen Ideologie. Ich dagegen verstehe unter ihr den Extremismus eines Standpunktes und die Verabsolutierung von Einzelaspekten. Das führt zu einer extremen geistigen Verengung und geht oft mit weltfremden sozialen Experimenten schwanger. Der Weg zu Terror und Verbrechen ist dann nicht sehr weit, weil sich ohne Gewalt die Wirklichkeit nicht in ein ideologisches Korsett zwängen läßt. Václav Havel sagte nach dem Zusammenbruch des Kommunismus: Die Herrschaft der Ideologien ist vorbei.

Da hat der Theaterdichter Havel für den letzten Akt eines Dramas zwar ein wirkungsvolles Schlußwort gesetzt. Die

die Tragödie geht jedoch weiter und abermals herrschen Ideologien, wenn auch auf weit raffiniertere Weise als bisher.
Ohne Zweifel hat sich nach dem Wegfall des östlichen Kontrahenten die neoliberale Ideologie des Westens hemmungslos durchgesetzt. Und auch der sich parallel ausbreitende Islamismus trägt mehr Züge einer Ideologie als einer Religion. Aber die These Havels hat einen wahren Kern: Ideologien verbauen mit ihrer Einseitigkeit die freie Sicht auf die Dinge und versagen über kurz oder lang sowohl bei der Erfassung als auch bei der Gestaltung der Wirklichkeit. Das Schlimme: Der von Menschen getragene Versuch, die Wirklichkeit gewaltsam an die ideologische Kopfgeburt anzupassen, führt zwangsläufig zum Scheitern solcher hybriden Versuche und geht immer mit furchtbaren Kollateralschäden für die beteiligten Menschen einher.

Wie wir es in Deutschland mit den Ideologien des Kommunismus und des Nationalsozialismus erlebt haben…
…und noch erleben werden, wenn sich die nicht weniger wirklichkeitsfremde Multikulti-Ideologie weiterhin behaupten sollte! Es muß unser Anspruch sein, die politischen Fragen unvoreingenommen und aus möglichst vielen Blickwinkeln zu betrachten, um aus der ideologischen Falle herauszukommen oder erst gar nicht hineinzugeraten. Wilhelm Schmid hat ein probates Gegenmittel zu den gefährlichen Sackgassen aufgezeigt, die bei einer Fixierung auf unumstößliche Wahrheiten drohen: den frühzeitigen Aufbau eines »hermeneutischen Potentials«, wie er es nennt. Anstatt uns reglos an die Gewißheiten anzulehnen, sollten wir vorab unsere Fähigkeiten zur

Auslegung jeweils eintreffender Situationen üben, bevor diese uns in unseren Festlegungen ratlos zurücklassen.

Im Sinne eines Perspektivismus, wie ihn Ortega y Gasset vertreten hat, um immer wieder neue Deutungsmöglichkeiten der Wirklichkeit zu erhalten und dadurch unvoreingenommen die tatsächliche Lage einschätzen zu können?
Genau, eine Art Offenhalten für andere Sichtweisen. Das sollte schon frühzeitig eingeübt werden. Allein in der Politik ist es vonnöten, weil es ohne diese Haltung keine langfristigen politischen Perspektiven gibt, bei denen sich optimalerweise ein konkreter Gestaltungswille mit einer Bereitschaft zu alternativen Entwicklungen und Ausprägungen verbindet.

Und auf welche Weise ließe sich so etwas ermöglichen?
Am besten geschieht das durch die vielseitige Beschäftigung mit Kunst und Literatur, Philosophie und Wissenschaft – also all dem, was man unter klassischer Bildung versteht. Das ist meines Erachtens auch der tiefere Sinn von Bildung, die letztlich sehr viel wichtiger ist als die noch so gekonnte Bedienung irgendwelcher Computerprogramme. Gerade wir Deutschen haben da einen ergiebigen Fundus, aus dem wir schöpfen können: Die Denktradition des deutschen Idealismus führt die Erkenntnismethode der platonischen Dialoge fruchtbar in die moderne Lebenswelt.

Daß hieße also Ideen an die Stelle von Ideologien setzen und auf die Kraft des Sinnbilds vertrauen anstatt eines Denkschemas?

Ja, idealistisches Denken schützt uns vor Extremismen und Einseitigkeiten, weil es die Welt integrativ und ganzheitlich zu erfassen versucht. Hegel sagte: »Das Wahre ist das Ganze.« Alle einzelnen Erscheinungen sind nur verschiedene Momente eines größeren Ganzen, sie zu verabsolutieren, würde zur Unwahrheit führen. Wir sollten es daher auch unterlassen, einen Teil – wie zum Beispiel politische Parteien – zum Ganzen zu verklären. Schon der lateinische Wortursprung »pars«, also Teil, weist ja auf ihre eingeschränkte Funktion hin. In der Politik ist seit der Neuzeit das Ganze der Staat, der immer *über* den Parteien stehen muß, wenn er keinen Schaden zum Nachteil des Gemeinwesens nehmen soll.

Sie bemängeln oft die ideologische Verbohrtheit von heutigen Parteipolitikern. Aber steht diese nicht in einem krassen Widerspruch zu deren Pragmatismus?
Das eine schließt das andere nicht aus. Man sollte hier allerdings statt von Pragmatismus besser von einer perspektivlosen Wendigkeit sprechen.

Braucht man nicht eine ausreichende Flexibilität im politischen Handeln?
Sicher. Bismarck sagte einmal, er fühle sich manchmal wie jemand, der mit einem großen Holzstock quer im Mund durch einen eng bewachsenen Wald laufen müsse.

Ein lustiges Bild. Aber ohne festen Bezugspunkt verliert man sich im dichten Wald doch schnell?
Richtig, dieser Bezugspunkt kann aber für einen Patrioten nur das Wohl und Wehe des eigenen Landes sein –

und nicht irgendwelche Partikular- bzw. Egointeressen oder gar eine diffuse »Weltgemeinschaft«. Der Auftrag an die Politiker ist eigentlich ganz einfach, auch wenn seine Umsetzung oft schwierig ist: Schaden vom Volk abwenden und seinen Nutzen mehren. In unseren Parlamenten dominieren dagegen zwei extreme Typen, die ganz anderen Zielen folgen: Auf der einen Seite die naiven Menschheitsträumer, auf der anderen Seite die »Lobbyvertreter mit Korruptionshintergrund«. Die einen sehen den Wald vor Bäumen nicht und laufen darin irre. Die anderen roden einfach den Wald, um das Stöckchen im Maul vorwärtszubringen. Das normale Volk und das Gemeinwohl fallen dabei unter den Tisch.

Gibt es nicht auch einen positiven Opportunismus, der das eigentliche Ziel den Umständen der politischen Machbarkeit anpaßt und enthält dieser nicht die eigentliche Substanz des Politischen? Wäre unter solchen Umständen jedes andere Verhalten nicht doktrinär, ineffektiv und sogar lebensfeindlich? Goethe hat in seiner Rezension der Briefe eines Verstorbenen *den Fürsten Pückler als nicht immer aufrichtig geschildert und das keineswegs abträglich gemeint. Wie bleibt man also beweglich ohne sich seinen Grundsätzen zu entfremden?*

Selbstverleugnung und feine Diplomatie sind Kennzeichen einer überlegenen Lebenshaltung. Das erlernt sich nicht in einer Generation von selbst. Allerdings darf dabei nicht das Hauptziel aus dem Blick geraten, so daß zuletzt die Mittel den Zweck überwuchern. Welche Maßnahmen man als Politiker im einzelnen ergreift, muß pragmatisch entschieden werden und darf nicht durch ideologische Scheuklappen behindert werden, wie ich vorhin schon ausgeführt habe. Da sind »linke« wie »rechte« Antworten möglich. Ich nenne das den »Bismarckgeist«.

Sie lassen nicht davon ab, den alten Bismarck zu beschwören.
Als der preußische Junker Reichskanzler wurde, bedrängten ihn seine konservativen Standesfreunde, er solle jetzt konservative Politik machen. Bismarck lehnte das mit dem Hinweis ab, er sei jetzt Staatsmann und müsse für das *ganze* Volk denken und handeln – ohne standesmäßige oder ideologische Verengungen. Die Orientierung am Gemeinwohl war für ihn selbstverständlich. So eine Geisteshaltung brauchen wir heute wieder.

Das wiederholt von Ihnen genannte »Gemeinwohl« ist nun auch ein sehr schwammiger Begriff, der sich überall für ganz egoistische Interessen in Anspruch nehmen läßt.
Ein guter Politiker und Staatsmann kann das intuitiv erfassen und braucht dazu keine mühselig hergeleiteten Definitionen von Politikwissenschaftlern. Da schwirren in den Seminaren Surrogate wie »public value« oder »citizen value« herum, die alle darauf hinauslaufen, daß die Parteien und die gesellschaftlichen Verbände das Gemeinwohl unter sich ausklüngeln – was dann aufgeblasen als »prozeduraler Kompromiß« bezeichnet wird.

Manche Politologen lassen den Begriff aufgrund der Schwierigkeit einer allgemeinverbindlichen Definition und auch der häufigen Leerformelrethorik in der Politik gleich ganz fallen.

Ich halte beides für unklug. Eine Verengung auf den bloßen Ausgleich partikularer Interesses führt in die Irre, es gibt durchaus eine eigenständige, übergeordnete Kategorie der Wohlfahrt. Dafür brauchen wir einen Metastandpunkt und stabile Koordinaten zur Orientierung. Ein Staatsmann wie Bismarck besaß noch dieses Sensorium zur sicheren Navigation. Natürlich ändert sich im Laufe der Zeit auch die Sicht auf das, was man als Gemeinwohl oder öffentliches Interesse in concreto versteht, aber es gibt gewisse Konstanten. Vielleicht hilft uns bei der Objektivierung der Rückgriff auf Thomas Hobbes, der vier greifbare Punkte nannte: Die Abwehr äußerer Feinde, die Sicherstellung des inneren Friedens, die wirtschaftliche Entfaltungsmöglichkeit und die – wie er betonte: unschädliche – Freiheitsausübung der Bürger.

Das könnte auch so im AfD-Programm stehen.

Richtig. Sie sind natürlich nicht das Gemeinwohl selbst, sondern Wegweiser dortin. Man könnte noch ein paar weitere hinzufügen, wie Schutz und Pflege von Landschaft, Ökologie und Kultur, eine ausgewogene Sozialstruktur. In der Summe geht es um das »gute Leben« des Volkes. Allerdings nicht hedonistisch-materialistisch verstanden, sondern als »eudaimonía« im antiken Sinne – als sinnvolles, sittlich-tugendhaftes Leben. Der Staatsrechtler Josef Isensee, bei dem ich in Bonn Staatsrecht hörte, betont daher, daß das Gemeinwohl weniger eine empirische als eine sittliche Größe darstelle und über das konkret Machbare hinausweise. Wie ein Stern also, an dem man sich als Politiker orientieren solle, ohne ihn je erreichen zu können. Die Arbeit am

Gemeinwohl beinhaltet im übrigen nicht primär die Pflege privater Gärten, sondern öffentlicher Parks.

Eudämonia oder deutsches Volksglück *hieß interessanterweise eine konservative deutsche Zeitschrift aus den letzten Jahren des 18. Jahrhunderts, die sich aber in erster Linie mit der Enthüllung von Freimaurer- und Illuminateneinflüssen als Ursache der Französischen Revolution und der Aufklärung beschäftigte. Ich möchte noch einen weiteren Punkt ansprechen, der mich im Zusammenhang mit Bismarck interessiert: Politik gilt ja seit jeher als eine Welt der Unmoral, zu der Hinterlist und Täuschung, Intrige und Verrat gehören. Muß da nicht eine charakterlich integre Person über kurz oder lang auf der Strecke bleiben? Wer kann denn heute schon einerseits die wirtschaftliche Unabhängigkeit und andererseits die körperliche und seelische Robustheit des »Alten aus dem Sachsenwald« aufbringen?*

In der Tat ist Politik kein Betätigungsfeld für Heilige, wie uns niemand so schonungslos wie Machiavelli gelehrt hat. Sie ist eine eigene Sphäre, in der andere Gesetze gelten als die der religiösen oder auch der bürgerlichen Moral. Jean-Paul Sartres »schmutzige Hände«, die sich jeder macht, der in der Politik agiert, haben mich daher auch immer abgeschreckt.

Hat also der einzelne »Gute«, um noch einmal Machiavelli zu bemühen, gar keine Chance gegen die vielen »Nichtguten«? Ziehen die ihn, ob er nun will oder nicht, in ihre Machenschaften hinein?

Meine Hoffnung ist an die alte Einsicht geknüpft, daß Macht nicht den guten Charakter verdirbt, sondern den schlechten nur noch schlechter macht. Gerade deshalb ist es umso wichtiger, daß hier sittlich gefestigte Menschen in der Verantwortung stehen, die es verstehen, mit den »heißen« Instrumenten der Politik sicher umzugehen. Denen es Charakter und Horizont erlauben, sich dem destruktiven Strudel zu widersetzen. Charakterlich deformierte und fragwürdige Typen zieht es nun leider oft in die Politik, besonders heute. Das war aber historisch nicht immer so, es gab auch Zeiten mit einer leidlich intakten politischen Elite. Hieran müssen wir wieder anknüpfen.

Denken Sie da an jene Eliten, die in zwei Kriegen ausgelöscht wurden? Wie könnten wir an die wieder anknüpfen?
Soweit müßte man nicht einmal zurückgehen, denn wir finden auch in den Anfängen der Bundesrepublik noch eine politische Führung, die im Gegensatz zu heute die Bezeichung »Elite« verdient. Denken wir an Geister von Format wie Konrad Adenauer, Carlo Schmid, Kurt Schumacher und Thomas Dehler. Aber dann ging es ziemlich rasch bergab – keine neue Politikergeneration konnte das Niveau der vorherigen im Durchschnitt halten. Es ist auffällig, daß der Abstieg der politischen Eliten mit dem Aufstieg der Parteien einhergeht. Das liegt wohl an deren starker Tendenz zur Negativauslese – wobei es hin und wieder auch Ausnahmen gibt. Auf der lokalen und regionalen Ebene, wo der Parteieneinfluß nicht so hoch ist wie auf Bundesebene und in den »parteifreien Zonen« der Verwaltung sieht es zum Glück noch anders aus: hier findet man sehr viel häufiger neben einem aufrichtigen Interesse an dem Bürgerwohl auch mehr

Fachkompetenzen und charakterliche Integrität als bei den üblichen grauen Politfunktionären. Von dort werden unsere natürlichen Verbündeten kommen, wenn wir einmal von der Opposition in die Regierungsverantwortung wechseln sollten.

Sind Sie eigentlich in ihrer bisherigen politischen Tätigkeit mit ihren eigenen moralischen Ansprüchen in Konflikt geraten?

Es gab und gibt natürlich immer wieder innere Kämpfe, die man durchstehen muß, aber in grosso modo kann ich bis heute noch in den Spiegel schauen. Wem es in diesen Umständen gelingt, sich eine gewisse Arglosigkeit zu bewahren, so sehr die auch immer wieder auf die Probe gestellt wird, der lebt gesünder und verfügt letztlich auch über größere Überzeugungskraft. Mit meiner propagierten »Vertrauenskultur« werde ich oft belächelt und selbst enge Mitstreiter machen sich bisweilen Sorgen, ob eine solche Herangehensweise nicht von »bösen Geistern« mißbraucht werden könnte – der Schriftsteller Friedrich Franz von Unruh sprach von den »Unwürdigen und Ränkevollen«. Ich bestreite die Risiken nicht, glaube aber, daß am Ende die überschlauen Taktierer und Finassierer doch den Kürzeren ziehen werden, weil die Menschen instinktiv den integren Führungspersonen folgen.

Aber moralisch unfehlbar ist doch keiner in der Politik?

Sicherlich, auch bei einem soliden Ethos ist man nicht davor gefeit, daß das Wollen und das Ergebnis des Wollens unter Umständen auseinanderfallen können. Unauflösbare Interessenüberschneidungen können in bestimmten Entscheidungssituationen sogar dazu führen, daß man im wahrsten Sinne des Wortes »unschuldig schuldig« wird. Der mir politisch ganz fernstehende, berühmt-berüchtigte Schriftsteller Nikolaus Coudenhove-Kalergi hat einmal geschrieben, daß es kein Leben der Tat ohne Unrecht, Irrtum und Schuld gibt. Wer davor zurückschreckt, solle im Reich der Passivität verharren. Aber ich muß nach einigen Jahren Erfahrung in der Parteipolitik eingestehen: man muß die Stiefel schon ziemlich hoch schnüren, um durch den Morast mit einigermaßen sauberen Beinen zu kommen.

Unabhängig von moralischen Fragen: Paßt dieses harte, nüchterne Geschäft der Politik überhaupt zu einem Menschen, den Alexander Gauland einmal wohlwollend-väterlich einen »Nationalromantiker« genannt hat?
Der Romantik wird meist Träumerei und Realitätsferne unterstellt. In der Politik, wo es um den klaren, kalten Blick auf die Dinge geht, wäre das deplaziert und geradezu gefährlich. Die Sache hat aber noch eine tiefere Dimension. Der kürzlich verstorbene CDU-Politiker Heiner Geißler warnte in seinem Buch *Zugluft – Politik in stürmischen Zeiten,* daß die Deutschen aufpassen müssen, nicht wieder vom Volksgeist der deutschen Romantik übermannt zu werden. Spätestens hier sollten wir stutzig werden: Warum will uns jemand aus dem Establishment von einer der fruchtbarsten geistig-literarischen Epochen unserer Kulturgeschichte fernhalten? Ist es die Sorge vor »deutscher Innerlichkeit«, die sich mit dem verordneten westlichen Rationalismus nur schwer vereinbaren läßt? Sollen wir deswegen unseren Volkscharakter aufgeben?

Wir Deutschen sind in unserem Kern nun einmal keine »smarten Praktikusse«, wie es das alte angelsächsische Vorbild fordert.

Einmal etwas scherzhaft festgestellt: Auch die Sozialromantiker sind sehr deutsch. In der literarischen Romantik waren sie alle in einer Familie versammelt: Bettina von Arnims Dies Buch gehört dem König *mit seinen sozialen Ideen und Achim von Arnims* Kronenwächter *mit der Beschwörung des alten Reichs.*

Wenn man den Gedanken weiterspinnt, haben die »Refugees welcome-Applaudierer« in ihrer mentalen Igel-Stellung sehr deutsche Wurzeln.

Es wird im Zusammenhang mit dem Romantiker-Vorwurf argumentiert, daß wir international wettbewerbsfähig bleiben müssen und uns nicht in eine romantische Gartenlaube verkriechen können.

Und dennoch haben wir als doch so »gedankenvolles und tatenarmes« Volk die erfolgreichste und stärkste Wirtschaftsordnung der Welt geschaffen – übrigens *bevor* wir uns der angelsächsischen Doktrin mit ihrer Gewinnmaximierungs- und Rentabilitätsideologie unterwarfen. Die Deutschen scheinen mit ihrer seltsamen Romantik eine ganz eigene Kraftquelle zu besitzen, selbst in so profanen Bereichen wie der Ökonomie.

Und von woher fließen uns diese Kräfte zu?

Jedenfalls nicht in einem träumerischen Absehen von der Wirklichkeit, was man der romantischen Haltung immer ankreidet. Es geht vielmehr um einen besonderen, tieferen Blick auf die Erscheinungen der Welt. Peter von Matt sprach einmal von einem »zweiten Augenpaar«, das man dafür benötige und das in unserem Volk anscheinend mehr vorhanden ist als in anderen. Die Romantik fußt auf der alten platonischen Erkenntnis, daß jenseits der vordergründigen, sichtbaren Welt eine hintergründige, unsichtbare existiert, in der das eigentliche Wesen der Dinge zu finden ist. Der deutsche Idealismus hat diesen Faden aufgegriffen und sich um die Transzendierung des bloß Immanenten bemüht. Goethe faßte das in die schönen Worte: »Alles Vergängliche ist nur ein Gleichnis.«

Das träumerische Absehen von der Wirklichkeit scheint heute eher ein Problem der Regierenden und ihrer Anhänger als der patriotischen Opposition zu sein. Man könnte aber fast entlastend vorbringen: Wir entkommen unserem Wesen nicht.

Wenn sich die Romantik in ihrer etwas entrückt-sentimentalen Ausrichtung in konkrete politische Entscheidungen einmischt, dann *kann* es verhängnisvoll enden. Trotz dieser Risiken glaube ich, daß die romantische Tiefenhellsichtigkeit der Deutschen sich insgesamt stärkend und heilbringend auswirkt. Sie hat dazu beigetragen, daß unser Volk sich aus den größten Katastrophen immer wieder aufgeholfen hat. Das geht schon seit dem Dreißigjährigem Krieg so, der wegen seiner verheerenden Auswirkung auf die deutschen Länder auch der »deutsche Krieg« genannt wurde.

Entspringt aus der gleichen Quelle die Kraft von Zeichen, Symbolen und historischen Mythen? Sind sie die Siegel, die uns solche Fähigkeiten verbürgen?

Ja. Mythen gelten in unserem Land als verstaubt und überholt, obwohl die Bundesrepublik selbst etliche Mythen pflegt: das Wirtschaftswunder, die D-Mark und den Volkswagen, später den Manteltarifvertrag und das grenzenlose Europa, neuerdings den Fremden als Erlöser von der Last des Eigenen. Trotz aller Rationalisierungen in der Moderne hat der Logos den Mythos nicht verdrängen können. Wir sollten Mythen ganz praktisch als mögliche Kraftquellen und Orientierungshilfen ansehen, die uns auch in schlechten Zeiten Hoffnung und Zuversicht spenden. Man denke da nur an den Kyffhäuser-Mythos der Deutschen: Bekanntlich schläft der alte Kaiser Barbarossa in einer Höhle des Kyffhäuserberges, um eines Tages mit seinen Getreuen zu erwachen, das Reich zu retten und seine Herrlichkeit wiederherzustellen. Interessant ist, daß sich die mythisierte Herrschergestalt ursprünglich auf Barbarossas Enkel, den Staufer Friedrich II., bezogen hat.

Das ist im übrigen eine Legende, die sich bei vielen Völkern findet. Der portugiesische König Dom Sebastião I. fiel 1554 in der Schlacht Ksar-el-Kebir in Marokko. Da sich sein Leichnam nie fand, wartete die iberische Halbinsel bis ins 19. Jahrhundert auf den Ersehnten, O Desejado. Gewiß warten sie noch immer und haben nur die Zuweisung geändert.

Nun wird ja von aufgeklärter Seite über den mangelnden Wahrheitsgehalt solcher Mythen gelästert. Der Wahrheitsgehalt ist aber gar nicht das entscheidende, sondern die belebende und identitätsstiftende Wirkung auf Menschen und Völker – und das kann man empirisch nicht bestreiten.

Es kommt also allein auf die Resonanzen an, die sie beim Menschen auslösen?
Ja, ein Mythos kann nur »schwingen«, wenn entsprechende Saiten beim Menschen vorhanden sind. In Mythen vermischen sich stets alte Geschichten mit aktuellen Sehnsüchten, Reales mit Phantasie.

Können sie nicht auch von einer politischen Führung mißbraucht werden?
Natürlich, wie jedes Ding auf dieser Welt. Der DDR-Schriftsteller Franz Fühmann sprach deshalb von einer »Tragik des Mythos«. Er warnte vor dem, was der Sozialphilosoph Georges Sorel für nützlich hielt: den Einsatz von Mythen für politische Zwecke, indem man sie zu einem suggestiven Bild verdichtet. Fühmann zeigte den Sicherheitsriegel, um Mißbrauch auszuschließen: Ein Mythos müsse authentisch sein, denn dann besäße er im Gegensatz zu Pseudomythen automatisch eine »Widerspruchsstruktur«.

Was soll das bedeuten?
Daß ein wirklicher Mythos immer verschiedene Lesarten ermöglicht, also unterschiedlich interpretiert werden kann. In den authentischen Mythen gehen die Geschichten und Charaktere nie ganz auf. Gut und Böse, Hell und Dunkel sind nicht eindeutig zugeordnet. Die bekannten deutschen Nationalmythen mit ihrer Mehrdeutigkeit und bisweilen auch Abgründigkeit kann man nach diesem Kriterium als authentisch bezeichnen – man denke nur an das Nibelungenlied oder den Faustmythos.

Arminius ist aber beispielsweise eine reine Lichtgestalt in den Augen der patriotischen Deutschen. Handelt es sich bei dieser Gestalt um einen Pseudomythos?
Nun ja, der Befreier Germaniens hat zunächst in römischen Kriegsdiensten gestanden und wurde später von eigenen Verwandten ermordet – so einfach ist die Geschichte nicht! Gerade die Widerspruchsspannung und Mehrdeutigkeiten machen den Reiz von Mythen aus und sperren sich gegen eine platte Manipulation zur politischen Propaganda. Außerdem stiften sie den Mythen ein Verjüngungspotential, das sie über viele Generationen lebendig bleiben läßt. Die Kyffhäusersage ist nach fast tausend Jahren noch weithin bekannt.

Und warten Sie auch darauf, daß die Raben eines Tages nicht mehr um den mythischen Berg kreisen?
Man mag sich über das Bild mokieren. Aber die Sehnsucht der Deutschen nach einer geschichtlichen Figur, welche einst die Wunden im Volk wieder heilt, die Zerrissenheit überwindet und die Dinge in Ordnung bringt, ist tief in unserer Seele verankert, davon bin ich überzeugt.

Nach Oswald Spengler sind wir Deutschen ein »monarchisches« Volk – egal, ob wir in einem Königreich oder in einer Republik leben.
Da ist etwas dran. Wir leisten uns wahrscheinlich deshalb noch einen Bundespräsidenten, der in seiner machtlosen Form politisch völlig überflüssig ist und nur Steuergeld aufzehrt.

Den Menschen geht es heute fern von Mythen um ganz praktische Angelegenheiten wie beispielsweise innere Sicherheit, Arbeitslöhne und Verkehrsinfrastruktur.
Natürlich, das sind alles Dinge, die die Lebenswirklichkeit und -qualität der Bürger ausmachen, und hier ist nach Jahren des Problemstaus sehr viel zu tun. Interessant ist, daß man bis ins 16. Jahrhundert hinein mit der Wiederkehr des Kaisers nicht nur die Wiedererrichtung des Reiches und den Beginn einer langanhaltenden Friedenszeit verband, sondern ganz lebensnah auch soziale und politische Reformen. Wenn wir jetzt einmal von den Ruinen der Kyffhäuserburg herabsteigen zu den drängenden Problemen unserer Tage, kann man die Aktualität dieses alten deutschen Mythos kaum bestreiten. Ein reines Technokratentum wird jedoch nie die inneren Kräfte der Menschen freisetzen, die wir für die grundlegende Erneuerung unseres Landes brauchen. Die Menschen werden von anderen Motiven bewegt.

Max Weber sprach von einer fortschreitenden »Entzauberung der Welt«. Gibt es überhaupt einen Weg zurück?
Der Befund ist eindeutig: Die entzauberte Welt ist für eine wachsende Zahl von Menschen kein angenehmer Ort. In unserer westlichen Hemisphäre, in der Freiheit meist mit »ungestörtem Fressen« gleichgesetzt wird, wächst das Unbehagen. Ein Lichtblick ist, daß die Naturwissenschaften, die ja Beschleuniger der Entzauberung gewesen sind, in ihren Grenzbereichen wieder zu dem großen Staunen zurückkehren. Auch wenn sich noch einige verbohrte »Klotzmaterialisten« über die »neufrommen Physiker«, die den Geist in

der Materie entdeckt haben, despektierlich äußern: Die Naturwissenschaft wird zunehmend nicht mehr als eine Instanz verstanden, um das Göttliche aus der Welt zu vertreiben, sondern als eine Vermehrerin des Geheimnisvollen – jede Tür, die sie mit ihren rationalen Erklärungen aufstößt, öffnet einen Raum mit neuen Türen. Das bedeutet: Die Welt bleibt auch bei den genauesten Meßverfahren und Analysen am Ende ein großes Rätsel, das wir mit den begrenzten Mitteln der Wissenschaft nicht lüften können. Hier kann uns wohl nur das »zweite Augenpaar« weiterhelfen.

Und wie kann man eine Brücke schlagen zwischen dieser magischen Welt und der realen Welt der Politik?
Indem man beide akzeptiert und in die politische Arbeit integriert. Zur Politik gehören einerseits die rationale Analyse der Lage, die nüchterne Einschätzung von »Freund und Feind«, die abgewogenen Antworten auf die kleinen und großen Wechsellagen, die konkrete Wahrnehmung der Interessen des politischen Subjekts – aber andererseits auch die Vorstellungskraft, die Gestaltungsideen, die großen Perspektiven. Und der Anspruch, der kalten funktionalen Welt eine Seele einzuhauchen, indem wir wieder beginnen, die faszinierenden Dinge *hinter* den Dingen zu entdecken. Es geht nicht nur darum, ein Gemeinwesen gut zu organisieren. Es geht auch um die Wiederverzauberung der Welt.

Weniger romantisch als stürmisch ging es wohl bei der Gründung der AfD 2013 in Thüringen zu. Wie haben Sie die Aufbauzeit erlebt?

Am Anfang herrschte bei den Mitstreitern ein unglaublicher Enthusiasmus. Es war ein gutes Gefühl, Gleichgesinnte zu treffen und die Zustände nicht mehr nur zu kritisieren, sondern aktiv an ihrer Überwindung zu arbeiten. Die Alternative war anfänglich nicht als Partei organisiert, sondern etablierte sich zunächst als Bürgerbewegung namens Wahlalternative 2013. Somit stellte sich die die Frage, wie man bei Wahlen wirksam auftreten, also insbesondere Plätze auf Wahllisten erhalten könne. Dazu suchte man als Probelauf die Zusammenarbeit mit den Freien Wählern bei der Landtagswahl 2013 in Niedersachen. Dieser Kooperationsversuch scheiterte jedoch, so daß die Mehrheit die Notwendigkeit sah, eine Partei zu gründen. Bauchschmerzen hatten wir alle dabei, denn es war damals schon offensichtlich, daß die mißliche Lage unseres Landes etwas mit den Verkrustungen unserer Parteiendemokratie zu tun hatte. Seit den Gründungstagen sind wir uns in der Thüringer AfD daher bewußt, daß die Partei niemals Selbstzweck unseres Handelns werden darf.

Was für Leute kamen da zur Gründung des Landesverbandes zusammen?

Es war eine sehr bunte Truppe mit verschiedensten Charakteren und Typen: ehemalige DDR-Bürgerrechtler, politische Idealisten, die sich eine große Wende erhofften, Pragmatiker aus der Kommunalpolitik und einige wenige langjährige Mitglieder anderer Parteien, die sich aus Enttäuschung abgewandt hatten. Und leider auch einige Glücksritter, Postenjäger und Wichtigtuer.

Wie läßt sich mit einer solch heterogenen Gruppe eine funktionale Parteiorganisation aufbauen?
Zunächst herrschte eine große Aufbruchsstimmung. Beim ersten Landtags-Wahlkampf 2014 kämpften AfD-Mitglieder und Sympathisanten aus Thüringen und anderen Bundesländern Seite an Seite für den Erfolg der Alternative. Flugblätter wurden auf eigene Rechnung gedruckt. Jeder lief sich die Hacken ab, um sie zu verteilen. Keiner fragte: Was nützt es mir persönlich? Dieser Idealismus zeigt beispielhaft die damalige Stimmung an der Basis der jungen Partei. Auf der Führungsebene aber brauten sich schwere Konflikte zusammen, was die Arbeitsfähigkeit des ganzen Landesverbandes stark beeinträchtigte.

Wirkte sich das negativ auf das Wahlergebnis aus?
Nein, trotz des schlechten Außenbildes, das der Landesverband aufgrund seiner Führungsquerelen damals zeigte, kam die AfD in Thüringen – anders als auf Bundesebene, wo sie den Einzug in den Bundestag mit 4,7 % knapp verfehlte – auf 6,2 %. Das war auf jeden Fall eine Bestätigung dafür, daß wir den Nerv der Bürger getroffen hatten. Die internen Konflikte hatten ihre Ursachen auch weniger auf der inhaltlichen Ebene. Die ersten Funktionsträger der Partei befanden sich in einem Zustand permanenter Überlastung: eine

Parteiorganisation war aufzubauen, programmatische Aussagen waren zu formulieren und ein Wahlkampf zu organisieren – alles ehrenamtlich neben dem bürgerlichen Beruf und den familiären Verpflichtungen. Das zehrte an den Nerven. Mitunter ging es auch um persönliche Eitelkeiten. Die Egomanie einzelner Personen stand der Teamfähigkeit des Landesvorstands im Wege. Dadurch entstand ein ziemliches Tohuwabohu mit der Folge von Rücktritten und Austritten.

Die Lage beruhigte sich, als Sie den damaligen Vorsitzenden Matthias Wohlfahrt ablösten. Wohlfahrt wird von der Presse immer mal wieder gegen Sie in Stellung gebracht. Zuletzt hat er sich mit einem offenen Brief im Januar 2017 gemeldet, in dem er Ihnen vorgeworfen hat, einem Personenkult Vorschub zu leisten.

An Matthias Wohlfahrt und seinem Führungsstil hatte sich immer wieder Kritik entzündet. Es kam zu Auseinandersetzungen, Zerwürfnissen und auch Austritten. Das war für die Partei umso prekärer, als nach der Bundestagswahl bald der Wahlkampf für die Europawahl im Mai 2014 folgte. Vor diesem Hintergrund waren viele Mitglieder deprimiert, daß die politische Arbeit durch Personalfragen torpediert wurde. Der Parteitag im Juni brachte dann die Zäsur und markierte das Ende der »Ära Wohlfahrt«.

Womit dann die »Ära Höcke« begonnen hat?

Ich wurde im Juni 2014 zusammen mit Stefan Möller zum Landesprecher gewählt. Der Parteitag in Stadtroda war ein Neuanfang, alle waren der permanenten Konflikte müde, und so versuchten die Beteiligten, konstruktiv aufeinander zuzugehen. Die Versammlungsleitung hatte übrigens Bernd Lucke übernommen, und das Gelingen der Veranstaltung ist sicher auch auf seine ruhige und konstruktive Art der Moderation zurückzuführen.

Nun ist Lucke selbst ein Jahr später als Bundesvorsitzender abgewählt worden.

Sein Schicksal erinnert ein bißchen an das von Wohlfahrt, wobei Lucke wohl in einer Art »professoralem Autismus« gefangen war. Beiden fehlte die Fähigkeit und am Ende wohl auch der Wille zu integrieren und die eigenen Befindlichkeiten gegenüber der gemeinsamen Sache zurückzustellen. An der hieraus resultierenden Devise »Wer nicht für mich ist, ist gegen mich« ist dann später auch Frauke Petry gescheitert. Aber sowohl Wohlfahrt als auch Lucke muß man in ihrem jeweiligen Wirkungskreis auch ein großes Verdienst am Aufbau der Partei zubilligen.

Wie gestaltete sich die Arbeit der neuen Fraktion im Landtag?

Es dauerte teilweise sehr lange, bis die Abgeordneten ihre Büros beziehen konnten. So spielte sich in den ersten Monaten die gesamte Fraktionsarbeit in einem zum Großbüro umfunktionierten Raum ab. Der Fraktionsgeschäftsführer und seine Sekretärin unterhielten ein Büro, das aus einem Rechner und etwa zwanzig blauen Ablagefächern bestand. Während einzelne Abgeordnete, eingerahmt von hohen Papierstapeln, an Dokumenten arbeiteten, gaben unmittelbar daneben andere Kollegen der Presse Interviews.

Wie verhielten sich die Abgeordnetenkollegen der anderen Fraktionen?
Aus den Reihen von Rot-Rot-Grün schlug uns sofort deutliche Ablehnung und bisweilen auch offene Verachtung entgegen. Für die Haltung der meisten Abgeordneten von Linkspartei und Grünen dürfte der Auftritt der Linke-Abgeordneten Engel, die damals noch anders hieß, charakteristisch sein. Die Frau hielt es in der konstituierenden Sitzung am 14. Oktober 2014 für geistreich und witzig, ein T-Shirt zu tragen, auf dem – natürlich in englischer Sprache – unübersehbar »Scheiß AfD« zu lesen war. Ihr Parteigenosse Schaft präsidierte in derselben Sitzung mit einem T-Shirt, auf dem der Aufdruck »Kein Herz für irgendeine Nation« – ebenfalls auf Englisch – prangte. Die meisten Kollegen der Union begegneten uns korrekt, einige sogar erwartungsfroh bis freundlich. Mit den AfD-Demonstrationen im Herbst 2015 änderte sich das, man ging jetzt deutlicher auf Distanz.

Haben Sie damals die CDU falsch eingeschätzt?
Der Druck von oben war wohl zu groß. Mike Mohring hat sich schließlich der – von ihm selbst kritisierten! – »Merkel-Tauber-Doktrin« unterworfen, die die Union seit jenen Tagen im Jahr 2014 auf eine totale Blockade und Ausgrenzung der AfD verpflichtet.

Zu Beginn ihrer parlamentarischen Arbeit mußte die Alternative eine konsistente Position zu allem, auch zu den parlamentarischen Abläufen, erst finden. Wann, würden Sie sagen, war die Fraktion voll arbeitsfähig?

Tatsächlich gab es am Anfang endlose Debatten um alle möglichen Dinge. Allein der Thüringer Löwe etwa kostete uns viele Stunden wertvoller Arbeitszeit.

Jetzt scherzen Sie!
Nein, im Ernst! Im Wahlkampf hatten wir, unbeleckt wie wir waren, aus Versehen für ein Faltblatt die Fassung des Thüringer Löwen verwendet, auf die nur Behörden zurückgreifen dürfen. Dafür wurden wir gerüffelt. Natürlich wollten wir den Fehler nicht wiederholen und zerbrachen uns den Kopf darüber, ob und in welcher Form die Verwendung des Thüringer Wappentiers beispielsweise für die Visitenkarten der Abgeordneten zulässig wäre. Dabei ist das Thema gar nicht so profan, wie es klingt. Denn es beinhaltet ja eine herzliche Antwort auf das herzlose Bekenntnis der vorhin erwähnten Aufschrift des Trikots von Herrn Schaft. Die Verwendung des Thüringer Löwen auf unseren Drucksachen intendiert das unmißverständliche Bekenntnisses zu dem Land, für dessen Gedeihen wir uns im Parlament wirksam einsetzen wollen.

Aber Sie haben doch in der Aufbauphase Ihre Energie nicht nur in Visitenkarten und die Farbe von Kugelschreibern investiert?
Nein, zum Glück nicht. Politische und taktische Fragestellungen bestimmten zum größeren Teil unsere Gespräche in der Fraktion. Lange etwa diskutierten wir darüber, ob wir das uns zustehende Amt des stellvertretenden Parlamentspräsidenten besetzen sollten oder nicht.

Wie kam es dazu, daß Sie darüber diskutieren mußten?
Die AfD war in Thüringen mit der Forderung angetreten, den Staat zu verschlanken und auch im Parlament finanzielle Einsparpotentiale auszunutzen. Nun sollte ein Zeichen gesetzt werden, daß wir den Worten auch Taten folgen lassen und auf ein – mit zusätzlichen Vergütungen aus Steuergeldern versehenes – Amt verzichten würden. Wir haben das auch so beschlossen, weshalb die AfD-Fraktion keinen stellvertretenden Parlamentspräsidenten stellt. Heute sehe ich die damalige Entscheidung mit gemischten Gefühlen, denn wir haben mit dem Sitz im Präsidium auch auf einen Sitz im Ältestenrat verzichtet und uns darüber hinaus von wichtigen parlamentarischen Informationssträngen abgeschnitten. Zähe Debatten gab es insbesondere auch um die Fraktionssatzung oder die Frage der Ausschußbesetzung – die üblichen Themen halt, mit denen sich Fraktionen unter anderem beschäftigen müssen. Dazu kam noch die Suche und Einarbeitung geeigneter Mitarbeiter wie Fachreferenten, Bürokräfte und Pressesprecher. Personell weitgehend komplett und auch arbeitsfähig waren wir etwa im Frühling 2015.

Zu einer Zeit, als neue Konflikte ausbrachen …
Sie meinen jetzt das Ausscheren der Kollegen, die später die Fraktion verließen bzw. ausgeschlossen wurden?

Ja, genau. Wie kam es dazu aus Ihrer Sicht?
Im Zuge des Aufbaus von Landespartei und Landtagsfraktion entfachte sich ein Streit mit den Abgeordneten Gentele, Helmerich und Krumpe. Bei diesen Auseinandersetzungen ging es zu keiner Zeit um politische

Inhalte, auch wenn in der Öffentlichkeit von den Medien ein anderes Bild erzeugt wurde. Die folgende Trennung hatte ausschließlich Gründe, die in der Persönlichkeit und im Verhalten der betreffenden Kollegen lagen. Verschärfend wirkte sich der zur gleichen Zeit eskalierende Konflikt um Bernd Lucke und seine Anhänger in der Bundespartei aus, der auch so dargestellt wurde, als gehe es um eine Konfrontation zwischen »Liberalen« und »Nationalkonservativen« in der AfD. Genau diese Legende wurde in den Thüringer Medien aufgegriffen und von Gentele, Helmerich und Krumpe rhetorisch bedient, indem sie mich persönlich zu diffamieren suchten. Ich befürchte, daß zumindest zwei der eben Genannten bis heute nicht in der Lage sind, zentrale Wesensmerkmale des Liberalismus und Konservatismus zu nennen.

Und wie klärte sich die Angelegenheit?
Da das Hauptproblem bei den drei Abgeordneten ihre mangelnde Kooperationsfähigkeit war, ergriff die Fraktion nach einem langem Geduldsspiel disziplinarische Maßnahmen, die schließlich zum Ausschluß bzw. Austritt führten. Während Gentele in der politischen Versenkung verschwand, wurde Helmerich Mitglied der SPD-Fraktion und bejubelt seitdem die linksgrüne Regierungspolitik – eine interessante Karriere. Jens Krumpe muß man zugutehalten, daß er als fraktionsloser Abgeordneter weiterhin versucht, seine politischen Steckenpferde parlamentarisch zu transportieren.

Gibt es denn eine Lehre, die Sie aus diesen Vorgängen gezogen haben?

Ich habe damals wahrscheinlich zu lange versucht, ausgleichend und vermittelnd zu wirken, auch dann noch, als andere Fraktionskollegen schon längst keine Geduld mehr hatten und der Streit wie Mehltau über der Fraktion lag. Hier bin ich Opfer meiner Profession geworden. Als Lehrer kam ich aus einer Welt, in der die Entwicklung junger Menschen im Mittelpunkt steht und die gewöhnlich durch eine Vertrauenskultur geprägt ist. Aus dieser beruflichen Prägung heraus plädiere ich für Gespräche und Vermittlungsangebote. Das ist an sich nicht falsch. Aber wahrscheinlich wäre es besser gewesen, die Notbremse früher zu ziehen, gemäß der Devise: Lieber ein Ende mit Schrecken, als einen Schrecken ohne Ende. Wie auch immer: nachdem die drei Querulanten gegangen waren, gab es ein regelrechtes Aufatmen in der Fraktion, auch bei den Mitarbeitern. Der lähmende Alpdruck, der monatelang auf der Fraktion gelastet hatte, war mit einem Mal verflogen, die Stimmung hellte sich schlagartig auf. Nun konnten wir uns mit ganzer Kraft der inhaltlichen Arbeit zuwenden.

Kommen wir zur inhaltlichen Arbeit der Thüringer AfD-Fraktion. Wie sah und sieht diese konkret aus?
Wir haben eine Vielzahl von Anträgen und parlamentarischen Initiativen eingebracht und von Anfang an eine konstruktive Oppositionsarbeit betrieben – allerdings mit klaren Linien und ohne das »Herumgeeiere«, das wir seit drei Jahren bei der Unionsfraktion sehen.

Welche inhaltlichen Akzente haben Sie im Rahmen der Parlamentsarbeit gesetzt?

Da gibt es eine große Bandbreite mit vielen Einzelfacetten: Von unserer Klage gegen den Regierungserlaß eines pauschalen Winterabschiebestopps für abgelehnte und ausreisepflichtige Asylbewerber über eine Vielzahl von Anträgen zum Landeshaushalt bis hin zu unserem Gesetzentwurf, deutsch als Landessprache in die Thüringer Verfassung aufzunehmen. Im Zusammenhang mit der nun vorerst gescheiterten Gemeinde- und Kreisgebietsreform, die die Ramelow-Regierung durchzupeitschen versuchte – gegen den Widerstand der meisten Bürgermeister, Landräte und Kommunalpolitiker, ganz zu schweigen von der Bevölkerung – haben wir einen Gesetzentwurf vorgelegt, der einen verfassungsrechtlich zwingenden Volksentscheid bei einer Neugliederung des Landesgebietes vorsieht. Da den Bürgern das Thema Asylpolitik so auf den Nägeln brennt, haben wir unsere Standpunkte noch einmal konkretisiert und ein umfassendes Konzept erstellt, das alle Ebenen von Bund, Ländern und Gemeinden berücksichtigt. Mir ist nicht bekannt, daß in Deutschland eine Parlamentsfraktion ein vergleichbares programmatisches Papier dazu vorgelegt hätte.

Zeigt sich nicht trotz der erfolgreichen Verbreitung einer zweifellos fundierten Broschüre über den Islam, die der Fraktionsreferent Dr. Michael Henkel verfaßt hat, daß die mediale Außenwirkung der Thüringer Fraktion doch sehr begrenzt ist?

In der Tat bleibt unser ganzes Bemühen im Parlament aufgrund der verzerrenden bzw. feindseligen oder einfach auch gar nicht erfolgenden Berichterstattung vor allem in den Printmedien zu wenig beachtet. Deshalb veranstalten wir Bürgerdialoge, wo wir mit den Menschen vor Ort über die aktuelle Lage und unsere Positionen sprechen können. Wir haben damit im August 2015 in Suhl begonnen, es folgte eine ganze Reihe weiterer Veranstaltungen, beispielsweise in Arnstadt, Eisenberg, Gera oder in Mühlhausen. Das stieß durchgängig auf ein großes Interesse in der Bevölkerung. Mittlerweile haben wir selbst in kleinen Dörfern Bürgerdialoge mit zweihundert bis dreihundert Interessierten durchgeführt, auch außerhalb von Wahlkämpfen. Allerdings taten sich damit zugleich neue Herausforderungen auf.

Welche waren das?

Die »Mediengruppe Thüringen«, die im Freistaat über ein Quasimonopol im Zeitungs- und Verteilungsgeschäft verfügt, legte die geschäftliche Zusammenarbeit mit uns auf Eis. So wurden von ihr keine Veranstaltungsanzeigen mehr abgedruckt und die Verteilung unserer Fraktionszeitung eingestellt. Zum anderen begannen mit Rückendeckung linksgrüner Politiker die extremistischen Gruppen der sogenannten »Antifa«, Vermieter und Gastwirte zu bedrohen oder einzuschüchtern, die uns für die Bürgerdialoge ihre Räumlichkeiten zur Verfügung stellten. Damit hatten diese totalitären Grüppchen zwar einigen Erfolg, konnten aber letztlich nicht verhindern, daß wir unsere Bürgerdialoge durchführten.

Wie ist es Ihnen letztlich gelungen, den Boykott durch die Lokalpresse wettzumachen?

Den konnten wir durch unsere starke Präsenz im Internet und durch die Verteilung von Flyern ganz gut kompensieren.

Waren die großen Demonstrationen, die die Thüringer AfD seit dem Sommer 2015 durchführte, auch eine Reaktion darauf, daß die AfD-Fraktion nicht die öffentliche Resonanz gewann, die sie suchte?
Im Zuge der eskalierenden Zuwanderungs-Krise brauchten wir neben den Bürgerdialogen eine weitere außerparlamentarische Plattform, um unsere Position in die Öffentlichkeit zu bringen und zugleich die Bürger gegen diese gesetzesbrecherische Politik zu mobilisieren. Für mich gibt es keinen Zweifel, daß zu dem Aufwind, den die AfD seit dem Herbst bundesweit in den Meinungsumfragen hatte und auch zu den guten Landtagswahlergebnissen in Rheinland-Pfalz, Sachsen-Anhalt und Baden-Württemberg führte, unsere Demonstrationen in Erfurt mit beigetragen haben.

Was war Ihr bisher schönstes Erlebnis im Erfurter Landtag?
Daß wir als Fraktion auch eine Bühne für die Präsentation von bildender Kunst geschaffen haben. Es war mir eine besondere Freude, daß ich im Mai 2016 eine öffentliche Ausstellung von Aquarellen des 2005 verstorbenen deutsch-russischen Künstlers Hermann Graudin in unserer Fraktion eröffnen konnte.

Welche Zwischenbilanz würden Sie nach drei Jahren parlamentarischer Praxis ziehen?

Die bisherige Bilanz als Oppositionsfraktion ist für mich zwiespältig. Einerseits ist das Parlament ein Forum, auf dem die AfD-Fraktion bewiesen hat, daß sie zu einer vernünftigen politischen Arbeit fähig ist. Man kann an unseren vielen parlamentarischen Initiativen erkennen, was wir machen und was wir vor allem anders machen würden. Mit dem bisher Geleisteten können wir uns sehen lassen. Knapp eintausend »Kleine Anfragen«, mehr als einhundert Gesetzesentwürfe und Plenumsanträge bis Ende 2017 sprechen für sich. Auf der anderen Seite müssen wir aber auch eingestehen, daß ein großer Teil unserer Anstrengungen im Parlament einfach untergeht. Damit meine ich nicht, daß wir am Ende von der Mehrheit überstimmt werden, das gehört zum parlamentarischen Spiel. Es ist der Mantel des Schweigens, der über uns gebreitet wird.

Was meinen Sie damit konkret?
Im Thüringer Landtag verlangt die Geschäftsordnung für die Selbstbefassungsanträge in den Ausschüssen eine Zustimmung von einem Drittel der Abgeordneten. In der Regel kommen unsere Anträge daher oftmals gar nicht auf die Tagesordnung, weshalb wichtige Themen dann auch so gut wie nie behandelt werden. So können wir die Regierungsfraktionen bzw. die Regierung nicht nötigen, zu unseren inhaltlichen Vorstellungen oder Fragen Stellung zu beziehen. Das erschwert eine konstruktive Oppositionsarbeit. Daß die Geschäftsordnung an dieser Stelle reformbedürftig ist, wird auch von den anderen Landtagsfraktionen schon seit Jahren bestätigt. Passiert ist bis jetzt allerdings nichts.

Wenn nun offenbar eine Änderung dieser Bedingungen kurzfristig nicht zu erwarten ist, wie wollen Sie verhindern, daß Ihre Energien nicht in Windmühlenkämpfen aufgerieben werden?
Wir werden den direkten Kontakt zu den Menschen im ganzen Land weiter verstärken. In Ausschüssen und Sitzungen wollen wir nicht unsere ganze Energie verschwenden. Entscheidend ist für mich in der Politik, ob eine sinnvolle Maßnahme oder Veränderung auch am Ende durchgesetzt wird, also beim Bürger ankommt. Alles andere ist letztlich Schall und Rauch. Deswegen streben wir auf längere Sicht in Thüringen die Regierungsverantwortung an.

Da haben Sie aber noch einen langen Weg mit dem Stock im Mund durch den dichten Wald zurückzulegen. Derzeit stellt die AfD acht von 91 Landtagsabgeordneten, zwei weitere inzwischen Fraktionslose sind über die AfD-Landesliste eingezogen. Damit sind Sie noch weit von einer Regierungsübernahme entfernt.
Seit der letzten Wahl 2014 in Thüringen hat sich politisch viel verändert, nicht nur auf Landesebene, wo wir bei der Bundestagswahl 2017 mit 22,7 % das zweitbeste Ergebnis aller Landesverbände erzielen konnten, sondern bundesweit, europaweit, ja weltweit. Denken Sie nur an den Brexit, die amerikanische Präsidentenwahl, den Einzug der AfD in den Bundestag, den Abzug der globalistischen, völkerfeindlichen Soros-Stiftung aus Ungarn. Es liegt eine Wendestimmung in der Luft, die von den USA bis nach Europa reicht. Von den etablierten Kräften ist keine Lösung, sondern nur die Eskalation der Probleme zu erwarten.

Thüringen hat laut dem letzten Glücksatlas *der Post bundesweit die größte Steigerung an Lebenszufriedenheit. Die braven Landeskinder sind offensichtlich mit der rot-rot-grünen Politik ganz zufrieden.*
Den Aussagewert solcher Erhebungen muß man stark anzweifeln, schon aus statistisch-sachlichen Gründen. Wenn dann noch eine politische Intention hinzukommt, wie das bei der genannten Studie offensichtlich ist, wird das alles zu Makulatur. Interessanterweise ist übrigens bei dem Faktor Arbeit, also einer klassisch linken Domäne, die Zufriedenheit gerade nicht gestiegen – hier bildet Thüringen das traurige Schlußlicht.

Aber daß Rot-Rot-Grün Thüringen ins Unglück reißt, würden Sie doch auch nicht behaupten?
Ramelow hat in der Regierungszeit seine cholerische Ader unter Kontrolle gebracht und genießt sichtbar das Amt des Ministerpräsidenten in vollen Zügen. Er reist durchs Land und gibt nach allen Seiten den »Grüßaugust«. Ansonsten hat man in der Staatskanzlei das politische Risiko gescheut, um Thüringen als Blaupause für eine rot-rot-grüne Machtkonstellation auf Bundesebene nicht zu gefährden, was allerdings zur letzten Bundestagswahl grandios gescheitert ist. Einige obskure Ideologieprojekte werden trotzdem sehr zielstrebig umgesetzt, mit negativen Folgen: Die von Ramelow in seiner Regierungserklärung angekündigte Aktion »Buntes Thüringen« führte kurz darauf zum bereits erwähnten »Winterabschiebestopp«. Ein weiteres ideologisches Umerziehungsprojekt ist auch das »Landesprogramm für Demokratie, Menschenrechte und Toleranz«, das bezeichnenderweise bereits unter

CDU-Ägide ins Leben gerufen wurde, allerdings unter der neuen Regierung finanziell kräftig aufgestockt wurde – für 2017 sind 4,75 Millionen Euro budgetiert. Hinter dem wohlklingenden Namen verbirgt sich ein monetärer Dauerzufluß für linke bzw. linksextreme Projekte und Vereine sowie dubiose Netzwerker, die an Universitäten und Hochschulen ungeniert Steuergelder abgrasen und abstrusen Theorien Gehör verschaffen wollen. Die völlige politische Einseitigkeit dieses Landesprogramms zeigt sich schon darin, daß religiöser oder linker Extremismus keine Rolle spielt, es geht mal wieder ausschließlich gegen »rechts«. Mit einer kleinen Anfrage konnten wir aufklären, daß zwischen 2010 und 2014 in Thüringen rund 40.000 Euro Steuergeld in den Demonstrationstourismus linker Gruppen gepumpt wurden, deren Zielsetzung nicht selten die rechtswidrige Behinderung bis Verhinderung angemeldeter und genehmigter Kundgebungen war. Ein weiteres Anzeichen dieser bedenkliche Entwicklung ist die Einrichtung einer sogenannten »Dokumentationsstelle für Menschenrechte, Grundrechte und Demokratie«, die den Auftrag hat, die öffentlichen und halböffentlichen Äußerungen von Thüringer Bürgern zu kontrollieren und sogar zur Denunziation aufruft.

Was haben Sie als Fraktion dagegen unternommen?
In einem von uns einberufenen Sonderplenum des Landtages konnte das Vorhaben zwar nicht gekippt werden, allerdings gelang es uns, die fragwürdige Vergabepraxis der Landesregierung und die personellen Verstrickungen offenzulegen. Zudem wurde öf-

fentlich, daß diese neue Institution weder durch den Landesrechnungshof noch den Landtag kontrolliert werden kann. Mit über 200 000 Euro jährlich wird der Freistaat künftig eine Institution unterhalten, die von der Amadeu-Antonio-Stiftung geleitet wird, also jener Stiftung, deren Vorstandsvorsitzende die ehemalige IM Anetta Kahane ist. Diese »Dokumentationsstelle« ist daher in meinen Augen zurecht als private Stasi 2.0 bezeichnet worden.

Sie haben sich Anfang 2017 des Jahres entschlossen, nicht für den Bundestag zu kandidieren. 2019 stehen Landtagswahlen in Thüringen an. Da drängt sich die Frage auf: Wollen Sie auf längere Sicht in der Landespolitik reüssieren oder lockt Sie letztlich doch mehr die Bundespolitik?

Ich werde das tun, was für mein Land am förderlichsten ist. Daß ich diese Frage grundsätzlich offen lassen muß, ist der Dynamik der gegenwärtigen politischen Entwickung geschuldet. Ich glaube aber, daß Thüringen, dieses wundervolle Land in der Mitte Deutschlands, für die Zukunft unseres Vaterlandes noch eine ganz besondere Rolle spielen wird.

Verstehen Sie Thüringen als Modellfall? Etwa als ein Beispiel, wie sich ein Land in einer ideologisierten Gesellschaft seinen Charakter bewahrt? Während der SED-Diktatur haben die Thüringer den Substanzverlust besser abwehren können als andere Regionen der früheren DDR, etwa Brandenburg oder Mecklenburg, wo die Genossen weniger Widerstand gegen ihre Kampagnen zu befürchten hatten.

Das kann gut sein. Allerdings sollte auch nicht verkannt werden, womit das zusammenhängt. Die Existenzvernichtung der selbstständigen Bauern in den agrarisch geprägten nördlichen Bezirken durch die Bodenreform hat dort die tragende Schicht der Gesellschaft verödet und diese Umpolung erst möglich gemacht. Eine maßvolle Industrialisierung, die immer auf einer stolzen Handwerkerschaft fußt, hat Thüringen – ähnlich wie dem angrenzenden Sachsen und Sachsen-Anhalt – eine differenzierte Struktur bewahrt, die Rückzugsräume in schwierigen Zeiten bereithält. Auf diesem Territorium hat die deutsche Kleinstaaterei einmal die wildesten Blüten getrieben. Es reihte sich hier Residenzstädtchen an Residenzstädtchen. Dieser viel kritisierte Partikularismus hat durchaus auch positive Seiten, denn die vielen kleinen früheren Hauptstädte mit ihren provinziellen Eigenheiten und dem Stolz darauf beugen der Geistlosigkeit eines allzu starken Zentralismus vor. Hier ist alles zugleich und nebeneinander vertreten. Hoffen wir, daß diese gute Mischung sich auch bewährt, wenn nun neue Zumutungen auf die Menschen eindringen.

Der geopolitische Denker Jordis von Lohausen schrieb einmal, daß in politisch öden Zeiten auf gesamtstaatlicher Ebene neben dem vorübergehenden »Rückzug in Bücher und Partituren« auch der in die greifbare Nähe der eigenen Heimat bleibe.

Ja, der deutsche Partikularismus und Provinzialismus sind zwar eine Schwäche, wenn es um große nationale Aufgaben geht, also dort, wo die zentrale Bündelung der Kräfte erforderlich ist. In Zeiten bloßen Überlebens und schlichter Substanzwahrung ist diese Schwäche aber eine Stärke – wie bei einem leckgeschlagenen Schiff, das die Schotten dicht macht und so das Sinken verhindert. In Österreich zeichnet sich neuerdings eine politische Wandlung ab und auch die mitteldeutschen Refugien, das sagenumwobene »Dunkeldeutschland«, könnte als Überlebenskern unserer Nation eine elementare Bedeutung bekommen. Wir werden auf jeden Fall alles tun, um aus dieser Lebensglut, die sich unter vierzig Jahren kommunistischer Bevormundung erhalten hat und der auch der scharfe kalte Wind des nachfolgenden kapitalistischen Umbaus nichts anhaben konnte, wieder ein lebendiges Feuer hervorschlagen zu lassen.

VOLKSOPPOSITION GEGEN DAS ESTABLISHMENT

Bevor die verschüttete Lebenskraft auflodern kann, wird es aber noch ein Fegefeuer geben, von dem wir erst wissen können, ob es uns reinigt oder uns verzehrt, wenn wir es durchschritten haben. Die Masseneinwanderung nichteuropäischer Völkerschaften und der Niedergang des Gemeinwesens treiben Land und Volk in eine existentielle Krise.
Ja, wenn wir die gewaltsame Transformation des hergebrachten Nationalstaates in eine multikulturelle Zuwanderungsgesellschaft nicht bald stoppen, droht uns in Deutschland und Europa tatsächlich eine kulturelle Kernschmelze.

Sie halten das nicht für ein Naturereignis und unterstellen damit eine willentliche Lenkung dieser Bewegung?
Richtig, denn die Politik der Regierenden wird nicht nur unter massiven Rechtsbrüchen – wie bei der Grenzöffnung im Herbst 2015 – sondern auch gegen den Mehrheitswillen der Deutschen vollzogen. Oder sind wir jemals von den Verantwortlichen befragt worden, ob wir die Massenansiedlung von außereuropäischen Bevölkerungen und die damit verbundene Islamisierung unseres Landes überhaupt wollen? Es wird uns aus den Zwängen eines »natürlichen Wandels« verkauft, aber der ist alles andere als »natürlich«: Achtzig Kilometer östlich von Berlin endet das multikulturelle Experiment auf wundersame Weise – weil es das polnische Volk und seine politisch

Verantwortlichen nicht wollen. Es gibt also sehr wohl alternative Optionen.

Der Publizist Frank Böckelmann hat am 11. März 2016 in einem Interview für das ZDF-Kulturmagazin Aspekte *in feinstem Dresdnerisch die rhetorische Frage gestellt: »Wenn mal so'ne Million hineinkommt, ohne daß man gefragt wird und wir nur Statisten sind und vielleicht noch mehrere Millionen kommen, das ist doch auch 'ne Form von Gewalt? Oder nich'?«.*

Im Grunde weiß natürlich auch die herrschende politische Klasse, wie unpopulär ihre Einwanderungspolitik im Volk ist. Daher hat man seit Beginn der Ausländeransiedlung in Deutschland mit den Mitteln der Verbrämung und Verschleierung gearbeitet, um nicht zu starke Widerstände hervorzurufen. Erst wurde den Deutschen versprochen, die Gastarbeiter würden hier nur auf Zeit bleiben, nach dem Familiennachzug und der Verfestigung ihres Aufenthaltsstatus wurde deren Integration in unsere Kultur angekündigt, als das dann nicht eingehalten wurde, versicherte man den Bürgern zumindest, daß wir kein Einwanderungsland seien und nun sind wir genau dort gelandet. Manfred Kleine-Hartlage hat daher die Ausländer- und Zuwanderungspolitik der bundesdeutschen Regierungen als fortgesetzten Betrug bezeichnet.

An diesem beteiligen sich leider auch die etablierten Medien. Eine wissenschaftliche Analyse, die vor kurzem von der Otto-Brenner-Stiftung, der Hamburger Media School und der Universität Leipzig durchgeführt wurde, hat dazu mehr als 30 000 Berichte aus regionalen und überregionalen Zeitungen für den Zeitraum von Februar 2015 bis März 2016 ausgewertet.

Ja, ich kenne diese Studie. Die Autoren stellten dort eine erschreckende Tendenz zur volkspädagogischen Einflußnahme im Sinne der Merkelschen Migrations- und Multikulti-Politik fest. Das heute vom polit-medialen Establishment unisono propagierte Konzept einer multikulturellen Gesellschaft ist übrigens auch eine Lüge: denn nicht allen Volksgruppen wird das Recht auf eigene Entfaltung und Interessenwahrnehmung zugestanden: den einheimischen Deutschen wird es sogar bestritten! Dasselbe gilt auch in den anderen europäischen Ländern. Multikulturalismus in der westlichen Welt hat nicht das Nebeneinander gleichberechtigter Kulturen in einem Land zum Ziel, wie der australische Verhaltensforscher Frank Salter, der viele Jahre am Max-Planck-Institut in Andechs wirkte, festgestellt hat, sondern die Minorisierung und Marginalisierung der authochthonen Völker.

Ähnlich empfinden es trotz dieser »Verschleierung und Verbrämung« immer mehr Menschen im Land und bringen das auf unterschiedliche Weise zum Ausdruck, etwa durch Demonstrieren oder Protestwählen.

Genau, und diesem zunehmenden Widerstand setzt die politische Klasse nun ihre moralischen Overkill-Kapazitäten entgegen, indem sie alle mit der aktuellen »Flüchtlingskrise« zusammenhängenden Vorgänge auf menschliche Einzelschicksale reduziert. Damit soll die ganze Problematik entpolitisiert und auf eine rein humanitäre Dimension beschränkt werden. Folgerichtig darf es dann auch nur noch rein gesinnungsethische Lösungen geben, also ohne Fernwirkungsabschätzung und ohne Rücksicht auf die Schutz- und Existenzbelange der eigenen Bevölkerung. Tatsächlich gibt es aber keine moralische Pflicht zur Selbstauflösung.

Es werden aber auch verschiedene sachliche und ökonomische Argumente für die Einwanderung vorgebracht: Fachkräftemangel, Demographie, Rentenlücke.
Die werden zur Absicherung des eigenen Standpunkts mit angeführt, sind aber alle vorgeschoben und leicht widerlegbar. Der Bevölkerungswissenschaftler Herwig Birg hat beispielsweise wiederholt darauf hingewiesen, daß wir mit Einwanderung dauerhaft unsere demographischen Probleme nicht lösen können. Das humanitäre Argument ist ohnehin am effektivsten: Das erschütternde Bild eines toten Kindes, das am Strand liegt, wirkt tausendmal mal mehr als irgendwelche Statistiken über fehlende Fachkräfte oder sinkende Einwohnerzahlen.

Sie sagten am Anfang unseres Gesprächs, daß Sie menschliche Schicksale nicht kaltließen.
Natürlich nicht! Die eigentliche humanitäre Katastrophe besteht in dem praktischen Unsichtbarwerden der wirklichen Flüchtlinge. Derjenigen also, die nicht nur auf unsere Hilfe berechtigten Anspruch erheben können, sondern denen wir um unserer selbst willen helfen müssen, damit wir keinen Schaden an unserer Seele erleiden. Wir nehmen diese Schicksale unter dem Strudel kaum noch wahr, der sich aus den sozial-romantischen

Verklärungen der feinsinnigen Philanthropen und den frechen Forderungen der robusten orientalischen und afrikanischen Glücksritter gebildet hat. Dazu gehört für mich zum Beispiel die Leiche der schwangeren Afrikanerin, die in der Öllache unter Deck eines der treibenden Wracks verendet ist, nachdem sie gerade noch gut genug dafür war, einen Funkspruch an die italienische Küstenwache abzusenden. »Survival of the fittest« in seiner ganzen gutmenschlichen Brutalität! Was hier von den verträumten Assistenten der Schlepper mit ihrem besessenen Tunnelblick angerichtet wird, ist eine Hölle aus Menschenhand. Erstes Gebot der Humanität wäre es gewesen, dem unseligen Joint Venture aus naiven Gutmenschen, kalabrischer Mafia und afrikanischen Menschenhändlern endlich das Handwerk zu legen.

Sie sind also der Ansicht, daß hier die Empathie und Hilfsbereitschaft der europäischen Völker mißbraucht wird?
Ja, das ist das Perfide an dem Migrations-Projekt. Natürlich dürfen wir deshalb nicht pauschalieren und unsere Herzen verschließen. Es geht stets um eine vernünftige Güterabwägung. Im Zweifelsfall wird die Entscheidung für eine befristete Zuflucht fallen, um niemanden irrtümlich zurückzuweisen. Allerdings sollten rigoros alle Vorkehrungen gegen einen möglichen Betrug schon im Vorfeld ausgeschöpft werden. Und genau hier grätschen die Gesinnungsethiker rein: Durch immer neue Sonder- und Ausnahmeregelungen – Beispiel Winterabschiebstopp in Thüringen, obwohl im Orient die Sonne scheint oder auch die Weigerung der Bundespolitik, die Familienzusammenführung der

syrischen Flüchtlinge in ihrer weitgehend befriedeten Heimat vorzunehmen – finden sie auf dem »slippery slope« ihrer naiven Forderungen keinen Halt mehr, wie es der Moralphilosoph Konrad Ott formuliert hat, und weichen alle rechtmäßigen Beschränkungen des Zuzugs und Aufenthalts von Fremden auf. Wenn wir aber dem massenhaften Mißbrauch unserer Humanität und Hilfsbereitschaft nicht Einhalt gebieten, werden die tatsächlichen Schutzbedürftigen unter den Füßen der heranstürmenden Wirtschaftsmigranten zertreten werden. Die Gesinnungsethiker entpuppen sich am Ende als umgedrehte mephistophelische Kraft, die stets das Gute will und doch das Böse schafft.

Es wird seitens der Migrationsbefürworter argumentiert, daß die skrupellosen Europäer als Kolonialmächte die Herkunftsländer ausgebeutet und an einer eigenständigen Entwicklung gehindert haben.

Das schlechte Gewissen der wohlhabenden Europäer gegenüber den Armen Afrikas, an deren Schicksal sie schuld sein sollen, fungiert hier als Pendant zur deutschen Nazi-Keule. Dabei war vielerorts die Befreiung der afrikanischen Kolonien von den Mutterländern alles andere als eine Erfolgsgeschichte. Die meisten Länder sind in Bürgerkrieg und Korruption versunken, was sich meist nicht einfach als Altlast des Kolonialismus erklären läßt. Die Bevölkerung, die sich vorher mit den europäischen Grundbesitzern zu arrangieren hatte, sieht sich nun dem Terror von Clanchefs und der Ausbeutungsgier international agierender Konzerne ausgeliefert. Möglicherweise besteht die größte Schuld der Kolonisten in ihrem oft kampflosen Rückzug aus der Verantwortung für Landschaften, die sie kultiviert haben. Es gibt einige Diplomaten mit Afrika-Erfahrung, wie der frühere deutsche Botschafter in Tansania Guido Herz, die eine Einstellung der gescheiterten Entwicklungshilfe fordern und an die Selbstverständlichkeit erinnern, bei einer finanziellen Unterstützung auch verstärkt unsere Interessen zu berücksichtigen. Damit zielen sie auch auf die Eindämmung der Einwanderung ab, denn die Wohlstandsmehrung in den unterentwickelten Ländern verstärkt paradoxerweise die Migrationsbewegung, solange der Abstand zu Europa bestehen bleibt. Die wirklich Armen besitzen gar nicht die Geldmittel, um die Reise in den gesegneten Kontinent anzutreten.

Würde mit dieser Verschließung aber nicht ein neues Kolonialsystem etabliert werden, das die Emanzipation der afrikanischen Staaten rückgängig macht?

Das meiste Geld der Entwicklungshilfe wird ohnehin von einer kleinen Oberschicht abgesaugt, die sich damit einen feudal-luxuriösen Lebensstil finanziert, während ein großer Teil der Bevölkerung in Armut verharrt. Man darf Kolonisation auch nicht ausschließlich negativ betrachten: Im Grunde ist Kultur immer die Folge erfolgreicher Kolonisation. Doch nach der Landnahme muß die Tüchtigkeit, die Selbstausbeutung zur Grundlage des Wohlstandes werden und nicht die Ausbeutung der Kolonie und ihrer Menschen. Das war bei der deutschen Kolonisierung im Osten ebenso der Fall wie bei der preußischen Binnenkolonisation. Das Ansehen, welches die Deutschen bei unzähligen Erdenbürgern in

Afrika, Amerika und Asien genießen, die nicht durch die Narrative der westlichen Soziologen und Politologen erreicht werden, beruht auf einem Wohlstandsaufbau, der in der Zeit von 1850 bis 1918 aus dem Geist und der praktischen Tüchtigkeit der Deutschen erwuchs. Das bleibt den Menschen von Bagdad bis Zanzibar unvergessen.

Und auf der naiven Verklärung dieser an sich erfreulichen Tatsache gründet wohl auch zum Teil die Legende von der wunderbaren Brotvermehrung, die hierzulande offenbar möglich ist. Dieser moderne Mythos zieht nun die Massen aus Süden und Osten geradezu magnetisch in unser Land. Dabei sollten sie sich der Geschichten ihrer Väter erinnern und bedenken, was in Tausendundeiner Nacht von der Messingstadt Iram berichtet wurde.

Es wird immer wieder ausgeblendet, daß der europäisch-westliche Wohlstand das Ergebnis einer großen, mühevollen Anstrengung war, die auf Verzicht und hartem Arbeitsethos beruhte. In der Kombination mit einer außergewöhnlichen technischen Innovationsfähigkeit machten sie den hohen Lebensstandard der Europäer erst möglich. Diese Wohlstandsphase umfaßt aber nur einen kurzen geschichtlichen Abschnitt seit der Mitte des letzten Jahrhunderts. Kaum einer macht sich das heute noch bewußt: In Deutschland gab es vor der Industrialisierung regelmäßig Hungersnöte und nur zwei bis drei Generationen vor uns lebten die Menschen noch in äußerst bescheidenen Verhältnissen! Die heutigen Wirtschaftsflüchtlinge sind offenbar nicht bereit oder nicht in der Lage, diesen harten, entbehrungsreichen Weg auf sich zu nehmen, sondern wollen die Früchte ohne

Anstrengung ernten. Die Afrikanisierung Europas hilft am Ende den Afrikanern aber herzlich wenig.

Wohlstand und materieller Reichtum haben ihre eigenen Katastrophensymptome. Bestenfalls vertauschen die Fremdlinge ihr Elend gegen unsere Misere. Im schlimmsten Fall verstärkt sich beides zu einem unlösbaren Chaos, ein vollkommener Schlamassel, in dem kein Münchhausen mehr einen Schopf zu fassen bekommt und jede Bewegung das Ganze nur noch tiefer in den Grund bohrt.

Ja, wir kämpfen im Westen mit den Problemen einer Wohlstandsverwahrlosung. Damit will ich keine neue Armut herbeisehnen, aber etwas mehr Bescheidenheit und Orientierung an immateriellen Werten wären heilsam für uns.

Der kolonialistische Schuldkomplex der Westeuropäer gilt jedoch nicht für die Völker Osteuropas.

Nein, zum Glück nicht. Die Staaten im Osten und Südosten unseres Kontinents sind relativ jung. Das Gefühl der Gefährdung ihrer Selbstbestimmung und der Wille zur nationalen Selbstbehauptung sind rege geblieben. Daraus läßt sich erklären, warum sich diese Länder nicht zu dieser Selbstaufgabe erpressen lassen. Die schier unerträgliche Arroganz der bundesdeutschen Politikerkaste, mit der sie gegen alle Staaten giften, die sich der eigenen Auflösung verweigern, offenbart ein neues Superioritätsdenken gegenüber den angeblich Rückständigen. Es ist eine Art »anti-nationaler Nationalismus«, vor dem Dieter Borchmeyer in seinem opulenten Werk zum deutschen Charakter warnte. Für mich sind die Osteuropäer heute die wahren Verteidiger Europas! Man kann nur hoffen, daß sie sich gegen die schuldbeladenen, dekadenten und selbstbehauptungsunfähigen Westeuropäer halten können. Wenn wir es nämlich so weiter gehen lassen wie bisher, dann werden künftige Völker durch unsere verödeten Rathäuser, Bahnhöfe, Museen, Theater und Schwimmhallen gehen und darüber staunen, wie eine so mächtige, geistreiche und wohlhabende Gesellschaft daraus hinweggewischt wurde.

Die Massenzuwanderung erfolgt heute überwiegend aus dem islamischen Kulturkreis. In Deutschland sollen bereits rund fünf Millionen Moslems leben. Wie ist eigentlich ihre persönliche Meinung zum Islam? Sehen Sie in ihm wie die Pegida-Bewegung eine Gefahr für das Abendland?

Der Islam ist ein sehr komplexes Thema, da hier religiöse, historische und geo- wie innenpolitische Probleme ineinander verwickelt sind. Ich bin kein Religionsfachmann und kann den theologischen Gehalt nicht beurteilen. Beim Blick auf die Geschichte sehe ich die traditionelle Islam-Abwehr des christlichen Europas, die Türkenkriege auf dem Balkan, aber auch die enge Zusammenarbeit mit muslimischen Mächten und Kräften während des Kaiserreichs und auch während der Zeit des Dritten Reiches. Der gute Ruf der Deutschen im Orient – ganz im Gegensatz zu dem der Engländer, Franzosen und heute auch der Amerikaner – bildet eigentlich eine solide Grundlage für einen möglichen modus vivendi, aber die intransigente Außenpolitik der USA, an die wir sklavisch gekettet zu sein scheinen, verhindert das.

Sie meinen den »Krieg gegen den Terror«, den man auch als »Krieg gegen den Islam« interpretieren könnte?
Ja, aber die USA fahren eine doppelgleisige Politik, unter deren Folgen vor allem wir Europäer zu leiden haben: Einerseits die von den Neocons und Falken befeuerte penetrante Einmischungs- und Destabilisierungspolitik im islamischen Raum, die zu Staatszerfall, Chaos und religiösem Fanatismus führt. Und andererseits die ganz bewußt geförderte muslimische Masseneinwanderung nach Europa, die innergesellschaftliche Konflikte und islamische Terrorbedrohung züchtet.

Was schlagen Sie vor, um aus dieser Klemme wieder herauszukommen?
Der Doppelstrategie der amerikanischen Regierung und ihrer Hintermänner müssen wir eine ebenso zweifache Antwort entgegensetzen, am besten im Bund mit den anderen europäischen Staaten: Erstens der Ausstieg aus der internationalen »Anti-Islam-Koalition« und die konstruktive Zusammenarbeit mit muslimischen Ländern – je nach nationaler Interessenlage. Das wichtigste ist die langfristige Wiederbefriedung des von Krieg und Terror befallenen Orients, um den Menschen dort eine Lebensperspektive zu bieten und den Wanderungsdruck zu mindern. Und zweitens eine klare, konsequente Verhinderung der drohenden Islamisierung Deutschlands und Europas. Das heißt: Sofortiger Stopp der unkontrollierten Masseneinwanderung, klare Durchsetzung unserer Rechts- und Werteordnung, Rückführung der nichtintegrierbaren Migranten, Austrocknen des islamischen Terrorismus im Land und Unterbinden des Einflusses fremder Regierun-

gen auf innerdeutsche Belange, wie es insbesondere die Türkei direkt und verschiedene arabische Staaten indirekt betreiben. Das alles ohne Vorurteile oder Haß auf den Islam als Religion und mit einem gebührenden Respekt gegenüber einer uns fremden Kultur. Diese Maßnahmen entsprächen der Staatsräson mit ihrer Verantwortung gegenüber dem eigenen Volk, das im allgemeinen eine eher ablehnende Haltung zum Islam und seiner Lebenskultur hat – nicht nur wegen der abscheulichen Taten des IS.

Bei allem Respekt vor den heimischen Gepflogenheiten, sofern diese überhaupt noch Bestand haben, es wird spätestens dann skurril, wenn die Integrationsprüfung im Verzehr eines Schweineschnitzels, dem Konsum alkoholischer Getränke, offenem Haar und Minirock bestehen soll. Was halten Sie da wechselseitig für anständig und zumutbar?
Ich finde es verfehlt, anmaßend und auch völlig unrealistisch, eine Weltreligion mit 1,6 Milliarden Anhängern »verwestlichen« zu wollen, um sie durch eine Art Uminterpretation und »Umerziehung« mit unseren europäischen Normen und Werten kompatibel zu machen. Das entspricht nicht der traditionellen deutschen Achtung vor dem Andersartigen. Die von der liberalen Islamkritik beklagte fehlende Aufklärung ist eine interne Angelegenheit der muslimischen Welt, in die wir uns tunlichst nicht einzumischen haben. Der Islam ist ohnehin mit seinen vielen Strömungen wie Wahabismus, Salafismus, Sunniten- oder Schiitentum, Sufismus und anderen Ausrichtungen kein einheitlicher Block, im Gegenteil: die meisten Muslime sterben durch die mörderische Gewalt anderer Muslime.

Die alte preußische Formel »Ein jeder nach seiner Façon« gilt also auch für den islamischen Kulturkreis.
Ja, aber dieser hat einen eigenen, geographisch umreißbaren Raum. Der hat sich zwar im Laufe der Geschichte immer wieder verändert und verschoben, aber Mitteleuropa gehört traditionell nicht dazu. Wenn wir weniger Hidschāb- oder Burka-Trägerinnen auf unseren Straßen und Plätzen sehen wollen, dann ist es meines Erachtens der falsche Weg, diesen Frauen ihre kleidungsmäßigen Gepflogenheiten auszutreiben, sondern man sollte darüber nachdenken, die Zahl der hier lebenden Muslime zu verringern. Das würde die jeweiligen kulturellen Eigenarten achten, ohne das eigene Land zu einem Ort der Entfremdung zu machen. Aber es geht ja nicht nur um Kleidungsvorschriften: Wollen wir Europäer uns zu den besseren Koran-Exegeten aufschwingen und den Muslimen erklären, was sie in welcher Form zu glauben haben? Wir haben doch selbst kaum noch religiöse Bezüge.

Und was schlagen Sie den säkularisierten Europäern in dieser Situation vor?
Wir können den Muslimen unmißverständlich klarmachen, daß ihre religiöse Lebensweise nicht zu unserer abendländisch-europäischen Kultur paßt und wir anders leben wollen als nach der Scharia. Wenn wir keine Islamisierung unserer Gesellschaften wollen, brauchen wir nicht komplizierte theologische Fragen erörtern und »falsche Positionen« widerlegen, sondern sollten das ursächliche Problem der Einwanderung lösen. Wir können uns also im Grunde die ganze Islam-Debatte sparen: Hätten wir nicht die Massen an Orientalen und

Muslimen in Europa und Deutschland, hätten wir auch kein elementares Problem mit dem Islam.

Um es einmal ganz derb im Pirinçci-Jargon zu sagen: Es sind die »Kuffnucken« das Problem und nicht der Islam, die »Kanacken« und nicht der Koran?
Also, das sind Ihre Worte, nicht meine. Es gibt neben dem asozialen, großmäuligen und unverschämten Typus, den Sie da wohl meinen, auch eine ganze Zahl von äußerst sympathischen, freundlichen und gesitteten Muslimen, mit denen man sich durchaus ein langfristiges Zusammenleben vorstellen kann – wenn unsere Rechtsordnung und Leitkultur ohne Einschränkungen anerkannt wird. Wer allerdings wie die Migrationsbeauftragte der letzten Bundesregierung, Aydan Özoğuz, jenseits der Sprache nicht einmal eine spezifisch deutsche Kultur erkennen kann und dann noch ungeniert mit deutschen Steuergeldern sich ein schickes Leben finanzieren läßt, hat in unserem Land tatsächlich nichts verloren. Freilich kann man auch den Einheimischen nicht aufzwingen, sich mit völlig fernliegenden Befindlichkeiten zu beschäftigen, als hätten sie selbst nicht genügend Probleme.

Aber wir importieren ja mit den muslimischen Einwanderern alle Konflikte und Verwerfungen, wie sie im Orient und dem islamischen Kulturkreis bestehen. Damit rücken die »fernliegenden Befindlichkeiten« uns doch ganz nah an die eigene Pelle.
Genau das ist der Punkt, den wir nicht hinnehmen können. Wenn wir im eigenen Land mit fremden Konflikten belästigt werden, ist es unser Recht, die entsprechenden

Konfliktparteien in ihren Ursprungsraum zurückzuverweisen und damit eine »einfache Antwort auf schwierige Fragen« zu geben – Fragen, die sich in unserem Land ohne die Einwanderung gar nicht stellen würden. Nur aufgrund der Anwesenheit einer großen Zahl von Muslimen in Europa und Deutschland müssen wir uns gezwungermaßen politisch mit dem Islam und den zahlreichen Konflikten des Nahen Ostens beschäftigen.

Kann es sein, daß die Europäer neben den religiösen auch ihre nationalen Bezüge verloren haben – völlig unabhängig von der Einwanderung fremder Völkerschaften?
Ja, die in unserem Land lebenden Ausländer sind mit Sicherheit nicht dafür verantwortlich, daß wir mit unserer eigenen Kultur und unseren Traditionen nicht mehr viel anfangen können. Das ist vielmehr ein Selbstentfremdungsprozeß, der vor allem von dem dekadenten westlichen Lebensstil vorangetrieben wurde. Es wäre unredlich, diese internen Probleme den Migranten anzulasten. Hier besteht tatsächlich ein Integrationsversäumnis von unserer Seite: Wir sind aufgrund des eigenen Identitätsdefizits nicht nur zu schwach, das Fremde abzuweisen, sondern auch, es in unser Eigenes zu integrieren. Worin soll sich denn überhaupt ein junger Muslim in unserem Land integrieren? In eine ihre eigenen kulturellen und religiösen Traditionen vergessende bis ablehnende Gesellschaft?

Von offizieller Seite werden die westlichen Werte angeführt.
Dieser aufgeblasene Werteschaum soll doch nur das tiefe Loch verlorener Identität zudecken. Das überzeugt aber

keinen Migranten, der in ganz anderen kulturell-religiösen Milieus sozialisiert worden ist. Integration – oder besser: Akkulturation – ist ohnehin ein sehr komplexer und schwieriger Prozeß, der nicht mit einem oberflächlichen Bekenntnis zum Grundgesetz erledigt ist, sondern die Annahme eines als fremd empfundenen Werte- und Normensystems erfordert, das weit über die herrschende Rechtsordnung hinausgeht. Die Migranten aus nichteuropäischen Kulturen sind selbst zerrissene Seelen, weil sie unter der ständigen Spannung zwischen westlicher Außenwelt und muslimischer Binnenwelt stehen. Aber sie haben sich aufgrund des mangelnden Integrationsdrucks und der geringen Attraktivität der autochthonen Kultur mehrheitlich für ihre ursprüngliche Identität entschieden – was man ihnen im Grunde gar nicht verübeln kann. So wird aus einer akkulturierenden eine invasive Zuwanderung, wie der Philosoph Rudolf Brandner feststellte. Statt einer Bereicherung der europäischen und deutschen Kultur erleben wir deren Verdrängung durch Islamisierung, Orientalisierung und Afrikanisierung. So vertrackt ist die Situation, in der wir uns durch die irren Gesellschaftsexperimente der Multikulturalisten befinden!

Sehen Sie in diesem Identitätsverlust einen natürlichen oder ein bewußt gesteuerten Prozeß?
Niemand kann ein Volk gegen seinen Willen abschaffen. Es wäre also zu billig, die Verantwortung auf obskure fremde Mächte abzuschieben. Hier hat sich vielmehr der alte europäische Universalismus und Kosmopolitismus mit einem tiefsitzenden Schuldkomplex verbunden

und zu einer Ideologie der Selbstaufgabe extremisiert. Unabhängig davon bin ich überzeugt, daß sich hinter der weichen humanitären Phraseologie unserer herrschenden Klassen ein hartes politisches Programm verbirgt, das den latenten Masochismus der Europäer für üble Zwecke instrumentalisiert: Die Entnationalisierung der europäischen Völker und die Umwandlung der bisherigen Nationalstaaten in multi-ethnische Gebilde. Wir müssen daher den lügenhaften Schleier lüften, der sich mit dem Beschwören der humanitären Katastrophe im Rahmen der Flüchtlingswelle über die ganze Diskussion gelegt hat. Es geht nur vordergründig um Schutz und Hilfe. Im Prinzip sollen nach den Vorstellungen unserer Machthaber, die zu einer geschlossenen transatlantischen Politelite gehören, alle Menschen, die es geschafft haben, nach Europa und Deutschland zu kommen, hierbleiben und möglichst noch viele mehr dazu kommen – am besten aus nichteuropäischen Ländern. Nur wenige sind so ehrlich und äußern das wie die Autorin Ulrike Guérot ganz unverblümt: »Weg mit den Grenzen. Her mit den Flüchtlingen, egal wie viele, egal woher sie kommen.«

Das ist aber eine selbst im Mainstream umstrittene Forderung.
Sie ist nur die radikale Konsequenz einer fatalen Grundüberzeugung, die der französische Philosoph Alain Finkielkraut in die ernüchternd-drastischen Worte faßte: Wir Europäer sind nichts! Wir haben keine Herkunft, keine Geschichte, keine gewachsene Kultur. Wir haben auch kein Land, zumindest nicht für uns, denn es steht jedem Menschen der Welt frei, sich hier niederzulassen. Daher brauchen wir auch keine Grenzen.

Es wird immer wieder behauptet, unsere langen Grenzen könne man ohnehin nicht schützen.

Das ist Unfug. Die Möglichkeit einer effektiven Grenzsicherung für Deutschland und auch Europa wird von allen Fachleuten bestätigt, zuletzt vom österreichischen Generalstabschef Othmar Commenda. Alles andere wäre ja auch die Aufgabe jeder Staatlichkeit, zu deren Grundelementen ein funktionsfähiges Grenzregime gehört.

Wenn das alles so einfach ist, warum geschieht es dann nicht?

Ich habe nicht behauptet, daß es eine einfache Angelegenheit ist. Die Sicherung des geographisch hierfür nicht gerade begünstigten europäischen Kontinents verlangt eine durchdachte Logistik und entsprechende Mittel. Der Aufwand ist aber im Verhältnis zu den Migrationskosten vertretbar. Entscheidend ist der Wille zum Schutz unserer Außengrenzen, dann kann auch entschlossen und gezielt gehandelt werden. Genau der ist aber bei der verantwortlichen politischen Führung nicht vorhanden. Wozu auch? Die Schlußfolgerung des etablierten Nihilismus ist ja: Wer nichts ist und nichts hat, kann auch nichts verlieren. Die Angst der Europäer vor Überfremdung und Verdrängung ist somit völlig unbegründet.

»Nichts haben«, das stimmt nicht ganz: Was ist mit dem Wohlstand?

Gut, die innere Leere haben unsere herrschenden Obernichtse mit vielerlei materiellen Plunder vollgestopft, damit die Seelen ein bißchen das Gefühl von

Fülle bekommen. Den werden wir wohl nun im Zuge der Alimentierung von Millionen neuer Sozialfälle verlieren.

Aber es geht ihnen ja ohnehin mehr um das Sein als um das Haben.
Und dieses Sein wird jetzt von den Globalisten neu definiert: Wir sollen abstrakte, reine Menschen werden, ausgestattet mit universalen Menschenrechten – möglichst ohne Verschmutzung durch irgendeine Volkszugehörigkeit und nationale Traditionen. Wenn man so will, eine »ethnische Säuberung« der ganz besonderen Art! Ich hatte vorhin schon erwähnt, wo ein wirklicher »Reinheitswahn« anzutreffen ist, der immer den volksverbundenen Kräften unterstellt wird. Menschheit klingt so schön und edel und verpflichtet eigentlich zu nichts, denn die Verantwortung würde sich ja vor allem auf den lästigen Nächsten aus meiner konkreten Gemeinschaft beziehen.

Worauf, glauben Sie, läuft das ganze hinaus?
Der belgische Althistoriker David Engels prophezeit, daß in zwanzig bis dreißig Jahren ein Großteil Europas von Bürgerkriegen heimgesucht wird, wenn die Entwicklung so weitergeht wie bisher. Er zieht Parallelen zur Endzeit der römischen Republik: Wie damals Rom sei das heutige Europa von einer seltsamen Mischung aus Kosmopolitismus, Selbstzweifel, Materialismus und schlechtem Gewissen geprägt. Der Kontinent werde in eine chaotische Gemengelage abrutschen und eine Phase der Konfusion durchlaufen, bis irgendwann eine geistig-politische Potenz wieder Ordnung und

Frieden herstellt. Es ist abzusehen, daß angesichts der anhaltenden Masseneinwanderung kaum integrierbarer Bevölkerungsteile die sozialen Verwerfungen entlang ethno-kultureller Bruchlinien verlaufen werden. Dann bekommen wir genau den politischen »Ethnisierungseffekt«, den die Multikulturalisten ja verhindern wollen.

Diese düsteren Szenarien wurden schon 2008 von der CIA vorausgesagt und deren damaliger Chef Michael Havden warnte vor einiger Zeit noch einmal eindringlich vor den Folgen einer Massenansiedlung nichteuropäischer Migranten.
Es ist daher unsere dringlichste Aufgabe, solche Szenarien zu verhindern. Dem ganzen No-Border- und Entortungswahn müssen wir das Recht auf Heimat entgegenhalten – ein Menschenrecht, das völkerrechtlich geschützt und Bestandteil der in Art. 1 unseres Grundgesetzes niedergelegten unveräußerlichen Menschenwürde ist. Mit der millionenfachen Invasion von Fremden nach Europa nehmen wir dieses sowohl den Migranten als auch den Europäern.

Damit entstünden also – grob betrachtet – zwei Opfergruppen?
Ja, beide Seiten sind Verlierer in diesem grotesken Spiel: Man kann ja Heimat nicht nur durch Vertreibung oder Flucht, sondern auch im eigenen Land durch Masseneinwanderung und Überfremdung verlieren. Die Vereinten Nationen haben daher schon vor Jahrzehnten beschlossen, daß zum Schutz von Heimat und Identität das Recht auf Heimat *vor* jedem Asylanspruch besteht.

Diese Tatsache und die bitteren Schicksale der tatsächlichen Flüchtlinge sollten uns vor allem mahnen, den Verlust von Heimat möglichst zu verhindern, nicht noch zu fördern. Aber das ist nicht im Sinne der globalistischen Eliten.

Sind das wirklich die Kräfte, die Ihrer Meinung nach hinter der Migrations-Agenda stecken? Klingt das nicht ein bißchen nach Verschwörungstheorie?
Nein, die vielen offiziellen Aussagen und Dokumente einschlägiger Protagonisten und Institutionen weisen deutlich auf eine langfristig angelegte Strategie hin. Da braucht man gar nicht auf alte Kammellen wie den obskuren Hooton-Plan verweisen, es reicht schon die Kenntnis des UN-Berichts »Replacement Migration« von 2001, der die Öffnung Deutschlands für über elf Millionen fremde Zuwanderer verlangt, angeblich, um »demographische Lücken« zu füllen – unter der ausdrücklichen Inkaufnahme der damit unweigerlich verbundenen sozialen Spannungen! Die Faktenlage ist so eindeutig wie bestürzend. Was hier unter dem verharmlosenden Begriff »Replacement Migration« firmiert, ist die brutale Verdrängung der Deutschen aus ihrem angestammten Siedlungsgebiet. Und dieser grundgesetz- und völkerrechtswidrige Ansatz ist heute Teil der Demographiestrategie der Bundesregierung.

Aber wenn diese Agenda mittels Salamitaktik vollzogen werden soll, dann war die Grenzöffnung 2015 mit der schockartigen Temperaturerhöhung ein großes Risiko, daß die deutschen Frösche doch noch aus dem Kochtopf springen.

Ich bin daher auch nicht sicher, ob das wirklich so geplant war oder vielmehr nur die Gunst der Stunde genutzt wurde. Wichtige Hinweise gibt der 2016 verstorbene Sozialwissenschaftler Hans Jürgen Krysmanski. Er hat die Strukturen des globalen Geldmachtkomplexes erforscht und war im wissenschaftlichen Beirat des globalisiserungskritischen Netzwerkes attac. Seine Studien legen nahe, unsere politische Klasse und ihre medialen Claqueure als Dienstklassen jener Eliten zu erkennen. Deshalb können wir auch von den Etablierten trotz anderslautender Versprechen keine Lösung des Migrationsproblems geschweige denn eine Umkehr erwarten. Im Gegenteil: sie fördern diesen Prozeß der Entnationalisierung mit allen Mitteln.

Bleibt die Globalisierung nicht eine zwangsläufige Entwicklung? Der Widerstand dagegen ein Kampf gegen Windmühlen?

Nein, das ist keineswegs schicksalhaft, kein »alternativloser« geschichtlicher Determinismus, wie uns die Ideologieproduzenten des Systems einreden wollen. Ich meine mit Globalisierung auch nicht die banale Tatsache des schnelleren Austausches von Informationen via Internet und der immer kürzer werdenden Reisezeiten, um von einem Ort der Welt in einen anderen zu gelangen. Ich meine damit das von Menschenhand in die Wege geleitete Projekt, das den freien Verkehr von Waren und Kapital nun folgerichtig um den Faktor »Mensch« erweitern möchte und im diesem Zuge alle nationalstaatlichen Grenzen und Schranken aufzulösen trachtet. Völker und Kulturen sind in den Augen der Globalisten wertlos und als mögliche mächtige Gegenspieler lästige Störenfriede ihrer bizarren Agenda. Das farbenprächtige Pluriversum ethnisch-kultureller Eigenständigkeiten mit Heimatrecht und Ansiedlungsmonopolen soll abgelöst werden durch eine neuartige Kosmopolis multitribaler Gesellschaften mit internationaler Niederlassungsfreiheit. Dieser Prozeß ist schon seit vielen Jahren im Gange, angetrieben von einem anti-nationalen Netzwerk aus privaten Stiftungen, NGOs und supranationalen Institutionen wie der EU. Das läuft auf eine Art globale Freihandelszone mit entorteten und zersplitterten Menschengruppen hinaus, die dann umso leichter beherrschbar wären.

Diesem Prozeß hat sich ja eine Art »Volksopposition« in einigen europäischen Ländern und auch in den USA entgegengestellt.

Die Geschichte ist voller Überraschungen! Ausgerechnet die USA als Schild und Schwert der Globalisten sind unter dem Präsidenten Donald Trump angetreten, einen Epochenwechsel einzuleiten: Weg von exzessivem Freihandel, Migrationsextremismus und weltweiter Interventionspolitik – hin zu befriedenden Grenzen, binnenwirtschaftlicher Orientierung und nationaler Selbstbescheidung. Wobei Trump beim letzten Punkt leider vor den Falken des politisch-administrativen Systems eingeknickt ist. Der Aufstand der US-amerikanischen Bürger kommt nicht von ungefähr: Die US-Gesellschaft leidet nämlich an den zerstörerischen Folgen der Globalisierung und der imperialistischen Abenteuer durchgeknallter Neocons ebenso wie die von ihnen »beglückten« Länder der übrigen Welt. Die Vorgänge in den

USA stehen in einer Linie mit dem Aufstieg der sogenannten »Rechtspopulisten« in Europa, der ja insbesondere vom Unmut der »kleinen Leute« und der mittleren Schichten getragen wird.

Das »Ende der Geschichte« ist also seinerseits beendet und die Verhältnisse wieder in Fluß geraten?
Ja, das filigrane politische Kurzpaßspiel endet gerade und wir schalten auf einen robusten Kick-and-rush-Modus um. Als Folge können ganz neue, ungewöhnliche politische Akteure nach oben kommen. Man mag das bedauern, aber es bietet auch die Chance für überraschende Wendungen.

Aber was ist bei Trump wirklich echt und was inszeniert? Könnte er nicht auch eine Art »Obama von rechts« sein? Dieser hat ja seine Anhänger stark enttäuscht und ist in der politischen Wirklichkeit weit hinter den Verheißungen zurückgeblieben. Trump scheint nicht weniger als Obama mit dem politischen Establishment verknüpft und dessen unguten Einflußnahmen ausgesetzt zu sein.
Dem stimme ich bedingt zu. Aber auch wenn Trump durch die republikanische Partei und die Vertreter des »Deep State« in das Netz der alten Eliten verstrickt und anscheinend mit der ihm zufallenden historischen Aufgabe überfordert ist, steht er zumindest *symbolisch* für einen Bruch mit dem Establishment. In den USA erleben wir die Verbündung des »Königs« mit dem Volk gegen den Adel – die Geldmacht. Er ist als Milliardär zwar auch diesem Milieu entwachsen, aber als Immobilienunternehmer viel bodenständiger und konservativer als die inter-

nationalen Finanzhaie, die dem modernen Kasino-Kapitalismus verfallen sind. Sicher ist sein Spielraum sehr viel begrenzter, als die markigen Sprüche behaupten. Aber wir sollten trotz der teilweise herben Enttäuschungen – vor allen in außenpolitischen Belangen – die Entwicklung in den USA weiterhin unvoreingenommen betrachten. Wie die Geschichte am Ende ausgeht, wissen wir nicht. Aber ganz gleich, ob Trump neutralisiert, gestürzt wird, an sich selbst scheitert oder nicht: es wird keine einfache Rückkehr mehr zum status quo ante geben. Ansonsten droht ein Aufstand der weißen Arbeiterklasse im Bündnis mit der frustrierten amerikanischen Mittelschicht.

Auf jeden Fall hat sein Wahlsieg Ende 2016 die Populisten in Europa beflügelt, die einen ähnlichen Kampf gegen die alten globalistischen Eliten führen. Daß da ein großes Potential schlummert, verdeutlicht auch das Ergebnis einer großangelegten Umfrage in 28 Ländern vor dem letzten Weltwirtschaftsforum in Davos: Eine übergroße Mehrheit der Menschen hat kein Vertrauen mehr in das Establishment – Manager, Politiker, Nichtregierungsorganisationen und Medien. Die FAZ *sprach von einer dramatischen Erosion.*

Es zeigt auf jeden Fall, daß wir als Volksopposition, zu der ich auch die AfD als Parteiformation zähle, alles andere als eine randständige, quasi exotische politische Minderheit von Querulanten sind, wie es das Altparteienkartell stets weismachen will, sondern Teil einer großen Bürgerbewegung, die sich in vielen Ländern Europas und der Welt gegen die global-kapitalistischen Verwüstungen und das neoliberale Migrationsdogma stemmt.

Waren Sie eigentlich persönlich überrascht, als die Montagsspaziergänge Ende 2014 in Dresden begannen?
Ja und Nein. Einerseits rumorte es schon seit längerem in der Bevölkerung. Zahlreiche Bürgerinitiativen zu verschiedenen Themenfeldern wie Bildung, Familie und Lebensschutz waren in den Jahren zuvor entstanden und auch die AfD hatte sich bereits als neue alternative Partei im Zuge der Euro-Krise formiert. Die Protestatmosphäre war längst nicht mehr auf die berühmten Stammtische begrenzt, sondern hatte die Wohnstuben ganz normaler Familien erreicht. Die gesunde Skepsis der Bürger gegenüber Regierungen, Parteien und Parlamenten war in eine deutliche Abneigung umgeschlagen. Man hatte das Gefühl, daß »die da oben« wie in einer Blase leben und keinen Zugang mehr zu den normalen Menschen und ihren Problemen haben. Aber statt wie bisher in Resignation zu verfallen und eine Flucht ins Private anzutreten, nahm das allgemeine politische Interesse zu – in dieser Kombination hatte das etwas Explosives.

Die Form und Größenordnung der Pegida-Spaziergänge wies dann freilich andere Qualitäten auf als die vorangegangenen Initiativen.
Ja, die Leute gingen in steigender Zahl auf die Straße und artikulierten ihren Unmut in einer bis dahin unbekannten Deutlichkeit. Die im Herbst 2015 eskalierende »Flüchtlingskrise« wirkte dabei wie ein Katalysator. Man hatte von etablierter Seite anscheinend gedacht, die wohlstandsverwöhnten Deutschen seien so saturiert und träge geworden, daß von ihnen kein Widerstand gegen ihre unpopuläre Politik mehr kommen könne.

Aber dieses Kalkül ist nicht aufgegangen. Es ist bemerkenswert, daß eine im Grunde lokale Erscheinung wie die Pegida-Proteste ein solches Aufsehen erregten. Die ganze Welt schaute plötzlich auf Dresden. Man spürte instinktiv: Wenn die Deutschen aufstehen, dann liegt eine Wende historischen Ausmaßes in der Luft.

Die Deutschen sind eben nicht gerade für ihr Rebellentum berühmt.

Sie denken wahrscheinlich an die süffisante Bemerkung von Lenin über die Revolutionsunfähigkeit der Deutschen, die vor der Erstürmung eines Bahnhofs eine Bahnsteigkarte ziehen würden. Da ist tatsächlich etwas dran, denn wir sind ein sehr »legalistisches« Volk, das sein Aufbegehren am liebsten mit Paragraphen absichert. Dazu kommt noch ein ausgeprägter Langmut, der uns in der Geschichte zwar längere Durststrecken und Talsohlen hat überstehen lassen, aber in bestimmten Perioden auch zum Verhängnis werden kann. Mein Parteifreund Marc Jongen stellte bei uns Deutschen eine ausgeprägte »Thymosschwäche« fest, also einen Mangel an Mut, Zorn und Empörung – und tatsächlich ist es manchmal schwer zu ertragen, was sich dieses Volk an Zumutungen und Ungerechtigkeiten alles gefallen läßt ohne aufzustehen. In einem anderen Winkel unserer Volksseele steckt aber auch das Rebellische und Widerborstige. Wahrscheinlich ist das eine ohne das andere nicht zu haben.

Fjodor Dostojewski nannte die Deutschen sogar »das protestierende Volk«. Er bezog sich dabei auf den Protest Luthers gegen den verlotterten Klerus der römisch-katholischen Kirche, der sich damals wie ein Lauffeuer im Volk verbreitete. Das Beispiel Luthers zeigt: Revolten und Aufstände geschehen bei uns Deutschen nie um ihrer selbst willen, sie entfachen sich immer erst bei anhaltender Ungerechtigkeit, Unredlichkeit und Unfähigkeit führender Schichten. Wir sind im Gegensatz zu manchen anderen Völkern nicht von Natur aus aufmüpfig, eher fügsam und herrschaftsloyal, gelten gemeinhin als »obrigkeitshörig«. Auch Luther hat einen Bruch bis zuletzt vermieden. Er wollte die Reformation der Kirche und nicht ihre Spaltung. Gegen die rebellischen Bauern sprach er dann die Sprache der Ordnungsmacht. Aber irgendwann ist auch bei uns die Geduld am Ende, dann bricht der legendäre »Furor teutonicus« hervor, vor dem die alten Römer schon gezittert haben.

Von diesem germanisch-deutschen Archetypus berichtet der römische Historiker Lucanus in der »Pharsalia«. Dieser mysteriöse Furor unserer Vorfahren wütete in der Tat nicht nur gegen den äußeren Feind, sondern auch gegen die eigene versagende Führung. Es gibt dazu eine bemerkenswerte, etwas düstere Geschichte, von der der Schriftsteller Ernst von Wildenbruch berichtet hat: Als die Alemannen im 4. Jahrhundert n. Ch. unter ihrem König Chnodomar gegen die römischen Truppen des späteren Kaisers Julian Apostasta ins Feld zogen, konnten die Legionäre dem unglaublichen Kampfelan der Germanen nur kraft ihrer gewaltigen Waffenüberlegenheit standhalten. Als sich abzeichnete, daß die alemannischen Krieger die römische Kampfmaschine nicht bezwingen würden, rissen sie in ihrer Wut die eigenen Führer von den Pferden und fielen über sie her.

Ein Grund mehr für die heutigen Machthaber, vor dem eigenen Volk zu zittern! Eine kluge Staatskunst kann die Stoßrichtung einer Rebellion als gestaltendes Element ihrer Politik einverleiben. So ist es mit den preußischen Reformen im 19. Jahrhundert geschehen. Die Namen Scharnhorst, Gneisenau und später auch Bismarck stehen dafür, daß eine revolutionäre Volksarmee sich zum staatlichen Heer als Schule der Nation umwandelte. Ein anderes Beispiel aus dieser Zeit sind die Forderungen der Sozialdemokratie, die in gesetzlichen Regeln für den sozialen Ausgleich mündeten.

Die Deutschen sind womöglich eines der friedfertigsten Völker der zivilisierten Welt.
Ja, das steht jedoch dem rebellischen Potential nicht entgegen, es macht es nur noch durchschlagsfähiger. So jäh wie der Protest aufflammt, so bereitwillig wird seine Überführung in eine erneuerte Ordnung hingenommen und alle arbeiten dann friedlich an dessen politischer Architektur mit. Das ist auch am letzten Umbruch von 1989/90 deutlich geworden. Von kluger Staatskunst kann bei der heutigen politischen Klasse allerdings überhaupt nicht die Rede sein: Schon der dringende Rat des Politikwissenschaftlers Werner Patzelt, die Pegida-Prosteste ernst zu nehmen und nicht zu verschwefeln und niederzuhalten, verhallte ohne jede Einsicht. Ebenso ist es bei dem Einzug der AfD in die Parlamenten auf Landes- und Bundesebene geschehen. Das Altparteienkartell setzt auf Ausgrenzung der Maazschen Omegas und verschanzt sich in der Verblendung, letztlich alles richtig gemacht zu haben

– es hapere nur an der Vermittlung ihrer Politik. Diese Selbstgefälligkeit und Uneinsichtigkeit schüren nur weiter die Proteststimmung im Lande.

Aber sind Revolten nicht doch eher Ausnahmen in der deutschen Geschichte gewesen?

Denken Sie an den Freiheitskampf Arminius' gegen das römische Imperium oder das Ringen der Stauferkaiser gegen die weltlichen Anmaßungen der Päpste, den Bauernaufstand im 16. Jahrhundert, die Befreiungskriege gegen Napoleon, den patriotischen Widerstand gegen Hitler, den nationalen Aufstand am 17. Juni gegen die sowjetische Besatzungsmacht, den gerade erwähnten deutschen Herbst 1989 und heute die Bürgerproteste gegen die Einwanderungspolitik – das alles spricht für einen Grundzug in unserem Nationalcharakter. In der Gesamtschau ist das beeindruckend. Die populäre Ansicht, wir Deutschen seien die ewigen naiven Trottel, die alle Zumutungen der herrschenden Klassen stumpf hinnehmen würden, entspricht gewiß nicht der historischen Wirklichkeit. Auch wenn wir Patrioten bisweilen an der Widerstandskraft unseres Volkes zweifeln, ist auch heute noch lange nicht das letzte Wort gesprochen.

Ludwig Börne sprach von der Elefantenhaut der Deutschen, die sie zartes Kitzeln nicht fühlen lasse. Man müsse ihnen daher »eine Stange in die Rippen stoßen«.

Und genau diese Stange bekommen immer mehr Bürger jetzt als Folge der desaströsen Politik zu spüren. Ich teile daher auch nicht die defätistische Klage einiger deprimierter Konservativer, die sich auf skurrile Weise mit dem euphorischen Jubel unserer Feinde zu einem gruseligen Abgesang auf unser Volk vereinigt.

Aber besteht nicht die Gefahr, daß es für einen grundlegenden Kurswechsel irgendwann einmal zu spät sein könnte?
Die Existenz der Deutschen ist schon immer gefährdet gewesen. Das liegt an einem weiteren besonderen Charakterzug von uns: dem unbedingten »Bis-ans-Ende-gehen-wollen«. Das setzt in positiven Zeiten ungeahnte Energien frei, schlägt aber in negativen Phasen zum Unheil aus, wie es beispielhaft der »totale Krieg« in der Endphase des Dritten Reiches gezeigt hat. Es ist leider so: die größten Tugenden und Stärken sind gleichzeitig die größten Sünden und Schwächen. Es kommt immer darauf an, in welchem konkreten Zusammenhang sie sich entfalten.

Und heute sind wir wieder in einer negativen Phase angelangt? Insofern, daß die nachvollziehbaren Bemühungen um eine Läuterung der eigenen Identität nach 1945 umgeschlagen sind in eine grundsätzliche Selbstverleugnung?
Nicht nur eine Leugnung des Eigenen, bei einigen Landsleuten hat sich ein regelrechter nationaler Selbsthaß entwickelt und in einen Selbstauslöschungswahn gesteigert.

Sie meinen die sogenannten Antideutschen?
Ich meine diejenigen Autorassisten in unserem Land, die jedem Volk außer dem Deutschen ein Lebensrecht zugestehen. Das beschränkt sich nicht nur auf ein primitives Fußvolk wie die autonomen Antifa, man lese nur

die Statements von führenden Grünen- oder Linken-Politikern und manchen Medienleuten: die jubeln regelrecht über unseren bevorstehenden Volkstod durch den Bevölkerungsaustausch. Die Flüchtlinge sind ihnen nur Mittel zum Zweck, damit das verhaßte eigene Volk endlich von der Weltbühne verschwindet. Man könnte sie als Deutsche mit einem nationalen Borderline-Syndrom bezeichnen.

Diese Gewächse gehören letztlich aber auch zum deutschen Garten, wie Ernst von Wildenbruch vor 150 Jahren festgestellt hat. Allerdings mit üblen Folgen. Für ihn war die deutsche Neigung zur Selbstverachtung »wie böses Unkraut, das in seiner geilen Wucherung die guten und edlen Pflanzen schließlich erdrückt und erstickt«.

Man darf nicht vergessen, daß die nach 1945 einsetzende Umerziehung und Vergangenheitsbewältigung dieses Wachstum begünstigte. Die beiden furchtbaren Weltkriege des vergangenen Jahrhunderts, in denen die Alliierten nicht nur gegen die Militaristen und Nazis, sondern laut Roosevelt gegen die Deutschen an sich kämpften, hatten ja neben der materiellen auch eine psychologische Dimension, die bis in unsere Tage fortwirkt. Und auf dieser mentalen Ebene des Krieges gab und gibt es zahlreiche »Verwundete« in unserem Volk, um die wir uns kümmern sollten – auch wenn ihr autoagressives Verhalten uns befremdet und teilweise bedroht. Die Worte von Wildenbruch zeigen aber auch, daß die heutigen Eliten auf bestimmte destruktive Charakterzüge unseres Volkes zurückgreifen können, um ihre anti-nationale Politik zu betreiben. Unsere Seelenstruktur ist nun einmal sehr komplex und widersprüchlich – ein Volk des »Sowohl-als-auch«, wie Ernst Jünger es einmal nannte.

Ist das auch der Grund, warum man in Deutschland so starrsinnig an dem Experiment der multikuluturellen Gesellschaft festhält, das selbst von offizieller Seite bereits vor Jahren für gescheitert erklärt wurde?

Die Deutschen waren aufgrund ihrer Reichsgeschichte und der geopolitischen Lage schon immer weltoffener und multinationaler als andere, in sich abgeschlossenere Völker gewesen. Wir haben eine Disposition zum Exotismus, eine Liebe zum Fremden, die in Maßen adelt, aber in der extremisierten Ausprägung von heute sich zu unserem Schaden auswirkt.

Daß das sogar auf romantische Wurzeln verweist, haben schon andere festgestellt. Es gehört zu den Pointen der Geschichte, daß die hitzigsten Verfechter der Polonisierung Ostpreußens und des Tschechentums in Böhmen, gerade Deutsche gewesen sind, die sich als Polen und Tschechen, wie man neudeutsch sagt »neu erfunden« haben: Adalbert von Winkler alias Wojciech Kętrzyński und Friedrich Tiersch alias Miroslav Tyrš.

Gut, aber das alles blieb doch auf eine Minderheit begrenzt und wo das Maß der Selbstverleugnung überschritten wurde und zum regelrechten Fremdenkult ausartete, beklagten es auch die deutschen Geistesgrößen als Untugend und Gefahr. Entscheidend war immer, ob die Eliten die schwierige Seelenstruktur zügeln und in produktive Bahnen zu lenken vermochten. Heute ist die politische Klasse selbst von den selbstgefährdenden

Anteilen gefangen und treibt so das Volk an den Rand des Abgrunds.

Wozu dann auch das Durchhalten um jeden Preis gehört. Die Gründlichkeit und Prinzipienreiterei, mit der die Deutschen einmal begonnene Projekte durchziehen, wird ihnen im Fall der multikultuerellen Gesellschaft zum Verhängnis?
Ja, ein allzu spätes Aufwachen wäre existenzgefährdend. Der bunte patriotische Widerstand, der sich in den letzten Jahren in Deutschland gebildet hat, macht Hoffnung, daß wir aus diesem Schlamassel noch einmal herauskommen. Wir müssen freilich aufpassen, daß in dem berechtigten Kampf gegen die Politik der nationalen Selbstauflösung unsere an sich so wertvolle Tugend der Achtung vor dem Fremden und Andersartigen nicht verloren geht. Deswegen mahne ich auch immer wieder an, den Unmut niemals pauschal gegen die hier lebenden Ausländer zu richten – was nicht ausschließt, ein bestimmtes inakzeptables Verhalten in ganz konkreten Fällen zu mißbilligen –, sondern ausschließlich gegen die für die Misere verantwortlichen Politiker. Von deren Seite wird nämlich gerne der eigentlich an sie adressierte Protest in den nebligen Sumpf der »Fremdenfeindlichkeit« und des »Rassismus« weggeleitet. Ein geschicktes Ablenkungsmanöver, das bei den Bürgern leider allzu oft funktioniert.

Das Establishment weiß immer noch die Mehrheit der Deutschen hinter sich, wie die letzte Bundestagswahl gezeigt hat.
Die Wahlergebnisse sind zwar ein wichtiger, aber kein verläßlicher Anzeiger der Stimmung im Lande. Wie Günter

Maschke einmal spöttisch bemerkte, wird es einmal als das »bundesdeutsche Wunder« in die Geschichtsbücher eingehen, daß die Leute Parteien wählen, deren Politik sie nicht wollten. Das betraf vor einigen Jahren die DM-Abschaffung wie heute die Islamisierung des Landes. Man muß nüchtern feststellen: So wenig unsere politische Klasse existentielle Probleme unseres Volkes lösen kann oder will, so professionell ist sie in der Technik der Machterhaltung. Nach kurzer Panikstarre hat sie ein effektives Instrumentarium zur Eindämmung der unerwartet heftigen Bürgerproteste eingesetzt: Teilen, Ausgrenzen, Dämonisieren. Statt den rauhen Unmut der Straße aufzugreifen und eine Revision der bisherigen Politik vorzunehmen, schlugen die politischen und medialen Eliten auf die Protestierer mit unglaublicher Härte und Aggressivität ein. Ein westdeutscher Politologe forderte sogar die Kriminalisierung von AfD und Pegida, die er als »ostdeutsches Pack« bezeichnete. Im Prinzip ist das Volksverhetzung im eigentlichen Sinn: Das Aufwiegeln des vermeintlichen »hellen Deutschlands« gegen ein angebliches »Dunkeldeutschland«.

Man könnte sagen: Hier sitzen die wirklichen Spalter unseres Volkes.

Genau. Aber auch diese gemeine Tat der Herrschenden fördert den Widerstand: Die üblen Beschimpfungen und rigiden Maßnahmen der Machthaber gegen die Volksopposition wirken zwar einschüchternd und schrekken bislang noch die meisten unzufriedenen Bürger vor einem offenen Aufstand ab. Das Niederhalten erhöht aber, wie ich vorhin sagte, nur den Druck im Kessel, zumal die Regierenden keinerlei Anzeichen erkennen lassen, ihre miserable und perspektivlose Politik zu ändern. Aus anfänglich lediglich besorgten Spaziergängern ist ein harter Kern an Widerständigen entstanden und die AfD überall in die Parlamente gespült worden – vor allem im Osten der Republik.

Auf etablierter Seite zeigte man sich darüber empört, daß ein paar Tausend Demonstranten sich anmaßen, mit dem Ruf »Wir sind das Volk« den Souverän zu repräsentieren und auch noch das Erbe von 1989 zu okkupieren.

Also, ein nicht kleiner Teil der AfD- und Pegida-Anhänger war schon zur Wendezeit in der Bürgeropposition und auf der Straße. In den ehemaligen Landesteilen der DDR hat man nämlich Erfahrung mit einem volksfeindlichen Regime und sich ein skeptisches bis widerständiges Potential gegenüber den Regierenden bewahrt. Man ist auch sensibler für Manipulationen. Die ungleich größeren Wahlerfolge der AfD dort im Gegensatz zu den westdeutschen Ländern kommen nicht von ungefähr. Der Vorwurf einer unberechtigten Inanspruchnahme des Volksbegriffs ist nun so krude wie dumm: Es war in der Geschichte schon immer nur ein Teil des Volkes, der sich erhob und stellvertretend für den Rest auf die Straße ging – so auch 1989. Zudem wirkt es völlig unglaubwürdig, diese Vorhaltung von Leuten zu hören, denen die Kategorie des Volkes selbst vollkommen egal, lästig oder gar zuwider ist. Der aktive Protest der Bürger mag sich in Mitteldeutschland konzentrieren, aber auch im Westen ist der Ärger über die herrschende Politik am Wachsen.

Was meinen Sie, warum ausgerechnet Sie auf viele wie ein rotes Tuch wirken? Die politischen Aussagen – von ein paar Stil- und Tonfragen abgesehen – unterscheiden sich kaum von denen anderer Protagonisten Ihrer Partei.
Mich hat das anfänglich auch überrascht. Aber Feindbilder müssen sich wahrscheinlich irgendwie personalisieren, um ihre volle Wirkung entfalten zu können. Und ich glaube, die polit-mediale Klasse hat – mehr unbewußt als bewußt – erkannt, daß ich nicht einfangbar bin, im Sinne einer »Hegemonie durch Neutralisierung«, wie sie der marxistische Intellektuelle Antonio Gramsci beschrieben hat. Die Instinkte der heutigen Machthaber stimmen in diesem Fall sogar: Ich bin durch Verlockungen des Establishments nicht korrumpierbar. Ein wie auch immer geartetes Arrangement wird es mit mir nicht geben. Ich stehe für eine grundlegende Wende in unserem Land und bei der – wenn sie denn Wirklichkeit wird – werden diese abgewirtschafteten Eliten keine Rolle mehr spielen. Wenn man das vergegenwärtigt, wird klar, warum das Bombardement der Etablierten gegen meine Person so enorm ist. Ich bin für sie der leibhaftige Gott-sei-bei-uns. Man braucht schon Börnes Elefantenhaut, um das auf Dauer durchzustehen.

Ist die Schärfe und Brutalität, mit der gegen Sie und auch Ihre Parteifreunde geschossen wird, überhaupt ein Zeichen von Stärke oder nicht vielmehr von Schwäche?
Es ist die pure Angst, von den etablierten Positionen verdrängt zu werden und die angesammelten Pfründe zu verlieren. Sie erinnert mich an Heinrich Bölls legendäre Worte von den »Resten verfaulender Macht, die sich mit

rattenhafter Wut verteidigen«. Die heutigen Machthaber wissen oder ahnen zumindest, daß ihre Zeit bald vorbei sein könnte. Der Sieg der Globalisten ist alles andere als sicher. Selbst ein so einflußreicher Migrationsfanatiker wie William Swing unkte bereits, daß man verlieren werde, wenn man es nicht schafft, die störrischen Völker endgültig auf ihre Selbstabschaffung umzupolen. Mein Rat an die Mitstreiter: Je hysterischer die herrschende Kaste reagiert, je aggressiver sie um sich schlägt wie ein kleines bockiges Kind, dem man das Spielzeug wegnehmen möchte, desto ruhiger sollten wir werden und den ganzen ätzenden Schmodder, den sie über uns auskippen, souverän und stoisch abtropfen lassen. Jeden Anflug von Rechtfertigung sollten wir unterdrücken, denn unsere politischen Positionen sind völlig normal und vernünftig, da können sie noch so laut »rechtsextrem« oder »rassistisch« schreien. Wir brauchen uns für nichts zu rechtfertigen – schon gar nicht vor den Zerstörern unseres Landes.

Manche ihrer Mitstreiter scheinen diesem Dauerbombardement nicht standhalten zu können und verlieren die Nerven.

Ja, als Notventil fangen einzelne dann mit hektischen Abgrenzungen und Distanzierungen an. Ich kann nur wiederholen: wir müssen gelassen bleiben. Die Zeit des alten Machtkartells läuft ab, unsere Zeit kommt. Alles, was die Alt-Parteien heute noch zustande kriegen, ist zähe Konkursverschleppung. Wir sollten einfach beharrlich unsere Agenda der Vernunft weiterverfolgen und darauf achten, daß wir nicht innerlich verhärten.

Wie meinen Sie das?
Wir dürfen uns nicht von der Hetze und den Diffamierungen der gegnerischen Seite anstecken lassen und es ihr gleichtun. Das gilt auch für den Fall, daß sich das Blatt in unserem Land einmal politisch wenden sollte: Etwaigen Rachegefühlen darf man dann keinen Raum geben. Das christliche Vergebens- und Gnadengebot wird vielleicht einmal viel von uns abverlangen. Was wir heute als geschmähte patriotische Opposition ertragen müssen, sollten wir niemandem nach einem Machtwechsel zumuten, es würde die Einheit unseres Volkes dauerhaft verhindern. Unsere Aufgabe ist es, den Riß in unserer Gesellschaft wieder zu schließen.

Wenn Sie nun unerschüttert die Beleidigungen und Anwürfe abprallen lassen, sich nie distanzieren, heißt das, Sie ziehen überhaupt keine inhaltlichen Grenzen?
Nein, natürlich nicht! Ich sprach ja eben von der Vernünftigkeit unserer politischen Agenda. Das heißt, ich bin durchaus für Abgrenzung – aber nicht nach den Vorgaben des politischen Gegners, der Begriffe wie »Rechts« oder »Rechtsaußen« nach Gutdünken definiert, sondern nach eigenen Maßstäben, die qualitativer Art sein sollten: Gegen Dummheit, Niedertracht, Wahnsinn und Destruktivität. Das reicht zumeist aus, um die Spreu vom Weizen zu trennen. Ich muß immer schmunzeln, wenn die politische Klasse sich um Abgrenzung von uns bemüht. Ihre krampfhaften Anstrengungen sind vollkommen überflüssig: Wir wollen mit den Yesterday-Men des maroden Alt-Parteiensystems so wenig wie möglich zu tun haben!

Das heißt, Sie schließen jegliche Zusammenarbeit mit den etablierten Parteien aus?

Nein, das wäre eine unpolitische Haltung, die verkennt, daß es in der Politik immer auch um die Kunst des Möglichen geht. Mit dem Schlagwort »Alt-Partei« meine ich zudem in erster Linie die maßgeblichen Protagonisten und deren Ideologieproduzenten, nicht jedes einzelne Mitglied im Mittelbau und an der Basis, hier gibt es viele idealistische und vernünftige Leute, vor allem auf der kommunalen Ebene. Aber sie bestimmen nicht die Hauptausrichtung der etablierten Parteien, solange kein Aufstand gegen ihre Führungsfiguren erfolgt. Eine Kooperation ist daher erst dann angezeigt, wenn wir stark genug sind, den politischen Kurs maßgeblich zu bestimmen bzw. wenn die etablierten Parteien selbst eine Revision ihrer bisherigen Generallinie vorgenommen haben – also das, was wir momentan in Österreich erhoffen. Im Unterschied zu dort ist aber bei uns der Kipppunkt des Meinungsumschwungs – der Tipping-Point – noch nicht erreicht, auch wenn wir uns langsam darauf hin bewegen. Bei allen Überlegungen über eine Kooperation dürfen wir nicht die Realitäten aus den Augen verlieren: Die etablierte Politik hat die deutsche Karre in den Dreck gefahren. Sie trägt für die schlimmen Zustände in unserem Land die Verantwortung. Die AfD wurde und wird von den Bürgern gewählt, um dieser verheerenden Politik Einhalt zu gebieten und sie rückgängig zu machen, wo immer es möglich ist. Das bedeutet: unser Auftrag ist es *nicht,* die Karre im Dreck zu stabilisieren, damit sie dort weiter vor sich hin modern kann, sondern: sie dort wieder herausziehen! Die etablierte

Politik hat den deutschen Karren auf sämtlichen zukunftsentscheidenden Politikfeldern, so beispielsweise in der Währungs-, der Energie-, der Familien- und der Einwanderungspolitik, in den Dreck gefahren. Ob dabei die alten Eliten mitanpacken wollen oder können, ist fraglich – wenn, dann nur ihre unverbrauchten und unkorrumpierten Teile. Die gibt es natürlich auch. Mit denen werden wir zusammenarbeiten. Entscheidend sind nicht irgendwelche Regierungsbeteiligungen, sondern, ob die Politik endlich wieder in die richtige Richtung geht. Wir brauchen dazu mehr Strategie und weniger Taktiererei.

Sie sprechen so selbstverständlich von der Überholtheit der heutigen Eliten. Kommt das von Ihrer Neigung, als Geschichtsstudierter in längeren Zyklen zu denken?
Ja, das spielt sicher hier mit hinein. Schon die antiken Philosophen Platon und Aristoteles haben erkannt, daß es einen unaufhörlichen Auf- und Abstieg von Gemeinwesen gibt. Der griechische Geschichtsschreiber Polybios hat in seiner berühmten *politeíon anakýklosis* diese Gedanken weiterentwickelt, indem er den beständigen Wechsel zwischen den drei guten Verfassungstypen Monarchie, Aristokratie und Demokratie und ihren drei schlechten Entsprechungen Tyrannis, Oligarchie und Ochlokratie beschrieb, wobei er unter »gut« die Gemeinwohlorientierung und unter »schlecht« die Fixierung auf den Eigennutz verstand. Ich will jetzt gar nicht auf die Details und Probleme dieser Anakyklosis eingehen, denn Machiavelli hat uns einige hundert Jahre später ein drastisch vereinfachtes Modell geliefert, mit

dem wir die heutige Situation hervorragend beschreiben können: Er unterscheidet nur noch zwischen den beiden Phasen einer guten Ordnung und den Phasen des politischen Niedergangs, die sich aufgrund der besonderen menschlichen Natur zwangsläufig abwechseln. Machiavelli fordert »virtú« – politische Ordnungs- und Gestaltungskraft –, um ein Gemeinwesen à la longue vor dem Abstieg zu bewahren. Und Ordnung ist immer eine Anstrengungsleistung, Chaos kommt von ganz alleine. Das gilt so auch für die politische Kultur.

Das ist wie auf dem eigenen Schreibtisch zu Hause oder bei der Arbeit im Garten.
Genau, jeder Gartenfreund weiß, daß die Kultur der Natur jeden Tag aufs Neue abgerungen werden will. Und das gilt so auch in der Kultur und der Politik. Ordnung kostet viel Kraft. Und Dekadenz ist nichts anderes eine Folge von Schwäche oder mangelnder Bereitschaft der Menschen, diesen Kraftaufwand zu leisten. Wichtig für die Analyse der heutigen Krise ist Machiavellis Hinweis, daß der Verfall immer von oben nach unten verläuft: Er beginnt mit der Dekadenz der politischen Eliten und breitet sich nach und nach auf das ganze Gesellschaftsgefüge aus. Der Fisch beginnt vom Kopf her zu stinken.

Und der stinkt nach Ihrer Meinung heute gewaltig.
Ja, wir brauchen nur die von Machiavelli in seinen Schriften genannten Verfallssymptome im einzelnen zu betrachten, damit der negative Befund deutlich wird: Die Fraktionierung der Gesellschaft in kleine Gruppen, den daraus resultierenden Schwund des Gemeinschaftssinns

und den wachsenden Gruppenegoismus, die private Macht- und Bereicherungsgier, den Verlust des politischen Ethos und der Vaterlandsliebe, die Erosion des moralischen und religiösen Bewußtseins, die Umwertung der traditionellen Werte: Hohes und Gutes wird als lächerlich angesehen, Niedriges und Böses dagegen bewundert. Ich finde, treffender kann man die heutige Verfassung unserer Gesellschaft samt ihrer politischen Klasse kaum beschreiben. Unsere Parteiendemokratie ist über den Weg einer Oligarchie zu einer Ochlokratie, einer Herrschaft der Schlechten, verkommen.

Aber dieser Abstiegsprozeß wäre dann etwas Natürliches, dem keine böse Absicht der Beteiligten zugrunde liegt?
Was den Elitenverfall angeht: ja. Die herrschende Klasse betreibt ja nicht vorsätzlich ihren Untergang. Jede Lust und jede Macht will Ewigkeit. Das ist aber eine Illusion: Vilfredo Pareto sprach von der Geschichte als einem »Friedhof der Eliten«.

Dann ist Ihre Partei von diesem Degenerationsschicksal auch nicht ausgenommen?
Selbstverständlich nicht. Aber malen Sie nicht gleich den Teufel an die Wand! Die AfD hat ja gerade einmal ihre Kindheitstage hinter sich und entwickelt jetzt eine jugendlich-frische Dynamik, um die saturierte, dröge politische Szene in unserem Land aufzumischen und den etablierten Konsens zu stören. Aber das Schicksal einer Verknöcherung und Oligarchisierung, wie sie der Soziologe Robert Michels beschrieben hat, droht auch der AfD langfristig. Das war übrigens die Kernthese

meiner »Dresdner Rede«, wo ich meine Parteifreunde warnte, sich von den lockenden Futtertrögen der Parlamentsmandate nicht korrumpieren zu lassen. Aber das ging ja in dem anschließenden »Shitstorm« der Medien völlig unter. Mein realistisches Ziel ist es, diese Degenerationseffekte so lange wie möglich aufzuhalten. Verhindern wird man sie, wie gesagt, wohl nie. Daher würde ich mich auch zu gegebener Zeit nicht so verbissen gegen eine unverbrauchte politische Kraft stemmen, wie es heute die politischen Machthaber tun. Das zyklische Bild vom ewigen Werden und Vergehen, von Aufstieg und Verfall, gehört zu meinem ontologischen Grundverständnis.

Was wollen sie konkret tun, um die Abnutzungstendenzen zumindest zu bremsen?
Wir müssen vor allem aufpassen, daß nicht Karrieristen und Postenjäger die Oberhand in der Partei bekommen und die politischen Inhalte nicht verwässert werden. Das ist auch der Grund gewesen, warum wir 2015 den »Flügel« gegründet haben.

Ist der »Flügel« nicht eine Partei in der Partei? Verhindert er nicht eher die innere Einheit?
Wir verstehen uns im Gegenteil als integrative Kraft in der Mitte der Partei und haben nie die Berechtigung anderer Strömungen und Meinungen in Frage gestellt. Die Veranstaltungen stehen auch für alle Parteimitglieder offen, es gibt keinerlei Exklusivität oder Vereinsmeierei. Wir verstehen den »Flügel« ganz einfach als einen guten Geist, der darüber wacht, daß wir eine echte Alternative

zu den etablierten Parteien bleiben. Ob das Projekt AfD langfristig Erfolg haben wird, liegt weniger an der objektiven politischen Lage – die spielt eindeutig für uns – sondern mehr an der Fähigkeit ihrer Spitzenfunktionäre, die Partei vor einer Anpassung ans Establishment zu bewahren und sie als wirkliche Erneuerungskraft zu etablieren.

Glauben Sie denn, daß sich innerparteiliche Konflikte überhaupt aufheben lassen? Gehören sie nicht zu dem Funktionsmodus von Parteien? Entwerten sich nicht sogar Parteien, indem sie das Spektrum einschränken?
Ja, die Reibungen können durchaus belebend wirken und in menschlichen Organisationen lassen sich solche Dinge sowieso nie ganz auflösen. Bei einer relativ jungen Partei sind heftige Kabbeleien ganz normal, man denke nur an die chaotischen Anfänge der Grünen. Leider haben auch bei uns die Auseinandersetzungen bisweilen einen destruktiven Drall bekommen. Es gab in der Vergangenheit zum Beispiel keinen wirklichen Zusammenhalt bei einer inszenierten Medienkampagne gegen einzelne Parteivertreter, im Gegenteil: Nicht selten wurde dieser Angriff von außen für innerparteiliche Machtkämpfe instrumentalisiert. Ich konnte das selbst mehrfach erleben, als die etablierten Medien über mich herfielen. Das wirkte sich negativ auf die innere Moral und das Außenbild der Partei aus. In jüngster Zeit scheint sich langsam ein stärkerer Zusammenhalt zu bewähren, der das ganze pseudoaufgeregte Geschrei der polit-medialen Kaste souverän ins Leere laufen läßt. Ich würde es sehr begrüßen, wenn diese konstruktive Kooperation der verschiedenen innerparteilichen Strömungen, wie

wir sie auch im Bundestag erleben, stabil bleibt. Das bedeutet nicht, daß man mit verbalen Fehltritten und inhaltlichen Schrägheiten kritiklos umgehen soll, aber das sollte stets eine *interne* Angelegenheit bleiben. Von der bekannten Solidarität der Linken gegen Angriffe von außen können wir einiges lernen.

Der Poet Peter Rosegger hat einmal bemerkt, daß eigentlich vernünftige Leute – sobald sie aufs Kampffeld der politischen Parteien kommen – zu »blinden Zänkern, Spitzbuben und Toren« werden.

Dieses Grundübel von Parteien trifft man leider auch bei uns in der AfD an. Die Verantwortung liegt in erster Linie bei den Führungspersonen, denn die große Mehrheit der Mitgliederbasis hat kein Verständnis für innerparteiliche Machtkämpfe, weil sie nur das Außenbild schädigen und wertvolle Energien verschwenden, die wir woanders dringender benötigen. Aber wie gesagt: die Partei hat verschiedene politische Strömungen und einige sehr ambitionierte Protagonisten. Das ist einerseits eine Stärke, weil mit der politischen Bandbreite auch die Projektionsfläche für die frustrierten Bürger größer wird. Andererseits macht die Polyphonie der Spitzenakteure eine konsistente Führung schwierig. In der jetzigen Oppositionsphase ist das nicht weiter schlimm und beispielsweise mit einer dualen Spitze regelbar, wie wir es ja auch in der Bundespartei und in der Bundestagsfraktion gelöst haben. Da haben wir bisher über die verschiedenen Länder und innerpateilichen Gruppen hinweg eine erfreuliche Geschlossenheit gezeigt und es ist zu wünschen, daß das in Zukunft so bleibt. Wenn man in absehbarer Zukunft auch Regierungsverantwortung übernehmen möchte, ist die Form der Doppelspitze jedoch eher hinderlich, es bedarf dann einer zentralen Führungsfigur, die auch als einzelne Person in der Lage ist, die innere Einheit der Partei herzustellen. Sie muß einigermaßen frei von Konkurrenzangst sein, vermitteln können, integrativ wirken und alle Strömungen repräsentieren, die von einem geläuterten Patriotismus überwölbt werden. Kurzum: es braucht eine starke Persönlichkeit und eine feste Hand an langer Leine, um die zentrifugalen Kräfte zu bändigen und zu einer politischen Stoßkraft zu bündeln. Aber dieser innere Ausgleich darf niemals dazu führen, daß die AfD ihr patriotisches Profil verliert und ihrem Erneuerungsauftrag untreu wird. Dafür werde ich, solange ich in dieser Partei wirken kann, kämpfen.

Nun wird auch nach dem Weggang von Frauke Petry in der AfD immer noch von einem Konflikt zwischen »Realos« und Fundis« gesprochen, in Analogie zu den Grünen.

Ich halte das ganze für einen Scheinkonflikt. Angesichts der unhaltbaren Zustände in unserem Land und des Totalversagens der politischen Klasse kann Realpolitik nur auf fundamentaler Kritik des Bestehenden beruhen. Wer von Volksverächtern die Rettung des Volkes erwartet, ist ein hoffnungsloser Naivling. Wir dürfen bei der Frage bezüglich einer künftigen Zusammenarbeit mit anderen Parteien nie vergessen: Eine Kollaboration ausgerechnet mit denjenigen Kräften, die unser Land in den Abgrund reißen, ist absurd. Jedwede Überlegung über ein Zusammengehen oder Koalieren mit Teilen des politischen Establishments setzt deren Läuterung und prinzipielle Neujustierung voraus. Das ist erst zu erwarten, wenn das Altparteienkartell unter der steigenden Krisenlast zerbrochen ist.

Sie glauben nicht an deren Regenerationsfähigkeit?
Ich bin hier skeptisch. Natürlich werden die etablierten Parteien versuchen, mit einer personellen Verjüngung eine Erneuerung zu suggerieren, aber der hier in Frage kommende parteiinterne Nachwuchs ist ja Fleisch von ihrem Fleische und hat sich bisher nicht gerade durch eine besondere politische Kreativität und Eigenständigkeit hervorgetan. Genau kann man die Zukunft natürlich nicht voraussagen, aber ich vermute eher, daß es in den nächsten Jahren zu drastischen Veränderungen des Parteiensystems kommen wird, mit Auflösungen, Abspaltungen und Neugründungen von politischen Formationen. Das wird zu einer weiteren Konfusion führen, aber auch zu ungeahnten Chancen: Dann werden nämlich die Machtkarten neu gemischt und heute noch nicht bekannte Optionen der Zusammenarbeit entstehen, aus der sich dann mit den gesunden Teilen der Staatsverwaltung eine neue politisch-administrative Führung herausbilden könnte. Die Überwindung des Parteigeistes und die enge Verbindung mit den neutralen, sachkompetenten staatlichen Institutionen halte ich für entscheidend bei der Lösung der anstehenden Probleme. Bis dahin ist es die Aufgabe der AfD, eine unüberhörbare parlamentarische Stimme und Vertretung der Volksopposition im Land zu sein.

In der Daueropposition werden sie aber keine politische Wende herbeiführen.

Die Opposition ist auch nur der erste Schritt zu einer politischen Wende: Wir müssen uns als Bürger und Patrioten natürlich gegen die Zumutungen der heutigen Politik mit allen legalen Mitteln wehren. Dieser Widerstand hat verschiedene Ebenen, er kann auf der Ebene des Straßenprotestes wie bei Pegida oder auch im parteipolitischen Rahmen geschehen. Die »Festung der Etablierten« muß von mindestens zwei Seiten in die Zange genommen werden: von der protestierenden Bürgerbasis her und von uns als parlamentarischer Speerspitze der Bürgeropposition. Wichtig wäre noch eine weitere Front aus den frustrierten Teilen des Staats- und Sicherheitsapparates heraus, die die Wahnsinnspolitik der Regierenden ausbaden müssen und auf das Remonstrationsrecht zurückgreifen könnten.

Wie eng sollte dieses mosaikartigen Widerstandsmilieu zusammenarbeiten?

Ein allzu starke Vermengung der verschiedenen Ebenen halte ich für nicht sinnvoll, aber umso mehr den guten Kontakt und Austausch untereinander. Klar muß sein: Jeder hat seine Aufgabe und sein Betätigungsfeld. Das schließt gemeinsame Aktionen von Fall zu Fall nicht aus: Warum soll ein AfD-Redner auf einer seriösen, soliden Bürgerdemo nicht auch eine Rede halten? Die Teilnehmer sind schließlich auch potentielle oder tatsächliche Wähler unserer Partei. Es ist in jedem Fall unnütz, hier noch eine peinliche Abgrenzeritis zu betreiben, nur weil man Angst hat, sich durch das bisweilen rustikalere Auftreten der Protagonisten und Demonstranten »schmutzig« zu machen. Straßenproteste sind von Natur aus derber und akklamatorischer als Parlamentsreden oder feinsinnige Disputationen. Außerdem wächst uns als parteipolitischer Kraft auch eine wichtige Aufgabe zu, nämlich die »rohen Formen« der Bürgerproteste geistig zu veredeln und in eine vernünftige parteipolitische Programmatik und Strategie zu integrieren. In der »Vox populi« steckt auch immer etwas Wahres drin, selbst wenn sie sich nicht so fein artikuliert.

Noch einmal: Protest, ob nun auf der Straße oder im Parlament, reicht aber nicht aus, um einen Politikwechsel zu erreichen.

Ja, auch wenn ich großen Respekt und Hochachtung vor dem Mut, dem Elan und der Beharrlichkeit von Pegida, Ein-Prozent und anderer Bürgerprotest-Gruppen habe: Ein widerständiges Potential muß irgendwann einmal auch staats- und regierungsfähig werden. Das heißt: Wir brauchen für die Zukunft eine handlungsfähige politische Mannschaft, die in der Lage ist, Verantwortung zu übernehmen. Hier haben wir, wie Alexander Gauland richtig bemerkte, noch viel zu lernen. Und unsere Zeit in der parteipolitischen Opposition sollten wir für den Aufbau dieser Kompetenzen nutzen. Aber auch hier müssen wir realistisch bleiben: Trotz aller Euphorie und Hoffnung angesichts der parlamentarischen Erfolge würde es selbst als künftige Regierungspartei nur bedingt möglich sein, eine grundlegende Wende herbeizuführen. Zum einen bedarf es dazu eines veränderten gesellschaftlich-kulturellen Unterbaus, der bis heute noch überwiegend anti-national geprägt ist, und zum anderen müssen die Voraussetzungen für ein konsequentes »Durchregieren«

vorhanden sein – wir dürfen die wahrscheinlichen Zugeständnisse an etwaige Koalitionspartner und die systemischen Blockierungen nicht unterschätzen. Die Regierungskoalition aus sogenannten Rechtspopulisten und etablierter Politik in Österreich wird zeigen, ob hier eine Blaupause für Deutschland entsteht oder nicht.

Würden Sie sich selbst als einen Populisten bezeichnen?
Wenn man mit diesem Begriff eine besondere Volksnähe zuschreibt, dann ja. Wir müssen aber auch die Grenzen und Gefahren des Populismus erkennen, er hat seine starken und schwachen Seiten. Richtig liegt er in der Diagnose, daß sich im Zuge der Oligarchisierungs- und Ochlokratisierungstendenzen eine abgehobene polit-mediale Kaste gebildet und vom Volk entfremdet hat. Deren Personal versagt bei der Bewältigung der anstehenden Probleme und handelt immer mehr gegen die Interessen der Bürger. Wenn die Populisten nun im Namen des Volkes sprechen und sich gegen das Establishment in Stellung bringen, ergeben sich folgende Probleme: Wir sind als Volk bereits stark fragmentiert und bringen im Grunde keinen einheitlichen Volkswillen mehr hervor, sondern eher eine dissonante Kakophonie. Außerdem kann sich die anschwellende Proteststimmung außerhalb der Wahlkabine auch irrational aufladen und kontraproduktiv werden – wie unter umgedrehten Vorzeichen der Willkommenswahn im Sommer 2015 gezeigt hat.

Was folgern Sie daraus?
Ein verantwortungsvoller Politiker darf sich bei aller Bürgernähe nicht von den schwankenden Stimmungen

des Volkes abhängig machen, zumal diese manipuliert sein können. Auch bei einer wiederhergestellten inneren Einheit muß er ein Sensorium für die »volonté generale« besitzen und notfalls auch *gegen* die aktuellen öffentlichen Befindlichkeiten und *für* das Volk die richtigen Entscheidungen treffen – also nicht selbstherrlich-autokratisch, sondern im dienenden Sinne. Das zeichnet einen Staatsmann gegenüber einem reinen Populisten aus, der immer ochlokratisch abzustürzen droht.

Der patriotische Widerstand und auch die AfD wird ja gerne als Sammelbecken für Globalisierungsverlierer und Abgehängte bezeichnet. Läßt sich von solchen Leuten ernsthaft eine seriöse Regierungsarbeit erwarten?
Keiner erwartet von Demonstranten ministrable Fähigkeiten! Dafür haben wir ja eine Parteiformation mit entsprechendem Führungspersonal, wobei man bezüglich der Fachkompetenzen immer auch über den Tellerrand der Partei schauen sollte. Ein Alexander Gauland, Jörg Meuthen oder eine Alice Weidel sind außerdem ganz sicher keine »Globalisierungsverlierer«, sondern repräsentieren einen Teil der gebildeten, führungsfähigen Mittelschichten in unserem Land. Und auch die Pegida-Demonstranten sind nach seriösen soziologischen Untersuchungen keineswegs »underdogs«, sondern ein Querschnitt der Gesellschaft und sollen sogar ein überdurchschnittliches Einkommen haben.

Diese Mittelschicht bröckelt allerdings nach Aussagen der Soziologen und ist abstiegsgefährdet.

Das betrifft sicher eine wachsende Gruppe in unserem Land, aber eben nicht die genannten Protagonisten der Partei, zu denen ich mich als verbeamteter Oberstudienrat auch zählen würde. Wir pflegen allerdings keinen arroganten Klassendünkel, der mit asozialer Schnoddrigkeit gegen den »Eckenstehergroll der Abgehängten und Modernisierungsverlierer« vom Leder zieht, wie man es von einigen Qualitäts-Journalisten und selbst von Vertretern der Linken hören konnte. Leute wie Gauland, Meuthen und Weidel haben – obwohl selbst noch nicht direkt betroffen von den negativen Effekten des Neoliberalismus – ein Verantwortungsgefühl über Klassengrenzen hinweg auch zu den sozial schwächeren Schichten, die ohne Zweifel unter den Auswirkungen der Globalisierung und der Massenmigration zunächst am meisten zu leiden haben. Das hebt sie von der Klassenarroganz etablierter bürgerlicher Kreise ab. Es ist offenkundig, daß die multikulturelle Gesellschaft ein Reichen-Projekt ist, denn nur sie können mit ihrer Finanzkraft die Vorteile der grenzenlosen Vielfalt genießen und den häßlichen Begleiterscheinungen ausweichen – im Gegensatz zu den mittleren und einfachen Schichten. Diese Globalisierungsgeschädigten, die auch einen erheblichen Teil der Trump-Anhänger stellen, werden dort von den Vertretern des polit-medialen Establishments kollektiv als rassistischer, dumpfer »white trash« verunglimpft. Das erinnert mich an einen ätzenden Autoaufkleber, der in den Neunzigern im Westen kursierte: »Eure Armut kotzt mich an«. Kein Wunder, daß die AfD vor allem von dem »kleinen Mann« gewählt wird, bei der letzten Landtagswahl in Baden-Württemberg waren es 30% der Arbeiter!

Nicht nur die Zuordnung der Wählerschaft, die politischen Fronten überhaupt verlaufen heute durch alle Schichten und Milieus.

Ja, das geschieht aber nur vordergründig aufgrund der Positionierung für oder gegen die Masseneinwanderung. Wenn man genauer hinsieht, geht es um Grundsätzlicheres: auf der einen Seite stehen die Anhänger des »Ancien Régime« und auf der anderen Seite die Kräfte, die einen vollständigen Politikwechsel befürworten. Und diese Bruchlinien gehen heute tatsächlich quer durch alle politischen »Lager« und Parteien. Man kann von einem politischen Paradigmenwechsel sprechen, den wir gerade erleben. Innerhalb der traditionellen liberalen, konservativen und linken Milieus scheiden sich »systemkonforme« und »systemkritische« Teile und bilden ganz neuartige Verbindungen und Bündnisse. Ich glaube nicht, daß es sich dabei um ein flüchtiges, vorübergehendes Phänomen handelt, das sich wieder legt, wenn die Krise abflaut. Ich bin überzeugt, daß wir am Anfang einer langfristigen und nachhaltigen Veränderung stehen. Man konnte das schon bei den frühen Pegida-Demonstrationen beobachten: da trafen Leute mit den unterschiedlichsten politischen Sozialisationen und Ansichten zusammen. Das einigende Band war die Wut über die schlechte Politik »der da oben«. Natürlich will das herrschende Parteienkartell solche neuen »Querfronten«, wie sie von dem jungen Publizisten Benedikt Kaiser beschrieben werden, verhindern.

Dieser Begriff wird aber in der Geschichte eher mit einem politischen Übelstand verbunden.

Das Establishment will mit dem Verweis auf die Weimarer Republik, wo es unter dem Schlagwort »Querfront« zu vereinzelten Annäherungen zwischen Kommunisten, Konservativen Revolutionären und auch Nationalsozialisten kam, die Volksopposition diskreditieren, indem es suggeriert, es handele sich hierbei um ein Bündnis von »Extremisten« und Exponenten des »lunatic fringe«. Das ist natürlich Unsinn: Die heute entstehende Widerstandskoalition entwickelt sich nicht von den politischen Rändern her, sondern hat ihre Hauptbasis in den Mittelschichten des Bürgertums. Es wird ja nicht umsonst der »schlimme Rassismus« gegeißelt, der »mittlerweile die Mitte der Gesellschaft erreicht« habe.

Es wird aber auch in Ihrer Partei vor einem Abgleiten in »extremistische Positionen« gewarnt.

Ich verstehe ja noch, daß das Establishment aus rein taktischen Erwägungen zu solchen Totschlagwörtern greift, aber nicht, wenn ein grundlegender Reformwille in den eigenen Reihen als gefährlich und extremismusverdächtig eingestuft wird. Wir brauchen in der existentiellen Krise keine falsche konservative Loyalität zu Institutionen, die die Zukunft unseres Volkes gefährden, sondern selbstbewußten, renitenten Bürgermut und einen kämpferischen Nonkonformismus, der heute wie gesagt in allen politischen Lagern zu finden ist.

Wie läuft der angesprochene Paradigmenwechsel konkret ab?

Momentan ist einiges in Bewegung: Man ist plötzlich mit einigen Leuten aus dem »eigenen Lager« nicht mehr einer Meinung, findet aber überraschend Übereinstimmung mit so manchen Positionen der ursprünglich gegnerischen Seite. Das bringt natürlich Verwirrung und zwingt einen zur Neujustierung des politischen Selbstverständnisses. Entsolidarisierende und solidarisierende Effekte gehen damit einher. Besonders Konservative, die traditionell staats- und elitenloyal sind, tun sich damit schwer: glaubten sie gestern noch an die Notwendigkeit einer staatsbürgerlichen Disziplin und »Systemtreue«, um das Gemeinwesen in Ordnung zu halten, gehen heute immer mehr als Wut- und Mutbürger auf die Straße, wählen AfD und wenden sich von den alten Eliten ab, da genau diese Kräfte dabei sind, die geschätzte Ordnung und Stabilität zu untergraben.

Gemessen an den durch die Globalisierung hervorgerufenen chaotischen Zuständen und der Aufhebung der Linearität der politischen Fronten, wäre es vielleicht sogar passender, von einer »Wirbelfront« zu sprechen.

Das trifft es wahrscheinlich besser als die historisch verbrauchte Bezeichnung »Querfront«. Aber wie auch immer man diese Prozesse bezeichnen mag, sie führen zu inneren Spannungen und äußeren Konflikten: der »systemtragende Konservative« ringt sozusagen mit dem »konservativen Rebellen«.

Das kann man nicht nur in der AfD, sondern auch in einigen konservativen Publikationen sehr gut beobachten.

Dahinter steht vermutlich die Sorge, mit einer solchen fundamental-oppositionellen Haltung würde man bürgerliche Wähler verschrecken. Die Frage ist, was man unter dem ominösen »bürgerlichen Korridor«, der mal in einem parteiinternen Strategiepapier genannt wurde, versteht. Die links-grünen Gutmenschen kommen fast ausschließlich aus dem Bürgertum und die verheerendste Politik wird heute von der linksliberalen bürgerlichen Mitte betrieben. Oder meint man die alte deutsche Bürgerlichkeit mit ihrem Bildungsanspruch und den kultivierten Sekundärtugenden? Ich selbst stamme aus einem tief bürgerlichen Milieu, habe studiert, war als Gymnasiallehrer tätig und habe eine Familie mit vier Kindern. Der an mich gerichtete Vorwurf der Unbürgerlichkeit ist gemäß diesem Verständnis vollkommen schief. Bürgerlich ist eigentlich auch keine politische, sondern eine soziale Kategorie, worauf Manfred Kleine-Hartlage hingewiesen hat. Damit paßt eine Begrenzung auf das Bürgertum nicht zum Selbstverständnis als Volkspartei, denn so würde ein erheblicher Teil des Volkes ausgeblendet werden. Der sogenannte »kleine Mann«, die sozial Schwächeren sind aber, wie Alexander Gauland festgestellt hat und Wahlanalysen regelmäßig bestätigen, die wichtigste Wählergruppe der AfD. Wie man sich um diese Klientel kümmert, können wir teilweise von der traditionellen Linken lernen, genauso wie mancher systemloyale Konservative sich ein Scheibchen von deren Herrschaftskritik abschneiden kann.

Wie steht denn die Linke überhaupt in der Verschiebung der politischen Paradigmen da?

Die ist momentan überhaupt nicht zu beneiden, denn sie steckt in einer noch größeren Klemme als die Konservativen: Ihre bisherigen Positionen gegen US-Imperialismus, gegen eine Konfrontation mit Rußland, gegen Globalisierung, Raubtierkapitalismus und Sozialabbau werden gerade von den etablierten Parteien bekämpft, zu denen sie ja mittlerweile auch gehört oder gehören möchte. Der Linken droht mit dieser Anbiederung an die herrschende globalistische Politik ein drittes historisches Deaster. Die erste Niederlage war das massenhafte Überlaufen der Arbeiterschaft zu den Nationalsozialisten während des Dritten Reiches, das schon zum Ende der Weimarer Republik eingesetzt hatte. Die zweite Niederlage war der Zusammenbruch des real-existierenden Sozialismus Ende der 1980er Jahre. Das führte zu einer großen Orientierungslosigkeit, bis man im staatlich verordneten Antifaschismus der Bundesrepublik mit seinen anti-nationalen Affekten einen billigen Ersatz für die verlorengegangene »sozialistische Verheißung« gefunden hatte. Durch die Stasi-Unkultur der DDR war man für den »Kampf gegen Rechts« mit seiner ausgeprägten Denunziations- und Schnüffelarbeit bestens gerüstet und konnte bei dieser eigentlich moralisch armseligen Tätigkeit auch noch ein gutes Gewissen pflegen.

Da mittlerweile alle Altparteien eine beziehungslose Antifa-Ideologie verinnerlicht haben, kam die Nachfolge-Partei der SED schnell aus der postkommunistischen Schmuddelecke heraus und konnte sich mit den ehemaligen Klassenfeinden arrangieren und sogar Regierungen bilden. Möglicherweise hat sie sich dabei einiger Grundsätze entledigt. Da die Hegemonie der Sowjetpartei von ihr gewichen ist, hat sie nicht an die ehrenvolle Tradition des deutschen Sozialismus angeknüpft, sondern sich dem neuen Herren zur Verfügung gestellt.

Ja. Daß man sich damit zugleich auch den Vorgaben der US-Amerikaner unterwerfen mußte, wie schon zuvor den Russen, war nicht so grotesk, wie es auf den ersten Blick erscheinen mag: Einmal fremder Herren Diener – immer fremder Herren Diener! Aber die Tragödie ist noch nicht zu Ende. Nicht nur, daß die Linke mit der Anbiederung an das neoliberale Etablishment sich ideenpolitisch vollständig diskreditiert hat, mit der Übernahme der liberalistischen No-Border-No-Nation-Ideologie heftet man sich heute an ein weiteres absurdes Projekt, das scheitern wird. Es ist ein absoluter geistig-moralischer Tiefpunkt der Linken, sich als Hilfskräfte des Globalkapitals anzudienen und dabei die eigentliche Klientel – die deutschen Arbeiter und die sozial Schwachen – schmählich im Stich zu lassen.

Bei einer Pegida-Demonstration auf dem Dresdner Neumarkt im Juli 2017 hörte ich einen der Spaziergänger die Gegendemonstranten als »Arbeiterverräter!« schmähen. Trotzdem geißelt man von linker Seite stets die Folgen der Globalisierung und des Turbokapitalismus.

Sicher, aber ohne die Ursachen der sozialen Verwerfungen klar zu benennen. Man will von linker Seite durchaus Globalisierung, nur die häßlichen sozialen Folgen sollen abgefedert bzw. überschminkt werden. Ich muß es noch einmal wiederholen: Das geradezu fanatische Eintreten für offene Grenzen und uferlose Multikulturalisierung der globalistischen Linken ist ein glatter Verrat an der einheimischen Arbeiterklasse. Keine noch so soziale Rhetorik kann verschleiern, daß es sich bei der Migrations-Ideologie und der Masseneinwanderung um eine logische Folge des Globalkapitalismus mit seiner Forderung nach weltweit freier Bewegung von Gütern, Kapital und eben auch Menschen handelt. Ein prominenter Befürworter illegaler Einwanderung, der Wirtschaftsnobelpreisträger Milton Friedmann, meinte, daß man offene Grenzen oder einen Wohlfahrtsstaat, aber nicht beides haben könne. Diese einfache Einsicht haben die Linken heute bis auf wenige Ausnahmen vergessen. Die von ihr präferierte multikulturelle Gesellschaft ist eine unsolidarische, unsoziale und unfriedliche Gesellschaft! Kann das ihr Ziel sein?

Oskar Lafontaine hat wiederholt darauf hingewiesen, daß die einheimischen Arbeiter von einer Unterschichteneinwanderung am stärksten betroffen sind.

Und er hat zum Entsetzen seiner Gesinnungsgenossen die konsequente Abschiebung illegaler Flüchtlinge gefordert. Er wurde für diese Äußerungen in den eigenen Reihen scharf angegriffen und als »Rassist« verteufelt. Sahra Wagenknecht geht es genauso: jedes Mal, wenn sie eine schlichte Wahrheit ausspricht oder eine vernünftige Position vertritt, fallen ihre »Parteifreunde« über sie her. Ihr Satz »Wenn die AfD sagt, die Sonne geht im Osten auf, dann werde ich nicht das Gegenteil behaupten« stellt sie schon himmelweit über den intellektuellen Pöbel des Establishments. Wagenknecht ist in der Linken isoliert und wurde nur aus wahltaktischen Gründen an der Spitze der Partei geduldet, weil sie Stimmen bringt. Leider ist sie immer noch von den üblichen Anti-Rechts-Affekten blockiert und schwimmt letztlich im politischen Mainstream mit. Da sie sich aber einen klaren, unverstellten Blick auf die Verhältnisse bewahrt hat, bangt sie zurecht um linke Wählerstimmen, die bei der AfD landen könnten. Durch die massive Entfremdung der Linken von den »einfachen Leuten« ist es kein Wunder, daß die FPÖ, der Front National und Donald Trump vor allem Zuspruch aus der Arbeiterschaft erhalten haben.

Trump ist das mit einem dezidiert »linken« Wirtschaftsprogramm gelungen.

Was sogar den Linksaußen der US-Demokraten, Bernie Sanders, beeindruckte. Wir können hier einige Anregungen erhalten, um unser soziales Profil in der AfD zu stärken, wie uns auch Sahra Wagenknechts Gedanken in ihren letzten Büchern *Reichtum ohne Gier* und *Couragiert gegen den Strom* bei der Entwicklung einer alternativen Wirtschaftsordnung inspirieren können.

Sie amüsierten sich ja vorhin darüber, daß man von der gegnerischen Seite eine extrem rechte Position ausgerechnet aus einer linken Wirtschaftsvorstellung herleitet.

Egal wie man das nun bezeichnet, ich sehe keinen Widerspruch zwischen einer patriotischen und einer dezidiert sozialen Position, im Gegenteil: Es ist die Verantwortung, die man als Patriot für das *ganze* Volk hat und nicht nur für eine bestimmte Oberschicht. Wir haben als AfD in Thüringen dafür den Begriff des solidarischen Patriotismus geprägt. Und wir wollen ihn leben! Deshalb habe ich mit einigen Partei- und Fraktionskollegen Ende 2017 an einem Protestmarsch in Erfurt gegen den Stellenabbau bei Siemens teilgenommen – Seite an Seite mit Gewerkschaftern – und ich begrüße auch die verschiedenen gewerkschaftlichen Initiativen der Volksopposition, die in letzter Zeit entstanden sind. Es empört natürlich viele Linke, wenn wir auf einem Terrain in Erscheinung treten, für das sie gewohnheitsmäßige Zuständigkeit zu besitzen glauben. Aber wenn sie sich mehr dem Globalkapitalismus als dem einheimischen Arbeiter verpflichtet fühlen, werden eben wir uns diesen verstärkt zuwenden und damit die preisgegebenen Errungenschaften einer 150jährigen Arbeiterbewegung verteidigen, die ja ein spezifischer Bestandteil unseres nationalen Erbes sind. Dem noch denkenden Teil der Linken ist natürlich auch klar, daß nur ein Nationalstaat mit einer definierten Solidargemeinschaft auch sozial sein kann. Darum hat sich eben auch erwiesen, daß diese Zuwendung zumindest an der Basis wechselseitig erfolgt.

Anders ist es mit dem Überbau beschaffen. Mit nationalen Positionen kann die heutige partei-intellektuelle Linke, nichts anfangen, sie bekämpft sie ja sogar!
Zu ihrem eigenen Schaden. Solange ihre Vertreter mit obszönen Plakaten wie »I Love Volkstod« oder »Deutschland, Du mieses Stück Scheiße« demonstrieren, wird die Wählerwanderung der »kleinen Bürger« zur AfD weitergehen. Der anti-nationale Drall der deutschen Linken ist tatsächlich eine historische Last mit

üblen Folgen. Das ist umso trauriger, als es dort immer schon patriotische Strömungen gegeben hat, sowohl in der Sozialdemokratie als auch bei den Kommunisten. Nationale Bekenntnisse wie von dem KPD-Führer Ernst Thälmann dürften der heutigen Multikulti-Linken sicher äußerst peinlich sein. Auch von der PDS vernahm man immer wieder bemerkenswerte nationale Töne, wie etwa von dem mecklenburgischen Landeschef Johann Scheringer, der sich stets als »sozialistischer Patriot« verstand oder der PDS-Bundestagskandidatin aus Schwerin, Angelika Gramkow, die in einem Leitartikel des Parteiblatts *Neues Deutschland* beklagte, daß man »die nationale Identität den Rechten überlassen« habe, es gehe doch schließlich um »die Heimat« und um ein »besseres Deutschland«.

Schon der späte Walter Ulbricht war bestrebt seine DDR aus dem Gefängnis des Ostblocks nach den Gegebenheiten zu einer deutschen Souveränität zu führen. Er wurde von den Sowjets durch Honecker gestürzt, als er begann eine eigene Wirtschafts- und Deutschlandpolitik gegen sie durchzusetzen. Aber waren das auf der Linken nicht immer Ausnahmen?

Auch die jüngeren Impulse kamen nicht nur von der Basis, sondern von ganz oben. Um die Jahrtausendwende kündigte sich eine regelrechte nationale Wende in der Nachfolgepartei der SED an. Der Redakteur des *Neuen Deutschland*, Holger Becker, zielte in diese Richtung mit der Bemerkung, dem Zeitungsnamen könne nach dem Untergang der DDR ein ganz neuer Sinn zukommen. Eine patriotische Grundstimmung im Sinne der Brechtschen Kinderhymne lag in der Luft.

»Anmut sparet nicht noch Mühe. Das ein gutes Deutschland blühe…«

Ja, eine Liebeserklärung ohne Verklärung: »Und nicht über und nicht unter andern Völker wollen wir sein…« Die damalige, von einer überwältigenden Mehrheit gewählte Parteivorsitzende Gabriele Zimmer bekannte auf dem Cottbusser Parteitag im Jahr 2000 ihre tiefe Verbundenheit zu Deutschland, bevor sie dann später kleinlaut einknickte und demontiert wurde. Der antideutsche Kurs eines Lothar Bisky und Gregor Gysi, der in der Wendezeit erklärt hatte, ihn stören an dem Namen SED vor allem die Worte »Einheit« und »Deutschland«, setzte sich schließlich durch.

Erstere Beispiele sind jedenfalls schon einige Jahre alt.

Ja, leider. Heute ist die Partei mehrheitlich stramm anti-national ausgerichtet und macht vom »Kampf gegen Rechts« bis zum »No-Border-No-Nation«-Wahnsinn alles mit, was gegen unser Land und Volk gerichtet ist. Aber es gibt neben der Vorsitzenden Sahra Wagenknecht auch noch andere vernünftige Kräfte im Umfeld der Partei, die mit der fortschreitenden Krise immer skeptischer gegenüber dem globalisierungs- und migrationsfreundlichen Kurs der Partei geworden sind. Selbst in der *Jungen Welt* konnte man einen interessanten Beitrag von Klaus Fischer über die »Instrumentalisierung der Flüchtlinge« lesen, von dem ich jedes Wort unterschreiben kann.

Sind Sie in der Sache einer patriotischen Läuterung der Linken nicht zu optimistisch?

Natürlich werden wir wohl kaum die gesamte Linke von ihren anti-nationalen Überzeugungen abbringen können, aber wir sollten den noch rettbaren Teilen helfen, ihre künstliche und sinnlose Kluft zum Volk zu überwinden.

Das wird in weiten Bereichen der Linken aber auf Ablehnung und Widerstand stoßen.
Das wird sich zeigen. Wenn wir die innere Einheit in unserem Volk ernsthaft wiederherstellen wollen, kommen wir um die Aufgabe einer nationalen Verständigung nicht herum. Es wird sicherlich nicht einfach werden. Aber wir können zumindest auf zweifache Weise initiativ werden: Zum einen sollten wir – auch wenn es einem angesichts des Gebarens der heutigen Linken schwerfällt – links nicht per se mit volksfeindlich gleichsetzen. Zum anderen sollten wir offen sein für Gespräche. Es gibt eine ganze Reihe von inhaltlichen Schnittmengen: Unsere politische Forderung gegen Lohndumping, den Abbau sozialer Standards und die Benachteiligung der deutschen Hilfs- und Sozialbedürftigen gegenüber den Migranten, sowie unsere grundsätzliche Kritik an Raubtierkapitalismus und Globalisierung, die Verständigung mit Rußland usw. Es geht mir auch gar nicht darum, die heutige Linke zu glühendem Patriotismus zu bekehren, eine schlichte Aussöhnung mit dem eigenen Volk und Land – die Wilhelm Schmidsche Selbstbefreundung – wäre schon ein großer Fortschritt. Positive Ansätze kann man seit einiger Zeit bei Teilen der Linken beobachten: Anfang 2018 rief Oskar Lafontaine zur Bildung einer linken

Volkspartei auf. Mit einer Sarah Wagenknecht an der Spitze könnte daraus etwas Interessantes werden.

Wäre das nicht fatal für die AfD? Sie müßte dann fürchten, einen Teil ihrer Wähler zu verlieren.
Es wäre zunächst eine Normalisierung der politischen Szene, denn in Frankreich, Spanien und Italien gibt es längst schon »linkspopulistische« Parteien, die sich wie wir gegen die herrschende Politik richten. Außerdem belebt Konkurrenz bekanntlich das Geschäft. Die AfD muß sich dann langsam entscheiden, ob sie als kritischer Teil des Establishments agieren möchte, wie es die sogenannten »Realpolitiker« in der Partei fordern, oder ob sie eine wirkliche Alternative zum Bestehenden sein will – was eine globalisierungs- und kapitalismusüberwindende Position einschließt.

Sie sind ein strikter Antikapitalist?
Wenn man die heute herrschende Ökonomie als Grundlage nimmt, dann schon. Denn ein ungebändigter Kapitalismus fördert nicht nur die Gier, sondern zerstört neben dem sozialen Zusammenhalt langfristig auch die Völker und Nationen. Mit Kapitalismus meine ich also nicht eine sinnvolle Marktwirtschaft, die in einer erneuerten Volkswirtschaft ihren wichtigen Platz haben wird, sondern die einseitige Dominanz und Extremisierung eines Produktionsfaktors – des Kapitals – unter Vereinnahmung der beiden anderen: Arbeit und Boden. Man kann dieses System mit der Formel zusammenfassen: Geld regiert die Welt! Dagegen stellen sich völlig zurecht linke wie rechte Globalisierungs- und Kapitalismuskritiker.

Das Zustandekommen einer solchen »Wirbelfront« würde das heutige neoliberale Machtkartell stark bedrängen. Aber davon sind wir noch weit entfernt. Wann, glauben Sie, wird der kritische Punkt erreicht sein, ab dem sich eine Wende zum besseren abzuzeichnen beginnt?

Die meisten Menschen in unserem Land fühlen sich noch einigermaßen sicher und versorgt, das kann also eine Weile dauern. Vor allem im Westen Deutschlands gibt es immer noch eine lähmende Wohlstandsträgheit und ein naives Vertrauen in die herrschenden Schichten. Die politische Klasse setzt bei ihrer Agenda vor allem auf die Strategie des Einlullens mittels Beschwichtigung und Verharmlosung der dramatischen Folgen ungebremster Zuwanderung. Es geht dieser Schicht um Zeitgewinn, bis nicht – oder nur schwer – umkehrbare Verhältnisse entstanden sind. Wir dürfen daher auch nicht die Augen vor der Möglichkeit verschließen, daß das Land – anders als in Österreich – sich in seiner unseligen Spaltung festfährt. Es stimmt einen immer wieder traurig, daß die Bereitschaft der Menschen bei uns zu einem grundlegenden Wechsel scheinbar nicht aus vernünftigen Überlegungen, sondern wohl nur aus dramatischer, persönlich spürbarer Not erwächst. Das Phänomen ist bekannt aus der Psychologie, es gilt schon bei so banalen Problemen wie dem Aufgeben des Rauchens.

Werden die Deutschen bei dem multikulturellen Großprojekt also erst bis an die Grenze des Erträglichen gehen, bevor es zu einem verbreiteten Umdenken kommt?

Das hoffe ich nicht. Wenn man jedoch die Verbissenheit der politischen Klasse sieht, mit der sie das gegen jede

Vernunft durchzieht und auf die Trägheit der Massen baut, kann es gut sein, daß wir die Talsohle bis zum untersten Grund durchschreiten. Man wird seitens der Machthaber versuchen, die starken Zentrifugalkräfte einer multikulturellen Mißtrauens- und Konfliktgesellschaft durch ein repressives Regime zusammenzuhalten, aber das wird auf Dauer nicht funktionieren – abgesehen davon, daß ein solches freiheitsfeindliches Machtgebilde keine wünschenswerte Zukunft für uns sein kann. Spätestens, wenn die ethno-sozialen Verwerfungen aufgrund leerer Kassen und staatlicher Überforderung nicht mehr zu kitten sind, werden die vorhin genannten schlimmen Prophezeiungen David Engels Wirklichkeit werden. Als Vater von vier Kindern wünsche ich mir natürlich eine friedliche Wende in unserem Land. Mein ganzes politisches Engagement ist darauf gerichtet, daß noch rechtzeitig besonnene Kräfte dem Verhängnis Einhalt gebieten. Ansonsten wird ein neuer Karl Martell vonnöten sein, um Europa zu retten.

Eine solche Katastrophe könnte mit dem Ende Deutschlands als Nationalstaat einhergehen. Dann hätte sich der Liberalismus als eine Krankheit mit tödlichem Ausgang erwiesen.

Wenn man mit »Liberalismus« hier verkürzt eine ausschließliche struktur- und bindungsauflösende Energie meint: ja. Aber die Geschichte ist keine Einbahnstraße und mit zunehmender Gefahr wächst bekanntlich auch das Rettende. Man muß es nur erkennen und beim Schopfe packen. Allen Unkenrufen zum Trotz: Auch bei einem Zerfall der Nationalstaaten und dem sich dann ausbreitenden Chaos ist noch lange nicht alles verloren. Ich erwähnte vorhin den möglichen Rückzug auf Länderebene, wo besonders im Osten noch großes Potential vorhanden ist, daß inhumane Projekt einer Migrationsgesellschaft zu stoppen.

Und wenn das nicht gelingen sollte?
Dann haben wir immer noch die strategische Option der »gallischen Dörfer«. Wenn alle Stricke reißen, ziehen wir uns wie einst die tapfer-fröhlichen Gallier in unsere ländlichen Refugien zurück und die neuen Römer, die in den verwahrlosten Städten residieren, können sich an den teutonischen Asterixen und Obelixen die Zähne ausbeißen! Wir Deutschen – zumindest die, die es noch sein wollen – sind dann zwar nur noch ein Volksstamm unter anderen. Die Re-Tribalisierung im Zuge des multikulturellen Umbaus wird aber so zu einer Auffangstellung und neuen Keimzelle des Volkes werden. Und eines Tages kann diese Auffangstellung eine Ausfallstellung werden, von der eine Rückeroberung ihren Ausgang nimmt.

Sie monierten vorhin die Infantilisierung der Politik, um nun Ihrerseits Comicstrips für politisch-strategische Überlegungen zu zitieren!
Warum nicht? Die politische Dimension von Comics muß ja nicht auf den legendären »Donaldismus« beschränkt bleiben. Und gleich noch eine schlechte Nachricht für unsere künftigen »Römer«, die diesen edlen Titel eigentlich nicht verdient haben: Wie Asterix haben auch wir einen Zaubertrank. Das Rezept ist natürlich – wie schon bei Miraculix – streng geheim. Aber wenn man etwas genauer

nachdenkt, kommt man vielleicht auf die Zutaten... Um wieder zum Ernst der Sache zu kommen: Unser oberstes politisches Ziel ist es natürlich, alle diese Szenarien zu verhindern und den fahrenden Zug vor dem Aufprall zu stoppen. Das wird schon schwer genug sein. Aber auch in der erhofften Wendephase stünden uns harte Zeiten bevor, denn umso länger ein Patient die drängende Operation verweigert, desto härter werden zwangsläufig die erforderlichen Schnitte werden, wenn sonst nichts mehr hilft.

»Brandige Glieder können nicht mit Lavendelwasser kuriert werden«, wußte schon Hegel.

Vor allem eine neue politische Führung wird dann schwere moralische Spannungen auszuhalten haben: Sie ist den Interessen der autochthonen Bevölkerung verpflichtet und muß aller Voraussicht nach Maßnahmen ergreifen, die ihrem eigentlichen moralischen Empfinden zuwider laufen.

Sie meinen Maßnahmen im Rahmen einer Rückführung nicht integrierbarer Migranten?

Ja, neben dem Schutz unserer nationalen und europäischen Außengrenzen wird ein großangelegtes Remigrationsprojekt notwendig sein. Und bei dem wird man, so fürchte ich, nicht um eine Politik der »wohltemperierten Grausamkeit«, wie es Peter Sloterdijk nannte, herumkommen. Das heißt, daß sich menschliche Härten und unschöne Szenen nicht immer vermeiden lassen werden. Man sollte seitens der staatlichen Exekutivorgane daher so human wie irgend möglich, aber auch so konsequent wie nötig vorgehen.

Es wird also nicht nur eine logistische, sondern auch eine moralische Herausforderung für die dann Verantwortlichen werden.
Ja, aber existenzbedrohende Krisen erfordern außergewöhnliches Handeln. Die Verantwortung dafür tragen dann diejenigen, die die Notwendigkeit dieser Maßnahmen mit ihrer unsäglichen Politik herbeigeführt haben.

In jeder noch so schweren, existenziellen Krise liegt bekanntlich auch die Chance zur Weiterentwicklung. Sie sprachen am Anfang unseres Gesprächs von der produktiven »Nachtmeerfahrt«.
Hierin liegt auch meine grundsätzliche Zuversicht und Gelassenheit, die über alle Schreckensszenarien hinausreichen. Ich bin sicher, daß – egal wie schlimm die Verhältnisse sich auch entwickeln mögen – am Ende noch genug Angehörige unseres Volkes vorhanden sein werden, mit denen wir ein neues Kapitel unserer Geschichte aufschlagen können. Auch wenn wir leider ein paar Volksteile verlieren werden, die zu schwach oder nicht willens sind, sich der fortschreitenden Afrikanisierung, Orientalisierung und Islamisierung zu widersetzen. Aber abgesehen von diesem möglichen Aderlaß haben wir Deutschen in der Geschichte nach dramatischen Niedergängen eine außergewöhnliche Renovationskraft gezeigt. Denken Sie an den Dreißigjährigen Krieg oder den Zusammenbruch 1945. Ob wir es noch einmal schaffen werden, ist nicht sicher, aber es gibt berechtigte Hoffnung auf eine Erneuerung.

Ohne eine solche, meinen Sie, geht es keinesfalls weiter?
Ja, an dem heruntergekommenen deutschen Haus sind umfassende Renovierungsarbeiten vonnöten. Ein paar Korrekturen und Reförmchen werden nicht ausreichen. Aber die deutsche Unbedingtheit wird der Garant dafür sein, daß wir die Sache gründlich und grundsätzlich an-

packen werden. Wenn einmal die Wendezeit gekommen ist, dann machen wir Deutschen keine halben Sachen. Dann werden die Schutthalden der Moderne beseitigt, denn die größten Probleme von heute sind ihr anzulasten.

Wir leben doch bereits in der Postmoderne!
Das halte ich für eine Fehleinschätzung. Die oft zitierte Postmoderne ist bislang noch gar nicht eingetreten. Was heute unter dieser Bezeichnung firmiert, ist nur eine bestimmte Degenerationsstufe der Moderne und nicht ihr Nachklang. Die Krisen der Moderne eskalieren heute vielmehr, statt gedämpft oder gar bewältigt zu werden. Es wird unsere historische Aufgabe sein, nach dem finalen Austoben der Moderne eine wirkliche neue Ära vorzubereiten und einzuläuten: Die Nach-Moderne.

Es reicht Ihnen also nicht, daß beispielsweise in der Architektur den stupiden Kästen ein paar Ornamente angeklebt wurden?
Nein, das Ganze muß viel tiefer und breiter angelegt werden. Die erforderliche Renovation steht im Kontext einer ganzen Geschichtsepoche. Es ist auch für einen Politiker, der tief in den Tagesgeschäften steckt und eher auf kurzfristige Horizonte getrimmt ist, sinnvoll, von Zeit zu Zeit einen übergeordneten Standpunkt einzunehmen und das politische Geschehen in einem größeren historischen Zusammenhang zu betrachten.

Können Sie das in groben Zügen skizzieren?
Ich will es versuchen: Die Moderne selbst halte ich für eine Verfallsform einer bedeutsamen Epoche,

nämlich der Neuzeit, die vor rund fünfhundert Jahren in Europa einsetzte. Mit der Loslösung des Individuums aus den mittelalterlichen Kollektiven kam es zu einer Entfesselung unglaublicher Kräfte: in den Wissenschaften, der Technik, der Ökonomie und der Kultur. Dabei zerfiel die alte Struktur der Civitas und des kaiserlichen Universalismus, so daß es einer neuen politischen Institution bedurfte, um Ordnung zu schaffen und die gewaltigen, aber auch zerstörerischen Kräfte der Emanzipation in produktive Bahnen zu lenken. Gleichzeitig bildete sich aus den ethnopluralen Gemeinschaften des Reiches das Volk als neues politisches Subjekt heraus. Das war die Geburt des neuzeitlichen Nationalstaats. Dieser Staat hatte ungeheure Aufgaben zu bewältigen: die Befriedung des Landes, den Aufbau der Infrastruktur, der Verwaltung, des Justiz- und Bildungswesens, die Gestaltung der Wirtschafts- und Sozialpolitik und anderes mehr. Im Großen und Ganzen funktionierte das auch in den europäischen Ländern – vorbildlich in Preußen und Österreich, den beiden deutschen Hauptmächten – und begünstigte die Entwicklung Europas zur führenden Weltmacht. Grundbedingung für diesen Prozeß war der bändigende, ordnende und gestaltende Staat.

Nun ist der Staat ja seit den Zeiten von Privatisierung und Deregulierung eher auf dem Rückzug.

Damit verweisen Sie genau auf den springenden Punkt, der dem dynamisch-konstruktiven Lauf der Neuzeit einen dramatischen Knick bescherte. Mit dem Abbau der klassischen Staatlichkeit, der übrigens schon sehr weit vor der genannten Neoliberalisierung einsetzte –, begannen die Freiheits- und Emanzipationskräfte sich zunehmend destruktiv auszuwirken. Diese Entwicklung wurde mit dem Aufkommen des Kapitalismus im 18. Jahrhundert noch einmal befeuert, da die selbstbewußten Unternehmer aus Eigeninteresse die Einmischung des Staates in ihre Geschäfte vehement ablehnten, vor allen im angelsächsischen Raum. Hier tobte sich auch der berüchtigte Manchester-Kapitalismus hemmungslos aus, mit all den bekannten negativen sozialen Folgen. Als Begleitmusik mutierte das schöpferische Individuum, das sich seit der Renaissance zu großer Blüte entfaltet hatte, im Laufe der Zeit zum flachen Massenmenschen.

So wie in der ersten Industrialisierungsphase große Baustellen mit Pferdekraft bedient wurden, hat die strenge Konditionierung des vormodernen Menschen zur effektiven Durchsetzung der Moderne beigetragen. Bald danach gab es einen Umschlag von einer in dieser Intensität wohl einmaligen geschichtlichen Aufbauphase in eine Dekomposition.
Ja, dieser Prozeß dauert bis heute noch an. Das alles vollzog sich natürlich in der Realität viel komplizierter und verwickelter, als ich es jetzt darstellen kann, mir geht es primär um den Grundgedanken.

Das heißt, die Dekomposition lief nicht schematisch-linear ab?
Richtig, vor allem in Deutschland gab es Gegenbewegungen: die spezifisch deutsche Form der Aufklärung, die im Gegensatz zur französischen Erbaulichkeit von Liberté, Egalité und Fraternité die Freiheit in ihrer ja-

nusköpfigen Abgründigkeit ernst nahm und sie zum Zwecke ihrer Erhaltung einer strengen Einhegung unterwarf, die Romantik auf geistig-kulturellem Gebiet, die Entwicklung einer politisch gesteuerten Nationalökonomie im Bereich der Wirtschaft, überhaupt die Betonung eines starken Staates, um die partikularen Kräfte in das Gesamtgefüge des Gemeinwesens sinnvoll einzubinden. Auch die Strömungen der sogenannten Konservativen Revolution in der Weimarer Republik hatten verschiedene Lösungsansätze entwikkelt, bedenkenswerte wie ungeeignete. So konnten die Niedergangsprozesse eine Weile aufgehalten und gebremst werden. Die Staatlichkeit, die den produktiven Ordnungs- und Gestaltungsrahmen garantierte, verfiel aber mit der zunehmenden Dominanz der Parteien und ihrer Okkupation öffentlicher Institutionen. Der Nationalsozialismus und Faschismus sowie der Kommunismus versuchten Anfang des 20. Jahrhunderts mit brachialen Mitteln und Methoden die Krisen der Moderne in den Griff zu bekommen, scheiterten aber dramatisch und hinterließen Trümmerfelder, auf denen sich der zersetzende Materialismus noch ungezügelter ausbreiten konnte.

Und wo stehen wir Ihrer Meinung nach heute?
Wir erleben die finale Auflösung aller Dinge: von den Identitäten der Geschlechter und Ethnien, den Familien, den religiösen Bindungen über die kulturellen Traditionen, den Sinn für Form und Maß – man vergegenwärtige sich nur den grassierenden Dekonstruktionswahn in der Architektur! – bis hin zu den schützen-

den und formenden Grenzen der Staaten und Kulturen. Die Merkelsche Grenzöffnung und die »No-Border-No-Nation-Ideologie« ist nur ein Moment in diesem geschichtlichen Auflösungsvorgang. Am Ende steht der Mensch an sich zur Disposition. Es ist kein Zufall, daß gerade von den globalen Geldeliten der sogenannte Transhumanismus als Projekt stark gefördert und vorangetrieben wird. Ziel ist die Schaffung eines neuen Übermenschen in Gestalt eines Mensch-Maschine-Hybrids – eine befremdliche, ja gruselige Vorstellung! Das Beste für die normale Menschheit wäre wahrscheinlich, wenn diese Posthumanoiden irgendwann ihren Lieblingsplan verwirklichen und auf den Mars auswandern würden.

Wünschen Sie sich das besser nicht, Reinhard Jirgl hat 2012 in seinem verstörenden Roman Nichts von uns auf Erden *ausgemalt, was passiert, wenn diese Kolonisten dann zurück auf die Erde kommen! Seitdem ist es im Literaturbetrieb ruhig geworden um den Büchner-Preisträger von 2010, der in der DDR vier Romane für die Schublade geschrieben hatte. Die grundsätzliche Moderne-Kritik, welche die Kritiker darin witterten, machte den zuvor gefeierten Schriftsteller in der Szene verdächtig. Dieser Verdacht bestätigte sich sozusagen, als im berüchtigten Winterheft 2015/16 der Zeitschrift* TUMULT *sein Kurzessay »Die Arglosen im Inland« erschien.*

Manfred Kleine-Hartlage hat die Moderne als einen Prozeß der Entstrukturierung und Entdifferenzierung beschrieben. Alles geschichtlich Gewachsene muß dekonstruiert und zersetzt werden, aber – und hier liegt der entscheidende Punkt: es sollen gleichzeitig keine neuen Gestalten und Strukturen entstehen. Das Ziel ist vielmehr die dauerhafte Verflüssigung.

Also keine »schöpferische Zerstörung« à la Schumpeter, sondern eine Zerstörung »sans phrase«.
Genau. Das hat sogar eine metaphysische Dimension: Denn mit dem Ziel der dauerhaften Verflüssigung richten sich die Kräfte der Moderne gegen die Schöpfung selbst: Es ist der Rückfall zur formlosen und wüsten Masse des vorweltlichen Chaos, wie es Ovid in seinen *Metamorphosen* besungen hat. Wir sollten dagegen dem Schöpfungsakt folgen, der darin bestand, dem amorphen Gebilde eine Gestalt und Ordnung zu geben.

Der nationale Publizist Hans-Dietrich Sander gab einmal den alternativen Imperativ zum zerstörerischen »Anything goes« der Moderne aus: »Style and Order«! Auf diese Formel des amerikanisch-englischen Dichters T. S. Eliot könnte man das von Ihnen propagierte post-moderne Projekt verkürzen. Wie realistisch ist ein solches historisches Vorhaben?
Wir haben keine andere Wahl, wenn wir nicht in Spenglerscher Fellachisierung verkommen wollen. So könnten wir zwar überleben, aber auf einem sehr niedrigem kulturellen Niveau. Wenn dieser Status global eintritt, ohne daß »frische Völker« in Sicht wären, die einen Wiederaufbau der menschlichen Kultur in Angriff nehmen, dann könnte die Menschheit nur noch eine göttliche Zäsur wiederaufrichten.

In der gerade von Ihnen genannten Dichtung Ovids erfahren wir von Jupiters Entscheidung, das unfähige und gottlose

Menschengeschlecht mittels Sintflut zu vernichten – aber mit dem Versprechen, ein neues, besseres Geschlecht zu schaffen.
Vor diesem drastischen göttlichen Eingriff sollten wir Menschen selbst einen Versuch der Erneuerung wagen. Der Königsweg geht von der Dekomposition zur Rekomposition.

Das klingt, als wollten Sie zurück nach vorgestern.
Überhaupt nicht! Es darf und kann keine Rolle rückwärts geben, sondern wir müssen das Ganze auf eine neue, höhere Stufe stellen. Es geht nicht um die Restauration alter Strukturen, um ein »neues Mittelalter«, sondern darum, an die schöpferischen Stränge der Neuzeit wieder anzuknüpfen. Das bedeutet für ein Volk und seine Kultur: Sinnstiftende Traditionsstränge sollten nicht gekappt und stabilisierende Bestände nicht weggeräumt werden, wie es in der Moderne so oft und rigoros geschehen ist, sondern einer »erweiterten Fortführung« unterliegen, wie es der Weimarer Historiker Erich Marcks gefordert hat. *Erweitert* – das ist der entscheidende Punkt.

Also keine Abschaffung von Kühlschrank und Kaltschaum-Matratzen.
Nein, auch kranke Zähne werden in einer nach-modernen Ära nicht betäubungslos vom Barbier gezogen. Vor einem technischen Rückschritt haben die Menschen ja am meisten Angst, wenn man von einer notwendigen Überwindung der Moderne spricht.

Wie könnte eine Renovation des Gemeinwesens im einzelnen aussehen?

Die Details eines Neubaus sollten und können nicht von oben verordnet, sondern in einer großen, gemeinsamen Aussprache ermittelt werden. Es gibt viele Ideen und Ansätze zu diskutieren, zu bewerten und abzuwägen, bevor sich eine Entscheidung herauskristallisiert. Bei der Umsetzung wird man nach dem Prinzip »Trial and Error« verfahren, manches wird funktionieren, anderes nicht.

Sie werden aber schon eigene Vorstellungen haben, was zu tun sein wird?
Natürlich, aber das sind nur Vorschläge, keine Vorgaben, die man der Allgemeinheit aufzuoktroyieren gedenkt. Ich würde mich vielmehr über eine rege, sachliche und ergebnisoffene Diskussion freuen, wie wir in Zukunft gemeinsam leben wollen. Aber die wird in unserem Land momentan leider noch durch die herrschenden Denk- und Sprechverbote verhindert.

Können Sie ein paar Eckpunkte nennen, die für Sie elementar sind?
Ja, sie ergeben sich aus der Krise der Moderne selbst: Wenn die Moderne zu einer Entwurzelung der Menschen geführt hat, so ist eine neue Bodenständigkeit zu fördern. Wenn sie uns zu Konsumtrotteln und Jobnomaden degeneriert hat, müssen wir den idealistischen Wert sinnstiftender Arbeit beleben. Ein funktionierendes Gemeinwesen bedarf auch einer produktiven Wirtschaftsordnung, die ein ausgewogenes soziales Gefüge generiert und nicht die Kluft zwischen Reich und Arm vergrößert – sie wird also post-kapitalistisch sein,

ohne in einen lähmenden Sozialismus alter Machart zu verfallen. Wenn die Moderne die Heimatbindungen gekappt hat, gilt es, die Heimat als Raum der Geborgenheit und Lebensentfaltung wiederzuentdecken. Wenn sie die Identitäten – geschlechtlicher, kultureller oder sonstwelcher Art – beschädigt hat, geht es um eine Wiederherstellung von Identitäten.

Die Wiederentdeckung des Eigenen!

Ja, das wird bei dem heutigen Ausmaß an Selbstentfremdung ein regelrechtes Abenteuer werden. Damit einher geht auch die Sicherstellung des Ansiedlungs- und Gestaltungsmonopols eines Volkes in seinem Land. Dann wird auch das Fremde wieder seinen Zauber erhalten und das Zusammenleben mit nichtdeutschen Bevölkerungen als belebendes und nicht als bedrohliches Moment empfunden werden. Identität erwächst ja nicht einfach aus sich selbst heraus, sondern in einer dialogischen Beziehung zum anderen.

Gibt es noch weitere Punkte auf Ihrer Agenda der Erneuerung?

Die Liste ist lang, hier nur ein paar weitere herausgegriffen: Wenn die Moderne die Verhäßlichung und Verschandelung unserer Städte, Dörfer und Landschaften zugelassen hat, müssen wir die Schönheit und den Sinn für Form und Maß zum neuen Maßstab machen. Wenn sie die Gemeinschaften zerstört und die Menschen vermasst hat, haben wir das fruchtbare Wechselspiel aus Gemeinschaft und Individuum wieder herzustellen. Wenn im Zuge der Moderne die religiösen Bezüge verloren gegangen sind, müssen wir uns um eine metaphysische Wiederverankerung bemühen. Das wird überhaupt der entscheidende Punkt sein: Allein, um durch die zu erwartenden schweren Krisenzeiten zu kommen, brauchen wir neben einer neuen Gemeinschaftlichkeit auch einen inneren Halt, der sich primär aus religiösen Substanzen speist. Hier haben die Amtskirchen in Deutschland vollständig versagt.

Für die drohende »Nachtmeerfahrt« bedarf das Volk einer spirituellen Orientierungshilfe?
Ja, auf jeden Fall. Aber angesichts des schlimmen Zustandes unserer christlichen Kirchen wird es ohne eine erneute Reformation in Deutschland nicht gehen. Der Klerus hat weitestgehend seine Glaubensautorität verloren und sich vom Volk immer mehr entfremdet. Wenn heute Pfarrer beklagen, daß sich das Volk von ihnen abwendet, dann ist das absurd: *Sie* sind es, die sich längst vom Volk abgewendet haben, ihm teilweise sogar regelrecht feindselig gegenüberstehen! Natürlich tragen der grassierende Materialismus, die naiv-oberflächliche Wissenschaftsgläubigkeit und die allgemeine Säkularisierung mit zu der Ablösung bei, aber subkutan schlummert meines Erachtens bei den meisten Menschen eine Sehnsucht und ein Bedürfnis nach größeren Sinnzusammenhängen und religiöser Geborgenheit.

Das geschieht freilich nicht nur subkutan: Es gibt heute eine Vielzahl von esoterischen, mystischen und spirituellen Angeboten jenseits der Amtskirchen.

Richtig, aber das meiste ist doch bloß Surrogat. Ohne jetzt über den Sinngehalt und die Seriösität dieser alternativen Angebote überheblich urteilen zu wollen: Für eine große menschliche Gemeinschaftsform wie ein Volk sind neben den berechtigten individualisierten Formen auch übergreifende, integrative Institutionen nötig. Das heißt: Wir brauchen im Grunde eine neue Volkskirche, die wie das alte Gotteshaus im Dorf in der Mitte der Gemeinschaft steht.

Und wie soll eine solche Volkskirche Ihrer Meinung nach aussehen?

Das kann ich in diesem Rahmen nicht genauer ausführen und ich bin auch als Parteipolitiker hierzu nicht wirklich berufen. Sicherlich sollte sie fest in der Kultur des Volkes verankert sein. Ihre zentrale Aufgabe wäre es, sich um das Seelenheil der Menschen zu kümmern, statt sich, wie heute, penetrant in die Politik einzumischen. Da halte ich es mit der Zwei-Reiche-Auffassung von Augustinus und Luther. Eine neue Volkskirche müßte die tradierte Volksfrömmigkeit, die sich bis heute in verschiedensten Bräuchen und Ritualen erhalten hat, mit der idealistisch-romantischen Vorstellung einer beseelten Natur und dem ursprünglichen spirituellen Impuls des Christentums verbinden – ohne gleichzeitig in Widerspruch zu den Erkenntnissen der Naturwissenschaften zu geraten. Diese Integration ist keine leichte, aber auch keine unmögliche Aufgabe, wenn man anstelle von starrer theologischer Dogmatik eine lebendige Organik betreibt und mit Schopenhauer den allegorischen Charakter der hergebrachten Religionen akzeptiert.

Die »Wahrheit im Gewande der Lüge«, wie es bei ihm heißt. Vorausgesetzt, das läßt sich überhaupt anregen, dann sind das keine Aufgaben für ein paar Wahlperioden!
Nein, mit den vorher genannten Punkten ist das eine Arbeit für Generationen. Aber wir können als Avantgarde die Grundlagen legen und Weichen stellen. Wichtig ist: Damit all unsere Erneuerungsideen bestandsfähig und zukunftsfest werden, müssen wir immer die conditio humana im Auge behalten, die sich nicht endlos ohne böse Folgen verbiegen läßt. Daran sind alle ideologischen Systeme bisher gescheitert.

Sie sagten, der Staat spiele bei der produktiven Bändigung der Emanzipations- und Freiheitskräfte eine besondere Rolle. Sehen Sie nach den langen staatlichen Abbauprozessen hier überhaupt noch die Chance einer Wiederbelebung?
Wenn wir die völlig aus dem Ruder gelaufene Moderne wieder in den Griff kriegen möchten, kommen wir um eine Rekonstitution des Staates in seiner neuzeitlich-klassischen Form nicht herum. Das wird neben der Notwendigkeit einer religiösen Wiederverankerung eine der entscheidenden Aufgaben der Zukunft sein. Alle genannten Aspekte der Rekomposition beziehen sich auf ein Volk als geschichtlich gewachsene Einheit, bedürfen aber eines klar umrissenen Ordnungs- und Gestaltungsrahmens, innerhalb dessen ein Volk walten und wirken kann. Diesen Rahmen stellt der Staat zur Verfügung. Er ist gleichzeitig »Geschäftsführer« des historisch-politischen Subjekts, sichert die innere Ordnung und verteidigt die Souveränität nach außen. Diese neuzeitliche Symbiose von Staat und Volk ist

das, was wir gemeinhin als Nation bezeichnen. Wenn man sich die Geschichte Europas anschaut, ist sie ein unglaubliches Erfolgskonzept und wurde erst im Zuge der Globalisierungsdoktrin mit ihrem Fetisch der Supranationalisierung zum Auslaufmodell erklärt.

Geschichte spitzt sich manchmal auf bestimmte Antagonismen zu.

Ja, heute ist es der Kampf zwischen dem bewährten Nationalstaat gegen die grenzenlose Globalisierung. Wir glauben, daß das von uns präferierte Modell eines erneuerten Nationalstaats – von dessen klassischen Modell des 19. Jahrhunderts sicher einiger Ballast abgeworfen werden muß – das vernünftigere und auch menschenfreundlichere ist. Für ein friedliches Miteinander sind geschützte Räume und Grenzen unabdingbar, sowohl auf der individuell-privaten Ebene, wo wir das Phänomen der »sozialen Distanz« kennen, wie auf der Ebene der Gemeinschaften.

»Good fences make good neighbours«, wie ein englisches Sprichwort lautet.

Richtig. Grenzen gehören zur conditio humana. Es ist immer wieder belustigend, bei den Verfechtern von weltweiter Grenzenlosigkeit die verbissenen Grenziehungen gegen »Rechts« zu beobachten. Ich glaube auch nicht, daß die No-Border-Ideologen ihre privaten Wohnungen vierundzwanzig Stunden am Tag offenlassen, damit jeder X-beliebige bei Ihnen hinein- und herausspazieren kann. Genau diesen Unsinn fordern sie aber auf staatlicher Ebene und bedenken nicht die Folgen. Wer die

Grenzen nach außen auflöst, verschiebt sie nur nach innen: Abschottung und Segregation innerhalb von Gesellschaften sind die Folgen.

Das stört wahrscheinlich die meist gut betuchten globalistischen Eliten nicht.
Sicher, sie können sich im Gegensatz zum Normalbürger in ihre »gated areas« zurückziehen. Wir sollten Grenzen aber nicht nur als Voraussetzung aller Staatlichkeit ansehen, sondern auch ihre allgemeine kreative Macht erkennen: Die damit verbundene Beschränkung in einer Dimension kann zu einer verstärkten Entfaltung in einer anderen Dimension führen. Zum Beispiel, indem man die Bescheidung im Materiellen mit der Vertiefung des Immateriellen sinnvoll kompensiert.

Statt also endlos Geldkapital anzuhäufen, sollten wir besser Beziehungen anbahnen und Verbindlichkeiten pflegen.
Genau. Ich möchte noch zu dem Thema »Begrenzung« etwas ergänzen. Für den englischen Philosophen Roger Scruton ist die liebevolle Verbundenheit des Einzelnen zu einer begrenzten Heimat als Verantwortungsraum – die Grundlage jedes wirklich nachhaltigen Naturschutzansatzes. So sinnvoll auch staatliche Vorgaben im einzelnen sein mögen, so können sie niemals die intrinsische Motivation des Einzelnen ersetzen, das zu erhalten, was vor seiner Haustür liegt. Die vorbildlichen preußischen Reformen zu Beginn des 19. Jahrhunderts, die u. a. der Gemeindeselbstverwaltung zum Durchbruch verhalfen, sind von diesem Geist durchdrungen. Die Grenzen des konkreten Erfahrungsraums als Grenzen

des Verantwortungsraums zu akzeptieren, bedeutet den Sieg einer bodenständigen Bescheidenheit über einen hybriden Machbarkeitswahn.

Der französische Philosopoh Régris Debray plädiert daher für ein »Lob der Grenzen«.

Letztlich ist das Vorhandensein von Grenzen auch die Voraussetzung für das äußerst spannende Abenteuer, diese zu überschreiten. Das sollten wir uns nicht nehmen lassen. Als faustische Menschen sind wir Europäer dafür prädisponiert.

Der Mensch braucht also wie der Staat einen begrenzten Wirkungs- und Entfaltungsraum mit einer Außenhaut, um sich definieren und auch gedeihen zu können. Birgt die Rekonstituierung der Staatlichkeit auch eine Chance zur Wiederbelebung der Politik?

Ja, es gibt ja heute kaum noch eine Vorstellung, was Politik im eigentlichen Sinne ausmacht, nämlich einer größeren menschlichen Sozietät eine funktionierende Lebensordnung zu ermöglichen. Seit dem Verfall der mittelalterlichen Civitas ist Politik eng mit dem neuzeitlichen Staat verknüpft. Ein guter Staat beschränkt sich wohlweislich auf die Grundlinien der Politik und überläßt das »Feintuning« den gesellschaftspolitischen Kräften.

Also eine Trennung von Staat und Gesellschaft?

Ja, wobei es gemäß Hegel genauer »bürgerliche Gesellschaft« heißen muß, denn der Staat als Vertreter des Allgemeinen ist selbst wiederum Mitglied der internationalen Staatengesellschaft. Mit seinem Abbau in der Moderne erleben wir nun neben einer unglaublichen Infantilisierung und Hypermoralisierung auch eine extreme Inflationierung von Politik weit in die bürgerliche Gesellschaft hinein. Statt sich auf die Sicherung der Fundamente und Stützpfeiler unseres Gemeinwesens zu konzentrieren – wozu auch die Sicherung der Außengrenzen gehört – , werden albernste gesellschaftliche Themen wie die Frage nach gendergerechten Toiletten oder Prostitution auf Krankenschein für pflegebedürftige Menschen zu einer politischen Dimension aufgeblasen. So wird jede Form von staatspolitischer Verantwortungsethik durch einen gesinnungsethischen Emotionalismus verdrängt.

Auf dem Höhepunkt der Flüchtlingskrise 2015 sagte der britische Politologe Anthony Glees voller Befremden, Deutschland werde »wie ein Hippie-Staat von Gefühlen geleitet«.

Tatsächlich kann man so keinen Staat vernünftig führen. Die Sorge der britischen Bevölkerung, daß sich durch die irrationale Haltung der Bundesregierung der Charakter Europas grundsätzlich verändern wird, hat dort entscheidend zum Votum für den BREXIT beigetragen. Der unglaubliche politische Kindergarten, den wir tagtäglich in unserem Land erleben, muß schnellstens aufgelöst und durch eine neue politische Elite abgelöst werden. Wir brauchen weder Hippies noch Kleinkinder an der Spitze unseres Staates, sondern verantwortungsbewußte Politiker, die sich wieder auf die wesentlichen Fragen der Politik besinnen: Was ist das politische Subjekt? Das Volk und sein Nationalstaat. Was ist das übergreifende

Ziel einer deutschen Regierung? Schaden von unserem Volk abzuwenden und dessen Nutzen zu mehren. Wer ist Freund, wer ist Feind? Freund ist, wer den Interessen der Nation dient, Feind ist, wer diesen entgegensteht – festgemacht ganz im Sinne des politischen Begriffs von Carl Schmitt, also ohne jeden Haß und Ressentiments. Den politischen Feind oder auch Freund dürfen wir nicht mit unserer Privatsphäre verwechseln.

Das heißt: Die Feinde bleiben, sie sind jedoch nicht zu vernichten. An ihre Stelle träten naturgemäß sofort neue. Also müssen sie abgewehrt, in Schach gehalten werden.
Richtig, aber wir haben uns ihrer bei Bedrängung zu erwehren und sie in die Schranken zu weisen. Sie nehmen ihre Interessen wahr wie wir die unseren. Politik bedeutet nun, zu sondieren, wo diese Interessen unseren entgegenstehen und wo es Übereinstimmung gibt. Wer leugnet, daß es bei grundsätzlichen Freunden auch naturgemäß Agonales gibt und daß Feinde Aspekte aufweisen können, die einen partiellen Konsens empfehlen, der hat das Feld nüchterner Politik verlassen und begibt sich auf das Schlachtfeld der Eiferer und religiösen Krieger.

Ist diese Freund-Feind-Unterscheidung eher auf die inneren oder die äußeren Angelegenheiten eines Gemeinwesens bezogen?
Primär auf die Außenpolitik. Der Staat muß sich als übergeordnete Institution zwar nach innen gegen den Zugriff gesellschaftlich-partikularer Kräfte wehren, seine Selbstbehauptungsfunktion ist aber vor allem nach außen gerichtet. Dazu bedarf es einer von fremden

Direktiven unabhängigen Staatsführung, einer fähigen Diplomatie und einer intakten Armee mit dem klaren Wehrauftrag zur Landesverteidigung. Das sichert die Souveränität des Staates und die Freiheit seiner Bürger. Ein fremdbestimmtes, unbewaffnetes Volk ist auf Dauer ein unfreies Volk.

Der Vorrang der Außenpolitik vor der Innenpolitik ist für die heutige Zivilgesellschaft kaum noch nachvollziehbar.
Die Gestaltung des Gemeinwesens ist natürlich das Herzstück jeder Politik, ihre »Kür«. Aber sie ist nur möglich, wenn dieses Gemeinwesen auch nach außen abgesichert ist, die »Pflicht« erfüllt wurde. Adenauer hat einmal lakonisch festgestellt: »Innenpolitik ist die Frage, *wie* wir leben – Außenpolitik, *ob* wir leben«.

Das ist eine griffige, aber etwas verkürzte Formel: Durch das von Einwanderungskritikern an die Wand gemalte Szenario eines drohenden Bevölkerungsaustausches wird die Innenpolitik zur Existenzfrage. Die Überdehnung der Kriterien des »wie« treibt die Frage »ob überhaupt« auf die Spitze.
Nun, ich gebe Ihnen recht, daß die Migrationsproblematik viele innenpolitische Aspekte hat, im Grunde hat sie aber eine eher außenpolitische Dimension: es geht an allererster Stelle um den Schutz der Außengrenzen, um unser Verhältnis zu den Herkunftsländern, das Ausländerrecht usw.

Ist eine Außenpolitik im klassischen Sinne überhaupt noch möglich? Allein die vielen Einbindungen in supranationale

Institutionen und Organisationen wie EU, NATO, WTO etc. schränken den Spielraum der Nationalstaaten doch extrem ein.

Das ist richtig, Sie beschreiben den bisherigen Status. Aber der ist gerade im Umbruch: in der EU haben wir seit der sogenannten Flüchtlingskrise eine starke Rückbesinnung auf die nationalen Interessen der einzelnen Länder, Großbritannien geht jenseits der EU wieder eigene Wege und die neue US-Regierung unter Trump predigt »America first!« Das sind alles deutliche Zeichen einer weltpolitischen Wende – weg von allzugroßer supranationaler Einbindung hin zu mehr nationaler Unabhängigkeit. Unsere »Flavus-Deutschen« in Politik und Medien, für die nationale Souveränität nie eine relevante Kategorie gewesen ist, möchten das natürlich nicht mitmachen und geißeln den Paradigmenwechsel als »Ende unserer westlichen Wertegemeinschaft«. Er ist aber lediglich die Rückkehr zur politischen Normalität. Da hat unsere politische Klasse noch eine steile Lernkurve vor sich. Sie gerät ja schon bei der Ankündigung eines Handelskrieges seitens der USA in Panik.

Wäre für unsere exportabhängige Wirtschaft ein solcher Handelskrieg nicht tatsächlich fatal?

Auch wenn uns Deutschen dadurch für eine gewisse Zeit wirtschaftliche Probleme und Schmerzen drohen würden: ein solcher politisch-ökonomische Realitätsschock sollte uns dazu bringen, die einseitige Exportorientierung unserer Wirtschaft zu überdenken und nach möglichen

Alternativen Ausschau zu halten. Der Boykott gegen Putins Rußland in Folge der Krise in der Ukraine – einmal ganz abgesehen davon, wie tatsächlich oder fabriziert diese Krise war – hat heute schon der russischen Wirtschaft mehr genutzt als geschadet, was von der auf Export ausgerichteten deutschen Wirtschaft nicht behauptet werden kann. Da sind viele gewachsene und fruchtbare Beziehungen wohl für immer auf dem Altar der westlichen Bündnistreue geopfert worden, während die russische Wirtschaft sich diversifiziert hat und insgesamt autarker geworden ist. Das könnte der deutschen Wirtschaft auch wohltun und sie weniger störungsanfällig gegenüber dem internationalen Finanzmarkt werden lassen, so wie es ihrer Leistungsfähigkeit entspricht. Zudem könnte so eine Entwicklung auch als »Redemokratisierung« verstanden werden, denn das Prinzip der Volkssouveränität kann, wie das auch der Staatsrechtler Karl Albrecht Schachtschneider betont, grundsätzlich nur in wirtschaftssouveränen Staaten verwirklicht werden.

Nach Ihren bisherigen Ausführungen muß ich Sie als dezidierten »Antiglobalisten« ansprechen!
Nun ja, Globalisierung ist ein vielschichtiger Begriff. Und Globalisierung ist bis zu einem gewissen Grad sogar ein naturwüchsiger Prozeß. Trotzdem muß Globalisierung unter dem Primat von nationaler Politik gestaltet werden, wozu auch demokratische, soziale und vor allen ökologische Kriterien zählen. Die in Deutschland hysterisch geführte Dieseldebatte hat zumindest dort etwas Gutes gehabt, wo sie die ökologischen Folgen von

Globalisierung streifte: Containerschiffe sind der logistische Hauptträger der vielgepriesenen internationalen Arbeitsteilung und ihres Handels. Allein die größten fünfzehn von ihnen stoßen jährlich mehr schädliche Schwefeloxide aus als alle 760 Millionen Autos weltweit! Das sind Zahlen, die nicht nur klarmachen, daß Dieselfahrverbote in Deutschland eine absurde politische Forderung sind, die massiv deutsche Interessen verletzt, sondern die uns eindringlich vor Augen führen, was für einen horrenden ökologischen Preis in fernen Ländern hergestellte Produkte neben ihrem reinen Herstellungspreis haben. Und noch schlechter müßte unser Gewissen werden, wenn wir uns anschauen, um welche Produkte es sich nicht selten handelt – nämlich um Ramsch- und Saisonartikel für den schnellen Konsumspaß, die nach kürzester Zeit zu Müllbergen werden. Ich spreche hier von mehreren Millionen Tonnen Plastikmüll, die jährlich zwecks Profitmaximierung global agierender Unternehmen um die halbe Welt gefahren werden. Das ist für mich eine vollkommen falsch angelegte Globalisierung, die in dieser Form – um der Zukunft der Menschheit und dieses Planeten willen – beendet werden muß.

Momentan erleben wir ja seitens traditioneller Freihandelsnationen wie den USA einen Rückgang der ökonomischen Globalisierung. Streben Sie denn darüber hinaus in Anlehnung an die Trump-Regierung einen neuen deutschen »Isolationismus« an?

Nein, ich halte eine enge Zusammenarbeit insbesondere der europäischen Länder für sinnvoll. Im Gegensatz zu den Geopolitikern in den USA leben wir mit dem riesigen Rußland, wie mit der Türkei auch, auf einem Doppelkontinent. Zwischen Deutschland und den USA liegt ein Weltmeer, zwischen Deutschland und Rußland wenige hundert Kilometer Landweg! Unsere Beziehung zu den osteuropäischen Ländern ist durch die Lage seit je unausweichlicher als jene der Italiener und Franzosen. Daraus erwächst eine Verantwortung. Wir müssen uns selbst überlegen, wie wir diese Verhältnisse einrichten wollen und können uns nicht aus purer Nibelungentreue zur US-geführten NATO bei allen unseren Nachbarn unmöglich machen. Über kurz oder lang werden wir in diesen Konflikt mit hineingezogen. Die Willfährigkeit wird uns nicht davor schützen, daß andere in kühler Abwägung ihre Interessen durchsetzen. Der alte Wirtschaftskrieg der Seemächte Großbritannien und USA gegen den Kontinent im 20. Jahrhundert nährt weiterhin die Konfliktdynamiken des 21. Jahrhunderts. Es ist im Interesse des Kontinents und der ganzen Welt, daß wir der Situation innewerden und die nächste Katastrophe dadurch abwenden.

Und die Europäische Gemeinschaft taugt als ein solches friedensstiftendes Mittel?

Ja, aber nicht im Sinne der heutigen EU. Es kann nur eine Kooperation souveräner Nationalstaaten auf freiwilliger Basis sein und sollte sich auf Bereiche wie Verteidigung, Wirtschaft und einzelne Großprojekte beschränken.

Dann sind Sie also gegen eine europäische Einigung?

Moment, die EU ist nicht gleich Europa! Das ist eine der größten politischen Lügen, die die polit-mediale

Klasse in die Hirne der europäischen Völker hineinstreut. Gehören die Schweiz und Norwegen etwas nicht zu unserem Kontinent? Dazu wird uns immer eingeredet: Wer gegen die EU ist, der ist für Nationalismus und Krieg. Dabei ist der Frieden in Europa durch die unselige Politik Brüssels und der EZB – wie die sogenannte Euro-Rettung oder die Unfähigkeit, Europas Außengrenzen vor illegaler Einwanderung wirksam zu schützen – empfindlich gestört, die Stimmung zwischen den Mitgliedsländern so feindselig wie noch nie. Das Europa vor dem Maastricht-Vertrag, also das »Europa der Vaterländer« war die friedliche Phase der europäischen Einigung, weil sie vom Prinzip der Einheit in Vielfalt geleitet war. Ich bin überzeugt: Die EU hat keine Zukunft, weil sie dem Wesen des wahren Europa zuwiderhandelt. Und der Euro hat keine Zukunft, weil eine gemeinsame Währung nur auf der Grundlage einer gemeinsamen Wirtschaftsmentalität gedeihen kann. Wir sollten uns daher schon jetzt über alternative Formen einer europäischen Kooperation Gedanken machen.

Haben Sie dafür schon einige Anhaltspunkte?
Wie eine neue europäische Architektur genau aussehen wird, kann man jetzt noch nicht sagen. Grundlage sollte, wie gesagt, die Achtung der nationalen Souveränität sowie der kulturellen und ethnischen Eigenständigkeit sein. Jede Form von Entmündigung und Nivellierung ist abzulehnen. Das bedeutet keine Abschottung oder Vereinzelung. Allein aufgrund unserer geopolitischen Lage haben wir Deutschen ein großes Interesse an einem gedeihlichen Modus vivendi mit unseren Nachbarstaaten

und befreundeten Völkern und Stämmen. Eine solche mitteleuropäische Friedensordnung wäre auch die optimale Basis für einen dauerhaften Ausgleich mit Rußland. Diesen befürworte ich sehr, auch weil ich weiß, daß es einen dauerhaften Frieden in Europa niemals gegen Rußland, sondern nur mit Rußland geben kann.

Das geht in Richtung einer neuen Großraumordnung, wie sie von Carl Schmitt Ende der 1930er Jahre entwickelt wurde.
Die Idee eines föderativen Mitteleuropas mit einer engen wirtschaftlichen Zusammenarbeit ist älter und wurde von dem großen Liberalen Friedrich Naumann während der Zeit des Ersten Weltkriegs in die politische Debatte eingebracht. In der damaligen Form ist es für die Lösung der aktuellen Probleme ungeeignet. Aber ein stark modifiziertes, auf die heutigen Gegebenheiten angepaßtes Konzept würde im Gegensatz zum gleichmacherischen Zentralismus der EU-Bürokratie auf die unterschiedlichen Mentalitäten, Entwicklungsstände und kulturellen Besonderheiten der europäischen Völker Rücksicht nehmen.

Bereits zum Wiener Kongreß hat Metternich allen Versuchen Englands entgegenzuwirken gewußt, die darauf gerichtet waren, Rußland zu demütigen und einzuschränken. Nach seinen Plänen hätte es damals schon eine Art »privilegierte Partnerschaft« mit dem Osmanischen Reich gegeben. Seine Weitsicht hat Europa einen hundertjährigen Frieden beschert. Ist die inzwischen gute europäische Idee gekapert und der Ansatz einer guten Ordnung mit einem globalistischen Imperialismus ersetzt worden?

Ganz allgemein ist das Modell eines übernationalen Staatenbundes ein möglicher Gegenentwurf zur Utopie der Weltgesellschaft, wie sie von den Globalisten unter den Stichworten »Weltrepublik«, »Cosmopolitan Democracy« oder »Global Governance« propagiert wird. Schon die Verbindung dieses Ansatzes mit dem Begriff »Demokratie« ist obskur, zeigt doch die Geschichte, daß Demokratie und Größe in einem Spannungsverhältnis stehen. Der Politologe Henning Ottmann hat in seiner *Geschichte des politischen Denkens* darauf hingewiesen: je größer das Territorium und die Zahl der Bürger und je vielfältiger die Sprachen und Kulturen sind, desto unwahrscheinlicher ist eine demokratische Verfaßtheit.

Das oft zu Unrecht als Völkergefängnis verunglimpfte k. u. k. Österreich ließe sich unschwer als Gegenbeispiel anführen. Tragischerweise lieferte ausgerechnet der Hoffnungsträger einer Aussöhnung zwischen den slawischen Ethnien, der Erzherzog Franz Ferdinand, durch das Attentat auf ihn und seine Gattin passiv den Anlaß zum großen Völkermorden. Allerdings war das überdehnte österreichisch-ungarische Reich ein gefährlicher Konfliktherd. Die Etablierung von relativ autonomen Großräumen wäre ein gangbarer Mittelweg zwischen unipolarer und multipolarer Weltordnung und würde mit der Beschränkung auf kleinere, überschaubare Einheiten für die Selbstbestimmung der Völker größere Erfolgschancen bieten.

Aber ist die Idee des »Großraums« überhaupt noch anwendbar auf die heutige Zeit?

Natürlich müßte sie weiterentwickelt und von zeitbedingtem Ballast befreit werden – vor allem vom NS-Imperialismus, der eine Mißachtung des Selbstbestimmungsrecht der Völker war und anstelle der nationalen Identitäten das Prinzip der Rasse favorisierte. Die nationale Selbstbestimmung darf nie angetastet werden, alle etwaigen Souveränitätsverzichte in einem übernationalen Verbund müssen auf Freiwilligkeit und freier Entscheidung basieren. Unter dieser Prämisse sind die Grundgedanken aus der ersten Hälfte des letzten Jahrhunderts durchaus interessant und sollten in die Konzeptionen alternativer Modelle mit einbezogen werden.

An welche Weiterentwicklungen denken Sie da?
Das von Schmitt geforderte »Interventionsverbot raumfremder Mächte« zum Beispiel ist hochaktuell, müßte allerdings nach den schlechten Erfahrungen der Vergangenheit um das »Investitionsverbot raumfremden Kapitals« und das »Migrationsverbot raumfremder Bevölkerungen« ergänzt werden. Trumps angekündigte Rücknahme des US-amerikanischen Interventionismus, sein »ökonomischer Nationalismus« und seine Ablehnung der Massenmigration bilden quasi den Startschuß für einen weltweiten Umbau, der insbesondere für Europa, Asien und Lateinamerika eine attraktive Option wäre. Samuel Huntington hat in seinem epochalen Werk *Clash of Zivilisations* sieben bis acht kulturelle Großräume definiert, die eine erste Orientierungsmatrix darstellen könnten. Unterhalb dieser Ebene geschieht bereits einiges: Die kooperierenden Visegrád-Staaten

zeigen für den mittel- und osteuropäischen Raum interessante Ansätze einer alternativen Ordnung zur zentralistischen EU.

Bis zur Errichtung neuer, langfristig stabiler Ordnungen wird es aber noch ein langer Weg sein.
Ja, allein das gesamteuropäische Remigrationsprojekt, also die geordnete Rückführung der hier nicht integrierbaren Migranten in ihre ursprünglichen Heimatländer, wird eine große Herausforderung sein und viele Jahre in Anspruch nehmen. Dazu bedarf es einer intensiven Kooperation zwischen den betroffenen europäischen Ländern und den Rücknahmestaaten Afrikas und Asiens. Alle künftigen Außenbeziehungen sollten nach dem Grundprinzip der Reziprozität gestaltet sein, also einen fairen Ausgleich anstreben, ohne die eigenen nationalen Interessen zu vernachlässigen. Ansonsten müssen natürlich alle Länder nach Jahrzehnten der Fehlentwicklung in ihren eigenen Häusern aufräumen und Ordnung schaffen. Das sollte jedes Volk nach seinen eigenen Maßstäben und Vorstellungen tun, gemäß dem völkerrechtlichen Grundsatz der Selbstbestimmung. Dafür brauchen wir Ruhe, Zeit und – wie ich vorhin anführte – eine offene Aussprache.

Ist unser Volk in seiner Zerrissenheit und Identitätskrise dazu überhaupt willens und in der Lage?
Es wird das wichtigste bei einem Neuanfang sein, daß wir nach Zeiten der verbitterten Konfrontation und des engstirnigen Parteigeistes wieder aufeinander zugehen und das Gespräch mit dem einstigen politischen

Gegner suchen. Wir Deutschen sind im Zuge des westlich-dekadenten Liberalismus und der ausufernden Parteienherrschaft zu einer bloßen Bevölkerung herabgesunken. Wenn man traditionelle Maßstäbe zugrunde legt, sind wir in einer äußerst miserablen Verfassung. Das geht zu großen Teilen auf die noch miserablere politische Führung im Land zurück, denn ein Volk ist laut Spengler immer auch das, was man aus ihm macht. Der beliebte Satz vieler Patrioten »Ich bin stolz, ein Deutscher zu sein«, geht mir angesichts unseres heutigen Zustands nur schwer über die Lippen und trifft eher auf vergangene Zeiten als auf die Gegenwart zu.

Es wäre erstrebenswert dieser Feststellung wieder eine Grundlage zu verleihen?
Ja, unbedingt. Wir haben natürlich eine idealtypische Vorstellung, ein vielleicht etwas verklärtes Bild von unserem Volk, aber es dient als Leitstern für unsere Aufgabe der Selbstveredelung – wie es heute bereits in viel kleinerer Dimension bei der individuellen »Selbstoptimierung« verbreitet ist.

Goethe faßte das in dem Satz zusammen: »Wenn wir die Menschen nur nehmen, wie sie sind, so machen wir sie schlechter; wenn wir sie behandeln, als wären sie, was sie sein sollten, so bringen wir sie dahin, wohin sie zu bringen sind.«
Das entspricht dem aristotelischen Entelechie-Gedanken oder dem »Werde, der du bist« von Nietzsche. Jedem Ding und Leben dieser Welt – auch einem Volk – ist die Aufgabe der Selbstentfaltung mitgegeben. Um

nun als Deutsche wieder zu einem vollwertigen, eigenständigen und differenzierten Volk zu werden, brauchen wir weniger die Not als Zuchtmeister, als eine fordernde und fördernde politische Elite, die unsere Volksgeister wieder weckt. Und eine allgemeine Haltung, die die Einheit in der Vielfalt bejaht, denn nur mit starken Einzelpersönlichkeiten, die sich dem Ganzen verbunden fühlen, werden wir ein so großes Projekt wie den Neubau unseres Gemeinwesens stemmen.

Aber ist ein Volk überhaupt in der Lage, sich selbst aus dem Sumpf wieder herausziehen?
Machiavelli bestritt das ja vehement. Er ging von einem »Uomo virtuoso« aus, der nur als alleiniger Inhaber der Staatsmacht ein zerrüttetes Gemeinwesen wieder in Ordnung bringen könne. Aber auch für eine plurale Führung wäre eine enge Kommunikation und Zusammenarbeit mit dem Volk unabdingbar.

Besteht eine solche neue Elite bereits, vielleicht im Hintergrund abwartend?
Nein, nur in ganz bescheidenen Ansätzen. Das Problem heute in Deutschland ist, daß die politische Klasse den natürlichen Kreislauf der Elitenbildung und -ablösung über viele Jahre behindert hat, sich also nur rudimentär eine Gegenelite bilden konnte. Das merken wir auch empfindlich in der Parteiopposition. Der notwendige Elitenwechsel wird sich also über eine längere Zeit hinziehen, da die nötigen Kräfte zu großen Teilen erst neu gebildet werden müssen. Bis dahin sind wir gezwungen, zu improvisieren.

Ist das eine akzeptable Option?
Wir haben hier keine Alternative. Auch Preußen brauchte mindestens zwei Königsperioden, um einen intakten zivilen und militärischen Beamtenstand aufzubauen. So etwas geht nicht von heute auf morgen. Unsere natürlichen Verbündeten sind die ganzen Fach- und Funktionseliten im Mittelbau, die von einer verantwortungslosen Führung in die falsche Richtung gedrängt werden und zu großen Teilen unzufrieden mit der herrschenden Politik sind. Das sind die, die genauso wie die Polizisten, Lehrer, Richter und Ärzte diesen Staat mit ihrem Dienstethos noch immer tragen, obwohl sie ihr tägliches Tun als immer sinnloser erleben.

Nach all den Ausführungen zum inneren und äußeren Neubau: Sehen Sie sich eigentlich eher in der Rolle des Rebellen oder in der eines politischen Gestalters?
Mir behagt eindeutig die zweite Rolle mehr. Oppositionell sind wir nur wider Willen, weil wir die aktuelle Politik für verfehlt halten und nicht mehr an einen wirklichen Kurswechsel der herrschenden Eliten glauben. Wir können uns unsere Aufgaben, die die Zeit an uns stellt, leider nicht aussuchen. Aber das schöpferische Gestalten und Formen eines Gemeinwesens zum Wohle seiner Bürger bewegt in mir viel mehr positive Energie als das katechontische Stemmen gegen eine nationale Apokalypse. Das hat wiederum auch sein Gutes: Die Vorfreude auf eine künftige Erneuerung verwandelt bei mir die lästige politische Pflicht zu einer leidenschaftlichen Neigung. Ich bin immer wieder positiv überrascht, welche Fülle wir in unserem Land an alternativen

Ansätzen und Ideen haben, die bislang brachliegen und von der herrschenden Politik ignoriert werden. Mein Wunsch ist es, genau diese kreativen Potentiale zu mobilisieren und ihnen eine Entfaltungschance zu geben. Wichtig dabei ist, daß eine Verständigung über alle politisch-weltanschaulichen Gräben zustandekommt. Mich macht der heutige Zustand der Zerissenheit traurig, der durch die Ideologisierung und die Spaltung in Hell- und Dunkeldeutschland entstanden ist. Der Parteigeist muß überwunden, die innere Einheit hergestellt werden.

Droht damit nicht eine neue graue Konformität?
Nein, Einheit ist nicht Uniformierung, die auf Zwang und Nivellierung beruhen würde. Wirkliche Einheit entsteht aus der Liebe zur Vielfalt: Das Volk ist ein äußerst vielschichtiger »bunter Haufen«, dessen Farbenpracht wir unbedingt erhalten wollen – in erheblichen Teilen sogar erst wiederherstellen müssen. In dem künftigen Gemeinwesen soll jeder seinen Platz und Wert haben und sich gemäß dem preußischen Toleranzprinzip entfalten können, ohne das Ganze zu gefährden.

Wird es dabei auch um eine Re-Preußifizierung Deutschlands gehen?
Nicht nur, aber Preußen wird eine besondere Rolle spielen. In seinem Roman *Der Vater* hat Jochen Klepper den Bruch Friedrich Wilhelm I. mit dem repräsentativen Prunk seines Vaters beschrieben. Der Soldatenkönig kürzte die Ausgaben für die Hofhaltung auf ein Fünftel und tilgte die Staatsschulden. Er mied die viel zu großen Schlösser und erweiterte stattdessen Potsdam zu einer

bescheidenen aber zweckmäßigen Stadt. Darin enthalten ist eine Wendung, die uns in der gegenwärtigen Situation gut anstände. Denn der häßlich-brutale Sultanspalast an der Spree, auch Kanzleramt genannt, steht schon allein aufgrund seiner gigantischen Ausmaße – er ist größer als das Weiße Haus oder der Élysée-Palast – symbolisch für den Größenwahn der bundesdeutschen Politikerkaste, die heute die Welt statt mit Panzern mit einem aggressiven Hypermoralismus bedrängt und bedroht. Fast möchte man die Schleifung und Rückgabe des Areals an das Volk in Form einer harmonischen Angliederung an den Tiergarten vorschlagen. Aber die großen Kosten dieses Vorhabens lassen den Preußen in mir dann doch nachdenklich werden...

Den schiefen Vergleich dieser gebauten Hybris mit der bescheiden-eleganten Pavillonarchitektur des Serails in Istanbul muß ich zurückweisen. Mir fällt dafür allerdings auch nichts Vergleichbares ein. Selbst die neue Reichskanzlei wie auch die Sowjetarchitektur im Kreml sind geschmackvoller gewesen. Charakteristisch ist wohl nicht die Größe und Brutalität sondern das mit sich selbst Uneinige und Verlogene an dieser Formsprachlosigkeit. Aber sicher ließen sich auch in Berlin andere, bescheidenere Orte auffinden?

Durchaus, aber nehmen sie den imaginierten Umzug der Regierung nach Potsdam einfach als eine vielsagende politische Metapher: Preußen ist als geschichtliches Phänomen für die Erneuerung unseres Gemeinwesens von elementarer Bedeutung. Damit meine ich nicht nur seine bekannten Werte und Tugenden, sondern auch seine institutionellen Vorbilder wie beispielsweise den Staatsapparat, die Armee und das Bildungswesen. Preußen ist auch der notwendige Tritt in den Hintern des deutschen Winkelrieds – eine Art produktiver Selbstzüchtigung der Deutschen vor all zu viel gemütlicher Enge und lokaler Kleinheit. Der preußische Geist atmet nun einmal – trotz der verheerenden Zerstörungen im Zweiten Weltkrieg – am stärksten noch in Potsdam. Das soll kein Credo gegen Bonn als traditionelle Universitätsstadt und die Hauptstadt Berlin sein, die ihren besonderen Reiz als quirlige Metropole besitzt. Aber man sollte auch bedenken: zum Regieren gehören Ruhe und Kontemplation, eine Art geistiges Refugium. Der Genius loci des preußischen Arkadiens in der Umgebung von Berlin und Potsdam bietet das in außergewöhnlichem Maße. Dem deutschen Gemeinwesen der Zukunft stünde überhaupt eine Synthese aus dem Geiste Potsdams und Weimars gut zu Gesicht. Neben dem preußischen »Suum cuique« müßte der Leitspruch der deutschen Klassik stehen: »Edel sei der Mensch, hilfreich und gut«.

Aber alles noch so edel und gut begründete Gestaltungswerk stünde doch auch unter dem Vorbehalt der Vergänglichkeit?
Natürlich. Auch die bestmögliche Ordnung wird einmal morsch und brüchig werden und verdient es dann, von anderen, unverbrauchten Kräften abgelöst zu werden. Das gehört zum normalen Zyklus der Geschichte. Entscheidend ist für mich, ob unser Land und unser Volk über die historischen Veränderungen, Wechsel und Brüche hinweg der zentrale Bezugspunkt für die politisch Verantwortlichen bleibt oder nicht. Es sind nicht

die äußeren Formen – die einem laufenden natürlichen Wandel unterliegen –, sondern die inneren Substanzen, aus denen der Genius des Volkes seine Kraft schöpft und den es zu erhalten gilt.

Wie sehen Sie die Chancen, Ihre kühnen Ideen eines Tages umzusetzen?
Mit viel Tatkraft und noch mehr Fortune werden wir am Ende Bonhoeffersche Fragmente schaffen. Fragmente hoffentlich der zweiten Art.

Und wenn Ihre ambitionierten Projekte schon vorher scheitern und sich ganz andere Kräfte in der Politik durchsetzen sollten?
Dann werde ich mich an den tröstlichen Rat meines Vaters erinnern: »Am Ende bleibt immer noch ein guter Wein und die Philosophie.«

PERSONENREGISTER

AUS DER WERKREIHE VON TUMULT

Rolf Peter Sieferle
DAS MIGRATIONSPROBLEM
Über die Unvereinbarkeit von Sozialstaat und Masseneinwanderung

In der Migrationskrise offenbaren sich nicht nur die Schwächen und das Scheitern des permissiven Staates, sondern auch die grassierenden Verständnis- und Erklärungsnöte der Öffentlichkeit. Während der deutsche Staat in seiner Führung handlungsunfähig erscheint, fehlt es dem medialen Establishment an krisenfesten Begriffen. Allzu viele übersehen die Fragilität eines Gemeinwesens, das durch den Sozialstaat getragen wird. Es fußt auf Solidarität und Vertrauen – Werte, die in einem Land mit ungeregelter Einwanderung gefährdet sind. Der Sozialstaat und seine Segnungen lassen sich nicht ins Unendliche expandieren.

Diese Unvereinbarkeit mit der Masseneinwanderung verdeutlicht der im September 2016 verstorbene Historiker Rolf Peter Sieferle in seiner letzten Studie. Er beleuchtet die Situation in den Zielländern, er widerlegt die herrschenden Flüchtlings-Narrative und er analysiert die gesinnungsethischen Motive der führenden Akteure. Diese Form der Aufklärung entlarvt die Irreführungen einer »emphatischen Politik« (Sieferle). Die Sentimentalisierung der »Flüchtlings«-Debatte kontert der Autor mit ebenso nüchternem Blick wie die Narrenfeuer der Medien. Rolf Peter Sieferle überwindet die Sprachverbote der »offenen« Gesellschaft.

136 Seiten, 23 x 16 cm,
Fadenheftung, Klappenbroschur.
ISBN 978-3-944872-41-4

www.manuscriptum.de

AUS DEM LANDTVERLAG

Rolf Peter Sieferle
FINIS GERMANIA

Mit einem Nachwort von Thomas Hoof

Der Universalgelehrte Rolf Peter Sieferle hat mit dem posthum veröffentlichten *Finis Germania* seine Nachtgedanken zur Lage Deutschlands hinterlassen. In dreißig inhaltsschweren und tiefgründigen, teilweise fragmentarischen Kurztexten beleuchtet er ohne Rücksicht auf Thementabus und medial verabredete Sprachregelungen Deutschlands jüngere Vergangenheit und Gegenwart und wirft einen abgründigen Blick in die Zukunft.

So beschreibt er als mentalen Kern eines politisch flächendeckend ausgewucherten »Sozialdemokratismus«, daß »Differenzen aller Art für schlechthin unerträglich gelten« und die proagierte Lösung des Individuums aus seinen Verbindlichkeiten in der Vorfahren-Nachfahren-Kette als dessen Trennung »von seinen Ahnen, von der Geisterwelt, vom Absoluten.« Der »Mythos VB« (= Vergangenheitsbewältigung) benannte Teil des Buches führte schließlich zu einem Medienskandal. Der Autor wurde diffamiert, der Inhalt (absichtlich oder aus Dummheit) falsch verstanden und das Buch aus den Bestsellerlisten entfernt. Letztlich hat dieser unerhörte Vorgang jedoch zu dem Riesenerfolg von *Finis Germania* beigetragen.

128 Seiten, 9,8 x 15,5 cm,
Fadenheftung, gebunden.
ISBN 978-3-944872-90-2

www.manuscriptum.de

AUS DEM LANDTVERLAG

Rolf Peter Sieferle
DIE KONSERVATIVE REVOLUTION
Fünf biographische Skizzen

»Man weiß doch, wohin das geführt hat!« Keine andere intellektuelle Geistesströmung des 20. Jahrhunderts provoziert noch heute eine derart impulsive Abwehr wie die Konservative Revolution. Bei bloßer Nennung von Namen wie Edgar Julius Jung oder Arthur Moeller van den Bruck, aber auch von Oswald Spengler und Ernst Jünger, kommt es zur Gleichsetzung von offensiv konservativem Denken mit der Befürwortung des Nationalsozialismus und des Betriebs von Konzentrationslagern.

Wer immer sich mit Protagonisten der Konservativen Revolution befaßt, läuft so gesehen unweigerlich Gefahr, sich auf das absolut Böse einzulassen. Rolf Peter Sieferle nähert sich der Konservativen Revolution so vorurteilsfrei wie möglich über fünf ihrer maßgeblichsten Autoren (Paul Lensch, Werner Sombart, Oswald Spengler, Ernst Jünger und Hans Freyer). Er schildert das »symbolische Feld« der modernitätsskeptischen Bewegung induktiv, aus dem literarischen Handeln wie den Lebenswegen der Avantgardisten selbst. Es eröffnet sich dabei eine weitgespannte phänomenologische Historie der Konservativen Revolution.

382 Seiten, 12,6 x 19,5 cm,
Fadenheftung, gebundener Leineneinband.
ISBN 978-3-948075-09-5

BEI MANUSCRIPTUM ERSCHIENEN

Frank Lisson
GRIECHENTUM UND DEUTSCHER GEIST
Anatomie einer Sehnsucht

Ab dem 18. Jahrhundert wurde unter deutschen Neuhumanisten die Idee zur Forderung erhoben, daß es einen höheren menschlichen Sinn jenseits des bloß Utilitaristischen und Opportunen geben müsse. Und man meinte, daß diese Forderung oberste pädagogische Priorität zu genießen habe. Darin bestand die vielleicht bedeutendste deutsche Mission zum Wohle Europas, die freilich von vornherein zum Scheitern verurteilt war. Als ob man bereits um 1800 geahnt hätte, welch ähnliches Los der eigenen Kultur beschieden sein würde, sympathisierten die meisten deutschen Bildungsbürger mit dem Schicksal der Hellenen wie Erkrankte, die vom gleichen Leiden befallen waren. Man erkannte seine eigenen Besonderheiten bei den Hellenen wieder, dem einzigen Volk der Weltgeschichte, dessen Genialität und Zerrissenheit an die der Deutschen heranreichte. Um die Sehnsucht nach dem »freien, stolzen, schöpferischen Geist« zu rekonstruieren, spannt Frank Lisson (*1970) einen weiten Bogen vom »Homer-Erlebnis« über die Platon-, Sokrates- und Ödipus-Rezeption bis hin zum Ideal klassischer Bildung.

684 Seiten, 16 x 23 cm,
Fadenheftung, Hardcover.
ISBN 978-3-948075-51-4

www.manuscriptum.de